Lothar von Seltmann
Helga Anton – Eine Geigerin wird zur Beterin

W0179669

«Ohne Gebet geschieht nichts,
aber auch gar nichts im Reich Gottes.»

Helga Anton

Der Autor

Lothar von Seltmann, geboren 1943 in Krakau, nach dem Tod
seiner Eltern nach 1945 als Vollwaise bei Pflegeeltern in Müsen
im Siegerland aufgewachsen. Studium der Pädagogik mit Wahl-
fach Theologie, danach Lehrer, Lehrerausbilder in Seminar und
Hochschule und zuletzt Rektor einer Hauptschule. 1993 vorzei-
tig pensioniert. Ehrenamtliche Mitarbeit in vielen christlichen
Verbänden, Werken sowie Gästehäusern im In- und Ausland
(Bibelwochen, Freizeiten, Schulungen, Lesungen, musikalisch-
literarische Veranstaltungen).

Der Autor ist auch Liedermacher und seit 1999 Verfasser von
Romanbiografien und als solcher Referent vor unterschiedlichs-
tem Publikum. Er schreibt auch Artikel in Zeitschriften.

Er ist seit 1963 verheiratet mit Ulla. Die beiden haben zwei
Söhne, eine Tochter und sechs Enkel und wohnen in Hilchen-
bach im Siegerland.

Lothar von Seltmann

Helga Anton –
Eine Geigerin wird
zur Beterin

Eine biografische Erzählung

BRUNNEN
Verlag Basel · Giessen

Bibliografische Information der Deutschen Nationalbibliothek
Die Deutsche Nationalbibliothek verzeichnet diese Publikation in der
Deutschen Nationalbibliografie; detaillierte bibliografische Daten sind im
Internet über www.dnb.de abrufbar.

Die Bibelstellen in diesem Buch wurden
der folgenden Bibelübersetzung entnommen:
Lutherbibel © 1984, 1999 Deutsche Bibelgesellschaft, Stuttgart

© 2012 by Brunnen Verlag Basel

Umschlag: Spoon Design, Langgöns
Bilder Umschlag:
Geige & betende Hände: Loskutnikov, Pakhnyushcha/Shutterstock
Porträt Helga Anton: Privatbesitz
Satz: Innoset AG, Justin Messmer, Basel
Druck: Finidr
Gedruckt in der Tschechischen Republik

ISBN 978-3-7655-1256-8

Inhalt

1.
Ein Kinderlied stellt Weichen

Der Sonntagmorgen bei den Wamsers in der Straße «Am Kirchhof» unmittelbar neben dem ehrwürdigen Gotteshaus St. Peter in dem beschaulichen holsteinischen Städtchen Krempe hatte schon seit Jahren so seinen eigenen Charakter. An diesem besonderen Wochentag klingelte der Wecker gar nicht oder viel später als an den anderen sechs Tagen der Woche. Sonntags rief er niemanden zu halber Nacht aus dem Schlaf, weil am frühen Morgen der Weg zur Schule im etwa zehn Kilometer entfernten Itzehoe angetreten werden musste oder weil der Unterricht in der nahen Schule am Burggraben begann, und weil jeder, der das Haus schon bald nach dem Aufstehen verließ, zuvor frühstücken wollte und auch sollte.

Nein, der frühe Morgen des Sonntags hatte im Vergleich zu den übrigen Wochentagen bei den Wamsers seinen ganz anderen Ablauf. Da stand nicht Mutter Nanny als Erste auf, um ihrem Mann Johannes, seit zehn Jahren Lehrer und seit zwei Jahren Rektor an der benachbarten Volksschule, den Tisch zu decken und das Frühstück zu richten. Auch dem fünfzehnjährigen Sohn Erich, Schüler am Kaiser-Karl-Gymnasium in Itzehoe, und der vierzehnjährigen Margarete, Schülerin am dortigen Augusta-Viktoria-Gymnasium, brauchte sie die Schulbrote nicht zu schmieren und das Obst nicht zu richten, um sich anschließend um die sechsjährige Hella zu kümmern. Die Jüngste der Familie – die Erstklässlerin hieß eigentlich Helga, wurde aber in der Familie von allen nur Hella gerufen – brauchte das Haus erst später zu verlassen, hatte sie doch denselben kurzen Schulweg wie ihr über alles geliebter Vater. Nur dass der als der würdige Herr Schulleiter wesentlich früher ins Schulhaus hinüberging.

Nein, am Sonntagmorgen stand Vater Johannes Wamser als Erster auf. Nach seiner Morgentoilette machte er sich selbst ein kleines Frühstück, um dann bald den kurzen Weg in die Kirche zu gehen und sich seinen Aufgaben als Kantor der evangelisch-lutherischen St.-Peter-Gemeinde zu widmen. Neben dem Amt als Rektor der Kremper Schule hatte Johannes Wamser nämlich auch das des Gemeindekantors inne. Als dieses Amt vor zehn Jahren frei geworden war, hatte er sich sofort beworben und die Stelle auch prompt bekommen.

Der Mann war ja auch ein sehr musikalischer Mensch. Er beherrschte nicht nur das Orgel- und Klavierspiel, sondern er spielte auch Geige, Gitarre und verschiedene Arten Flöten, und das alles durchaus gut und anhörlich. Zudem war er ein anerkannt ausgezeichneter Dirigent und Chorleiter.

Dass auch die anderen Mitglieder der Familie Wamser verschiedene Instrumente spielten und so miteinander immer wieder kleine Hausmusiken veranstalteten, versteht sich daher von selbst. Die kommende dunklere bis dunkle Jahreszeit mit der Advents- und Weihnachtszeit mittendrin bot dazu wieder manche Gelegenheit …

Zu den Aufgaben des Kantors Johannes Wamser gehörten also das Orgelspiel zur lutherischen Liturgie des Gottesdienstes und die Begleitung des Gemeindegesangs. Dazu zählte auch, den Kirchenchor zu leiten, der einmal im Monat und zusätzlich an besonderen Feiertagen im Gottesdienst vor und nach der Predigt je ein Lied zu singen hatte. Dazu gehörte schließlich auch – freilich eher inoffiziell –, nach dem Gottesdienst mit Pastor Friedrich Nicolaus Peters und dem ein oder anderen seiner männlichen Schäfchen ein Schwätzchen zu halten über Gott und die Welt und über die großen und kleinen, wichtigen und unwichtigen Ereignisse politischer, wirtschaftlicher und sonstiger Art in Krempe, in der Kremper Marsch, in Holstein und anderswo in der Republik, in den Ländern Europas und zuweilen sogar irgendwo jenseits der Meere bis an die Enden der Erde.

Es wurde in der Regel hoher Mittag, bis Johannes Wamser ins Haus zurückkam, um sich dort sofort an den Tisch zu setzen und das Sonntagsessen zu erwarten. Das musste seine Frau unbedingt fertig haben, wenn er nach Hause kam, wobei er sich selbst um Pünktlichkeit bemühen musste. Darauf legte seine Frau großen Wert. Und die Kinder mussten bereit sein, sich an den Tisch rufen zu lassen.

Das sonntägliche gemeinsame Mittagessen pünktlich um 12.30 Uhr – nur an diesem Tag war die gemeinsame Mittagsmahlzeit so möglich – gehörte seit langem zur Familienordnung, und es war immer der Höhepunkt dieses Tages.

Bis zum Mittag hatten Mutter Nanny und die Kinder den Vormittag auf je ihre Weise verbracht – die Hausfrau freilich zumeist in der Küche – und bereits ihre eigenen kleinen Höhepunkte erlebt mit Kuscheln und Räkeln in den Betten, mit Lesen und Spielen und sonstiger Kurzweil, deshalb auch zumeist ohne den Besuch des Gottesdienstes.

An einem gewöhnlichen Sonntag brauchte den außer dem Vater niemand wirklich. Es war genug, wenn man an größeren Festtagen des Kirchenjahres oder auch an solchen des Jahresablaufs in der Stadt in die Kirche ging. An diesem siebten Tag der Woche war Ausschlafen allemal besser. Wenn nicht am Sonntag, wann denn dann? Und nach dem Aufstehen irgendetwas tun, was einem Spaß machte und was während der normalen Woche wegen der häuslichen Arbeit und wegen der

Schule vernachlässigt werden musste, das schaffte wahre Sonntagsfreude.

Auch der letzte Oktobersonntag des Jahres 1929 bot eine Fülle von Gesprächsthemen für die Kremper Männer, die sich nach dem Gottesdienst noch Zeit nahmen, vor dem Turmausgang in Grüppchen zusammenzustehen und die Ereignisse des ausgehenden Monats und besonders die der vergangenen Woche zu bedenken:

Reichsaußenminister Gustav Stresemann war plötzlich und unerwartet nach einem Schlaganfall gestorben, und die Aufregung um dieses Ereignis und seine Folgen hatte sich noch lange nicht gelegt.

Die Kohlefaden-Glühlampe feierte ihren fünfzigsten Geburtstag. Kein Geringerer als der berühmte Wissenschaftler Albert Einstein hatte am vergangenen Montag diese großartige Erfindung des Amerikaners Thomas Alva Edison über den Rundfunk vor einem Millionenpublikum bewegend gewürdigt. Und auch die Bewohner von Krempe hatten inzwischen Anteil an diesem Fortschritt. Es gab bereits eine Straßenbeleuchtung, und auch die meisten Häuser verfügten schon über elektrisches Licht.

In New York hatte es am Donnerstag einen Börsensturz gegeben, dessen Folgen für die Weltwirtschaft und die wirtschaftliche Entwicklung im eigenen Land noch gar nicht abzusehen waren. Und gerade heute, am 27. Oktober 1929, gab es in Baden im Südwesten der Republik Landtagswahlen, bei denen die NSDAP, dieser braune Haufe der Nationalsozialistischen Deutschen Arbeiterpartei des Adolf Hitler, unbedingt auch in diesen Landtag einziehen wollte.

Die möglichen Folgen dieses Ereignisses erregten die Gemüter selbst in Holstein, und die Männer auf dem kleinen Platz vor dem Turmeingang der Kirche vergaßen die Zeit. Zudem ging das Gerücht in der Stadt herum, es gebe bereits eine braune Gruppierung in der Bürgerschaft, die demnächst eine offizielle NSDAP-Gruppe gründen wolle.

Als die Turmuhr schließlich zweimal schlug, gab es ein regelrechtes Erschrecken unter den Männern. Es war 12.30 Uhr! Nach kurzer Verabschiedung – der gegenseitige Handschlag gehörte allerdings noch unbedingt zum «Zeremoniell» – stoben sie schier auseinander, um möglichst rasch nach Hause und an die Mittagstische zu kommen. Nur nicht den Unmut der Frauen und Mütter auf sich ziehen!

Johannes Wamser hatte es zum Glück nicht weit. Wenig mehr als zweihundert Schritte, und er war zu Hause. Als er mit wehendem Mantel in die Hökerstraße einbog, die nach wenigen Metern in die Straße Am Kirchhof einmündete, kam ihm seine Jüngste bereits entgegen. Mit ihrer hellen Stimme rief sie dem Vater zu: «Hallo, Papa, ich komme und hol dich ab. Du bist spät, sagt die Mama.»

Dass der Papa auf den fröhlichen Zuruf zunächst nicht reagierte, beeindruckte das kleine Mädchen im schicken Samtkleidchen – Röckchen kariert, Oberteil einfarbig – nicht in dem, was ihm in diesen Augenblicken wichtig war. In fröhlich-rhythmischem Gleichmaß ihres Hopsersprungs, der die beiden mit weißen Schleifen versehenen Zöpfe lustig auf und ab hüpfen ließ, sang sie ihrem Vater entgegen: «Ich hab ein neues Lied gelernt! Ich hab ein neues Lied gelernt!»

Jetzt erst bemerkte Johannes Wamser seine kleine Tochter. Er riss sich von seinen Gedanken los, blieb stehen, breitete seine Arme aus, fing seine Hella auf, drehte sich einmal mit ihr herum und setzte das Kind dann wieder auf den Boden.

«Schön, dass du mich abholst, mein Kind. Ich war ganz in Gedanken und hatte dich zunächst gar nicht bemerkt. Was hast du da vor dich hingesungen?»

«Ich hab ein neues Lied gelernt, Papa», strahlte die Kleine ihren Vater von unten her an und griff dabei nach seiner Hand. Ihr Vater! Der gute Papa! Den liebte sie mehr als alle anderen Menschen der Familie oder auch ihres sonstigen Umfeldes.

«Ein neues Lied? Was für ein Lied, Hella-Kind? Und von wem hast du es gelernt? Und wann singst du es mir vor?»

«Also, Papa», begann Klein-Helga ihre eifrige Antwort, «also, ich durfte heute Morgen noch ein bisschen zum Kuscheln zu Mama ins Bett. Das kommt ja ganz selten vor, aber heute war's so. Da hat sie mir eine Melodie vorgesummt. Die hat mir gut gefallen, und ich habe sie gleich nachgesummt.»

«Dann summ sie mir doch vor, Kind», bat der Vater.

«Warte, Papa, ich kann doch auch den Text schon. Den musste die Mama mir dann nämlich sagen. Dann hat sie ihn mir zweimal aufgesagt, eigentlich aufgesungen, und ich habe ihn auch sofort gelernt und nachgesungen.»

«Dann sing mir das neue Lied vor», forderte der Vater das Kind im Weitergehen auf.

«Aber doch nicht hier auf der Straße, Papa», zierte sich das Mädchen. «Wir sind doch gleich im Haus. Dann singe ich.»

«Wenn wir dann noch Zeit dazu haben, Kind. Die Mama wird das Essen schon auf dem Tisch haben. Ich bin nämlich wirklich sehr spät heute. Es gab Wichtiges zu bereden unter uns Männern.»

«Das hat die Mama auch schon gesagt, dass du heute sehr lange ausbleibst, weil ihr Männer wohl Wichtiges zu bereden habt. Und dass die Suppe vielleicht nicht mehr heiß genug in die Teller kommt. Deshalb hat sie mich ja geschickt.»

«Also verschieben wir das Singen und Hören auf die Zeit nach dem Essen?», schlug der Vater vorsichtig vor.

«Machen wir, Papa. Wenn ich mit vollem Bauch dann noch singen kann», gab sich die Kleine ein wenig altklug. «Du sagst doch immer, zum Singen darf der Bauch nicht zu voll sein.»

Johannes Wamser musste bei dieser Bemerkung lachen. «Gut aufgepasst, Kind. Das sage ich meinen Chorleuten tatsächlich immer einmal wieder. Aber dein neues Lied wirst du auch mit vollem Bauch singen können. Es ist sicher keine Arie vom alten Thomaskantor Bach.»

«Nein, keine Johann-Sebastian-Arie, Papa. Und ich kann das kleine Lied bestimmt auch mit vollem Bauch singen», war Hella überzeugt. «Es gibt übrigens leckeren Grünkohl und Kassler, Papa. Und hinterher Vanillepudding mit Schokoladensoße.»

«Und vorher eine gute Fleischsuppe», ergänzte Mama Nanny Wamser, die wartend in der offenen Haustüre stand, den Hinweis ihrer Tochter auf die Speisekarte. Dabei schaute die Frau im Sonntagskleid mit vorgebundener weißer, mit Rüschen besetzter Kittelschürze gar nicht sonntäglich-freundlich. «Gut, dass ihr endlich kommt, Vater und Tochter. Die Suppe sollte wirklich nicht kalt werden. Beklagt euch nur nicht, wenn sie es schon ist. Die beiden Großen sitzen schon am Tisch. Also bitte ein bisschen Beeilung, ihr beiden. Was hattet ihr Mannsleute auch wieder miteinander zu bereden, dass es so spät geworden ist?»

Am Mittagstisch der Familie Wamser ging es einerseits sehr gesittet zu – merkwürdigerweise ohne jedes Tischgebet, denn so fromm waren die Wamsers dann wirklich nicht –, andererseits aber auch locker und frei. Beide Eltern legten großen Wert auf eine besonders sorgfältig gestaltete Sonntagstafel, bestückt mit edlem Porzellan und Silberbesteck und dekoriert mit Blumen und Kerzen in kristallenen Vasen und Haltern.

Sie beachteten für sich selbst und erwarteten von ihren drei Kindern gepflegte Tischmanieren und angemessenen Umgang mit

Geschirr und Besteck, wie sie für jeden neuen Gang des Mittagessens aufgedeckt waren. Der Gebrauch der Stoffserviette zum Schutz der Kleidung und zur Reinigung von Mund und Händen war selbstverständlich. Schließlich gehörte die Familie des Herrn Rektors und Kantors zu den besonders honorigen der Stadt.

Diese Position verpflichtete jeden, der zur Familie gehörte, zu angemessenem Verhalten im Haus und auch draußen.

Vater und Mutter Wamser achteten peinlich genau auf Etikette und gutes Benehmen im privaten und öffentlichen Leben. Sie ließen an der Sonntagstafel aber auch das Gespräch mit den Kindern zu, wenn es denn ordentlich ablief, was unter Geschwistern gelegentlich auch missraten konnte: keine Rede mit vollem Mund; kein Hineinreden, wenn ein anderer sprach; keine ungehörigen Wörter und, weil Sonntag war, Beiträge nur in Hochdeutsch. Die Mundart der Kremper Marsch, die natürlich jeder in der Familie beherrschte und zumeist auch gebrauchte, weil die Menschen dieser Gegend ganz natürlich in sie hineingeboren wurden und sie bereits mit der Muttermilch einsaugten, hatte zu anderen Zeiten und an anderen Orten und dann auch im wamserschen Haus ihren berechtigten Platz.

Heute ging es am Mittagstisch natürlich um die Themen, die die Männer nach dem Gottesdienst vorhin verhandelt hatten. Dabei mischten sich bei den Eltern und in Ansätzen auch schon bei Erich und Margarete durchaus leise Sorgen ins Gespräch über die Dinge, die auf die Menschen in der Stadt politisch zukommen mochten, wenn sich die braune Bewegung auch in Norddeutschland so rasch verbreitete, wie das offenkundig in den südlichen Gebieten der Republik der Fall war. Irgendetwas musste an den Gerüchten über die braune Zelle in der Stadt schon dran sein.

Die möglichen Auswirkungen des Börsensturzes in Amerika

sorgten ebenfalls für Nachdenklichkeit unter den Erwachsenen am Tisch. Was würde werden, wenn die Folgen dieser Geschichte tatsächlich nach Europa herüberschwappten und auch die deutsche Wirtschaft beeinträchtigten?

Die Nachrichten über die wachsende Arbeitslosigkeit waren schon erschreckend. Nicht auszudenken, wenn die Zahlen noch weiter ansteigen würden. Welche Folgen mochte das haben für die eigene Stadt Krempe und ihre arbeitende Bevölkerung? Die kommenden Zeiten versprachen unruhig zu werden.

Es ging dann schließlich im Tischgespräch aber auch noch um das Reformationsfest, das am kommenden Donnerstag in St. Peter gefeiert werden sollte und an dem dann nicht nur der Kantor mit seinem Orgelspiel und dem Gesang seines Chores teilnehmen würde, sondern die ganze Familie. Der Gottesdienst zum Gedenken an den Anschlag der Disputationsthesen Martin Luthers damals 1517 in Wittenberg als Auslöser der Reformation und der Entstehung der evangelisch-lutherischen Kirche gehörte zu den Höhepunkten des kirchlichen Lebens in Krempe. Diesem Gedenkgottesdienst entzog sich an diesem Tag kaum ein erwachsener und konfirmierter Evangelischer in der Stadt, und die Kirche war immer gefüllt bis auf den letzten Platz.

Das diesjährige Reformationsgedenken sollte übrigens noch eine ganz andere Bedeutung für die Kirchgemeinde bekommen: Pastor Peters wollte unter dem besonderen und doppeldeutigen Thema «Licht scheint in der Finsternis!» im Gottesdienst die neu installierte elektrische Beleuchtung der Kirche offiziell in Dienst stellen. Welch ein Fortschritt nun auch für die Gemeinde und ihr Gotteshaus!

Je länger sich das Mittagessen an der wamserschen Tafel hinzog, desto unruhiger wurde die Jüngste am Tisch. Was die Eltern und die Geschwister redeten, verstand die Sechsjährige sowieso kaum oder gar nicht. Aber in ihrem Kopf steckte seit dem Vormittag dieses kleine Lied, das sie dem Vater doch unbedingt vorsingen musste. «Nach dem Essen», hatte der Papa gesagt. Aber wann war «nach dem Essen», wenn die Großen so lange mit dem Pudding und seiner Soße beschäftigt waren?

Hella riskierte schließlich die Frage, die sie zunehmend bedrängte: «Wann sind wir endlich fertig, Papa?»

«Wenn niemand mehr von dem Nachtisch nehmen möchte», gab der Vater zurück, «dann sind wir fertig, Kind. Dann fehlt nur noch eins, was heute deine Aufgabe ist.»

«Der Dank an die Mama, weil sie uns das Essen wieder so gut gekocht hat», wusste die Kleine und hängte auch sofort an: «Danke, Mama, du hast wieder sehr gut gekocht. Es hat mir und uns allen sehr gut geschmeckt.»

Mutter Nanny nahm den Dank ihrer Jüngsten mit einem Lächeln und einer leichten Verbeugung in die Tischrunde an: «Es freut mich, wenn es euch allen geschmeckt hat.»

Nach einer kurzen Pause fuhr sie fort: «Ich denke, euer Vater geht nach der Mittagsruhe mit euch ein wenig spazieren. Das Wetter eignet sich noch sehr gut dazu. Ich mache die Küche fertig, und Grete hilft mir dabei. Später bin ich zu einer Skatrunde verabredet, wie immer am vierten Sonntag im Monat. Zum Abendessen sind wir dann wieder alle zusammen.»

«Willst du denn nicht hören, wenn ich dem Papa das neue Lied vorsinge?», fragte Hella die Mama, und ihre Stimme klang ein wenig nach Enttäuschung.

«Ich kenne das Lied doch», gab die Mama zurück. «Ich habe es dir doch beigebracht. Sing es dem Papa ruhig alleine vor. Er kennt es vielleicht noch nicht.»

«Ich bin gespannt, was gleich kommt, Hella. Komm, wir gehen hinüber in die Stube. Ich will dich singen hören. Um drei treffen wir uns dann zum Spaziergang. Bis dahin herrscht sonntägliche Mittagsruhe. Vielleicht haben deine beiden gymnasialen Geschwister ja auch noch etwas für die Schule zu arbeiten. Die nächste Klassenarbeit kommt bestimmt. – Damit ist unsere Tischgemeinschaft endgültig zu Ende. Es war wieder schön und gut heute. Ich danke euch allen und der Mama noch einmal besonders. – Komm, Hella, gehen wir beide zum Singen und Hören.»

Während sich der große Bruder Erich in seinem Zimmer mit seinen Modellflugzeugen beschäftigte – Modellflugzeuge waren seine große Liebhaberei, und Schulaufgaben waren für ihn jetzt nicht dran – und die große Schwester Margarete, zumeist abgekürzt Grete genannt, sich als Helferin der Mutter in der Küche mit dem umfangreichen Abwasch beschäftigte, postierte sich Hella in der guten Stube vor ihren Vater. Der hatte es sich bereits in seinem Ohrensessel bequem gemacht, in dem er seine tägliche kurze Mittagsruhe zu halten pflegte.

«Ich höre, mein Kind. Du wolltest mir dein neues Lied vorsingen.»

Klein Helga setzte ein wichtiges Gesicht auf, holte ein paar Mal tief Luft und sang dann mit ihrer glockenhellen Stimme ihr neues Lied:

«Eine kleine Geige möchte ich haben.
Eine kleine Geige hätt' ich gern!
Alle Tage spielt' ich mir
zwei, drei Stückchen oder vier.
Und sänge und spränge gar lustig herum,
ja, sänge und spränge gar lustig herum.
Dideldidel dumdum, dumdum, dumdum.
Dideldidel dumdum, dumdumdum!

Eine kleine Geige klingt gar lieblich,
eine kleine Geige klingt gar schön!
Nachbars Hans und unser Spitz
kämen alle wie der Blitz
und sängen und sprängen gar lustig herum,
ja sängen und sprängen gar lustig herum.
Dideldidel dumdum, dumdum, dumdum.
Dideldidel dumdum, dumdumdum!»

Mit dem letzten Ton entspannte sich das Gesicht der kleinen Sängerin wieder. Hella atmete einmal tief aus und schaute mit leuchtenden Augen ihren Papa an. Na, was würde der jetzt sagen?

«Sehr schön, mein Liebes», lobte der Vater, «sehr schön! Und jeden Ton richtig getroffen.»

Hella schaute ein wenig erstaunt und zugleich enttäuscht: «Du kennst das Lied?!»

«Natürlich kenne ich als Geigenspieler das Lied, meine liebe Hella. Ich weiß auch, wer es geschrieben hat.»

«Und welcher Dichter war das?», wollte die Kleine wissen und schaute bereits wieder anders drein.

«Derselbe, der auch die Lieder von den Vögeln geschrieben hat, die schon alle da sind, und von dem Kuckuck, der aus dem Wald ruft.»

«Die Lieder singt man doch nur im Frühling, Papa, ‹Alle Vögel sind schon da› und ‹Kuckuck ruft's aus dem Wald›. Aber du hast mir nicht gesagt, wer der Dichter ist.»

«Gut, ich sag es dir: Er heißt Heinrich Hoffmann. In der Schule hast du seinen Namen aber wohl nur als ‹Hoffmann von Fallersleben› gelernt.»

«Das habe ich, Papa. Aber komisch, Papa, dann ist Hoffmann ja plötzlich sein Vorname, und der Mann ist adelig geworden: *von* Fallersleben.»

Johannes Wamser musste schmunzeln. «Fallersleben ist ein Ort bei Braunschweig. Und Braunschweig eine Stadt in einem kleinen Freistaat mitten in Preußen, der genauso heißt. Der Dichter hat also seinen Geburtsort zu seinem Namen gemacht.»

«Trotzdem komisch. Du heißt ja auch nicht ‹Wamser von Gammelund›. Aber ist mir auch egal, Papa», nahm Hella die Erklärung ihres Vaters hin. «Jedenfalls gefällt mir das Lied von der kleinen Geige.» Die kleine Hella schaute jetzt ein wenig nachdenklich drein: «Wenn du das Lied aber doch kennst, Papa, freust du dich denn trotzdem darüber, dass ich es dir gesungen habe?»

«Natürlich, mein Kind, freue ich mich», bestätigte der Papa, setzte sich im Sessel auf, nahm seine Tochter vor sich bei ihren Schultern und strich ihr dann mit einer Hand über die Wange.

«Und ich habe die Melodie und den Text doch wirklich schnell gelernt, oder? Die Mama hat es mir nur zweimal vorgesungen, da konnte ich es schon.» Hellas Stimme klang jetzt durchaus ein wenig stolz.

«Du hast ein sehr gutes Gedächtnis, mein Kind», stellte der Papa fest. «Mit einem guten Gedächtnis lässt es sich gut und rasch lernen. Deswegen kommst du auch in der Schule so gut mit. Rechnen, Schreiben und Lesen klappen schon erstaunlich gut nach deinen wenigen Schulmonaten.»

Nach einer kurzen Pause schaute er seiner Tochter tief in die Augen und stellte ihr dann eine Frage, die ihm jetzt sehr wichtig war: «Du hast das kleine Lied rasch und gut gelernt und sehr gut gesungen. Ist es dir auch ernst mit dem, was du gesungen hast?»

Das Mädchen verstand die Frage nicht. «Was meinst du damit, Papa?»

«Du hast gesungen: ‹Eine *kleine* Geige will ich haben.› – Willst du wirklich eine haben, eine *kleine* Geige?»

Die musikalische Erstklässlerin Helga Wamser blickte nach dieser Frage ihren Vater mit großen Augen an. Weshalb fragte er das? Und was sollte sie auf diese Frage antworten? Konnte sie jetzt nein sagen? Wäre der Papa nicht enttäuscht, wenn sie jetzt nein sagte? Würde sie sich über eine *kleine* Geige eigentlich wirklich freuen? Gab es denn überhaupt *kleine* Geigen? Das konnten doch eigentlich nur Spielzeug-Geigen sein. Und wenn es die doch gab, würde sie es lernen, ein solches Instrument zu spielen?

Der Papa spielte Geige, und sie wusste, wie man ein solches Instrument zu halten und zu spielen hatte. Aber Papas Geige war nicht *klein*. Papa spielte doch eine Geige von einer ganz normalen Größe …

In Helgas bezopftem blondem Kopf jagten sich in diesem Moment eine Menge Gedanken, die Papas Frage ausgelöst hatte. Und der Papa wartete auf eine Antwort. Also musste sie eine geben. Hella stellte sich also vor ihren Vater, atmete hörbar ein und ließ dann ein merkwürdiges langgezogenes «Jaaaaa» hören.

Johannes Wamser registrierte es mit einem Lächeln und hakte noch einmal nach: «Willst du wirklich eine *kleine* Geige haben?»

Jetzt kam die Antwort ohne Zögern und auch ohne die merkwürdige Betonung: «Ja, Papa, ich würde gerne eine Geige haben und sie auch wirklich spielen.»

«Gut, mein Kind. Ich freue mich über deine Antwort», gab der Vater deutlich erfreut zurück, nahm seine Tochter kurz in die Arme, erhob sich aus seinem Sessel und verließ mit einem knappen «Warte eine Minute, Kind!» den Raum.

Ein paar Momente später kam er bereits wieder zurück. Als er die Stube betrat, hielt er seine rechte Hand geheimnisvoll hinter dem Rücken verborgen. «Was denkst du, was ich habe?», fragte er mit einem verschmitzten Lächeln auf dem Gesicht.

«Na, Papa», antwortete Hella und geriet in freudige Erregung, «natürlich eine Geige. Was denn sonst?! Gib sie mir, bitte. Ich will sie sehen und in die Hand nehmen und unters Kinn halten.»

Und dann hielt die sechsjährige Helga Wamser tatsächlich eine Geige in den Händen und – war für den Moment wohl doch ein wenig enttäuscht: «Die ist aber wirklich *klein*, Papa», rief sie entsetzt aus. «Das ist ja gar keine richtige Geige.»

«O doch, mein Kind», antwortete der Papa und nahm seine kleine Tochter tröstend in die Arme. «Das ist eine so genannte Viertel-Geige. Die ist genau richtig für kleine Geigerinnen in deinem Alter und bei deiner Größe.»

«Aber kann die denn mitwachsen, wenn ich größer werde?» Hella war offenbar nicht zufrieden mit Papas Antwort.

«Nein, das kann sie nicht», bestätigte der Papa ihren Einwand. «Du brauchst dann halt später eine neue Geige; eine, wie ich sie habe.»

«Aber dann muss ich das Spielen ja ganz neu lernen», war Hella immer noch nicht zufrieden.

«Darüber mach dir mal keine Sorgen, mein Kind», bemühte sich der Vater um weitere Beruhigung seiner Tochter. «Wer es gelernt hat, eine Viertel-Geige zu spielen, der kann sehr schnell auch eine Halb-Geige spielen und auch ein Instrument in der normalen Größe. – Und jetzt freu dich endlich, mein Liebes!»

Es dauerte noch ein paar Momente, bis dann wirklich die Freude in Hellas Herzen und auf ihrem Gesicht ankam. Schließlich ließ sie einen Jauchzer hören, und mit der Geige in der Hand lief sie hinüber in die Küche: «Schau, Mama! Schau, Gretchen! Ich habe eine Geige, eine kleine Geige, eine Viertel-Geige, und ich werde sie spielen. Papa bringt es mir bei.»

Eine Reaktion der Mutter und der Schwester wartete das Mädchen nicht ab. Hella sprang sofort zurück in die gute Stube, wo ihr Papa es sich wieder in seinem Sessel bequem gemacht hatte.

«Hat die kleine Geige, ich meine die Viertel-Geige, auch ein Bett, Papa? Die darf doch nicht so nackt herumliegen. Die erfriert sich sonst ihre Saiten.»

«Sie hat ein Bett, mein Kind», bejahte Johannes Wamser die besorgte Frage der Kleinen. «Die Geige darf wirklich nicht so nackt herumliegen und frieren. Ihr Bett, ich meine, ihr Kasten, liegt in unserem Schlafzimmer. Ich hole ihn später.»

«Ist da dann auch der Geigenbogen drin?», sorgte sich Hella, denn den hatte der Papa nicht mitgebracht.

«Er ist drin und ist ganz gespannt auf seine Spielerin, mein Liebes.»

Hella gab sich zufrieden. «Dann leg ich die Geige jetzt auf den Tisch bis nachher?»

«Tu das, Kind, aber vorsichtig, und dann machen wir bitte noch ein wenig Mittagspause. Du in deinem Zimmer und ich hier. Nachher gehen wir spazieren, und wenn wir vom Spaziergang zurück sind, streichst und zupfst du deine ersten Töne. Gut so?»

«Gut so, Papa. Mein lieber Papa!» Das Mädchen legte das Instrument vorsichtig auf den Tisch, umfing den Mann kurz mit beiden Armen und drückte ihm einen dicken Kuss auf die Stirn. Dann sprang sie singend aus dem Zimmer:

«Eine kleine Geige wollt' ich haben,
eine kleine Geige hab ich nun.
Und ich will sie spielen lernen.
Ich will üben, bis ich's kunn.»

Johannes Wamser blickte seiner Sechsjährigen lächelnd nach. Reimen konnte sie auch, seine Jüngste, wenngleich sie die Grammatik dabei sträflichst vernachlässigte. Sie war mit einem hellen Kopf beschenkt, die Kleine. Das Lernen und Behalten fielen ihr leicht, und das Geigenspiel würde für sie sicher auch kein Problem werden. Ob er wohl das Kind einmal in seinem kleinen Schulorchester einsetzen konnte oder auch in seinem Kantordienst? Ob sie eines Tages vielleicht sogar als Solistin auftreten konnte? Wer konnte das wissen? Wenn es doch möglich wäre, einige Jahre vorauszuschauen …

Der Mann legte die Hände auf seinem Leib zusammen, schloss die Augen und schlief auch schon ein.

2.
«Geige spielen
geht doch leicht!»

Nach der Mittagsruhe stieg der Vater mit seinen drei Kindern hinauf auf den Kremper Mühlenberg. Von dort oben hatte man einen herrlichen Blick über die zumeist roten Dächer der kleinen Stadt nach Norden und Westen hin und über den unten liegenden breiten so genannten Burggraben hinweg über den Sportplatz, die Reithalle und die südöstliche Marsch bis hinüber nach Süderau.

Dort drüben hatte die träge fließende Kremper Au ihr Bett, der kleine, von herbstlich leuchtenden Erlen gesäumte Fluss, dem man es eigentlich gar nicht abnehmen konnte, dass er früher einmal schiffbar und sogar für kleinere Seeschiffe nutzbar gewesen war; für die Stadt Krempe und ihr weites Umland ein bedeutender Wasser- und Handelsweg.

In der angenehmen Wärme, die die bereits tief stehende Oktobersonne am leicht bewölkten Himmel über das Land legte, genossen die vier Wamsers vor allem den Blick über die weiten Felder und Wiesen. Die Aussicht war einfach herrlich, und wie immer, wenn der Vater mit seinen Kindern hier oben auf den Resten der ehemaligen Festungsanlage saß oder stand, hielt er ihnen auch heute wieder eine interessante Lehrstunde über die natürliche Pflanzen- und Tierwelt der Region, über die land- und viehwirtschaftliche Nutzung der Kremper Marsch und über die wechselvolle Geschichte des Ortes, an dem sie sich befanden.

Der Vater konnte sehr anschaulich erzählen und wusste auch immer wieder noch etwas Neues.

Und so erfuhren Erich, Grete und Hella an diesem Sonntagnachmittag zum x-ten Mal, dass Graf Johann III. schon im Jahr 1333 der damals bereits hundertjährigen Stadt Krempe die Erlaubnis erteilt hatte, sich mit Palisaden, Gräben und Toren gegen Feinde aus dem näheren und ferneren Umland zu schützen.

Etwa zweihundert Jahre später hatte König Christian III. von Dänemark den Ausbau Krempes als Festung angeordnet, um sich an der Südgrenze seines holsteinischen Herrschaftsgebietes vor allem gegen den Einfluss der sehr stark aufstrebenden Handels- und Hafenstadt Hamburg an der Elbe abzusichern – von Krempe bis an die Elbe waren es schon immer nur wenige Kilometer gewesen.

Die Kremper Festungsanlage war dann später mehrmals ausgebaut und verstärkt worden. Im Dreißigjährigen Krieg fiel sie allerdings der Belagerung der Truppen des Feldherrn Wallenstein zum Opfer und wurde später «völlig rasiret». Übrig geblieben war von den Festungsanlagen nur der Mühlenberg, der seinen Namen dadurch bekommen hatte, dass hier oben auch einmal eine große Windmühle gestanden hatte. Die gab es freilich auch schon lange nicht mehr. An ihrer Stelle stand seit 1901 der mächtige Wasserturm, wie viele Gebäude der Stadt aus rotem Backstein gemauert, von dem aus die Kremper Haushalte mit fließendem Wasser versorgt wurden.

Je länger die vier Menschen hier oben standen und der Vater dieses und jenes erzählte, desto langweiliger wurde es der Jüngsten von ihnen, und sie begann, unruhig hin und her zu zappeln und zu springen. Was der Papa da sehr ausführlich erzählte, interessierte Hella noch nicht wirklich. Warum mussten Erich und Grete auch immer so viele komische Fragen stellen? Dabei beschäftigte Hella doch eine ganz andere Sache, die sie gerne bei ihrem Papa losgeworden wäre.

Als der Vater mit dem Erzählen schließlich aufhörte und die älteren Geschwister mit seiner Erlaubnis den Hügel hinab nach unten ans Wasser sprangen, ergab sich für Hella endlich der Moment, in dem sie ihr Anliegen loswerden konnte. Sie ergriff die Hand ihres Vaters und schaute zu ihm auf: «Wo hattest du die Viertel-Geige eigentlich so schnell her, Papa?»

Johannes Wamser hatte mit dieser Frage an diesem Ort wohl eher nicht gerechnet. Und doch gab er gerne die Antwort: «Das ist meine Viertel-Geige, auf der ich als Junge gelernt habe, mein Kind.»

«Hattest du denn bei den Kühen und Schweinen und der vielen Arbeit auf dem Bauernhof in Gammelund überhaupt Zeit zum Geigeüben?»

«Meine Eltern, also deine Großeltern, haben mir viel Zeit gegeben, Musik zu machen. Sie hatten schon früh erkannt, dass ich musikalisch bin. Und sie wussten ja auch noch eins …»

«Was wussten die Großeltern noch?», fragte Hella gespannt dazwischen.

«Sie wussten, dass ich nie Bauer werden sollte, weil ich den Hof ja nie erben würde. Den bekommt nach uralter Ordnung im holsteinischen Land immer der älteste Sohn der Familie, also mein Bruder, dein Onkel. Und dann hatte der Lehrer in unserer Dorfschule meinen Eltern geraten, mich nach Schleswig aufs Gymnasium zu schicken, weil ich leicht lernen konnte und immer gute Noten hatte. So bin ich also zur höheren Schule gegangen, um dort mein Abitur zu machen. Und so habe ich gelernt, Klavier zu spielen und Orgel und Geige. Gitarre und Flöte habe ich mir selbst beigebracht.»

«Und warum bist du dann Lehrer geworden und nicht ein richtiger Musiker?»

«Gute Frage, Kind.» Johannes Wamser dachte ein wenig nach. Dann antwortete er: «Ich bin Lehrer geworden, weil ich Kinder mag und weil ich wohl auch das Talent habe, Kindern das Wissen und das Können und alles andere beizubringen, was sie für ihr Leben brauchen.»

«Und warum bist du jetzt nicht mehr Lehrer wie der Herr Korneffel und der Herr Schmidt, sondern Rektor der Schule?»

«Nun, Kind, als der Herr Siebke vor zwei Jahren aus seinem Amt ausgeschieden ist, haben mir die Kollegen der Schule geraten, ich solle mich bewerben. Und Bürgermeister Friedrich war auch der Meinung, ich wäre ein guter Schulleiter. Und dann bin ich es geworden. Zufrieden?»

«Zufrieden, Papa. Ich habe aber noch eine Frage.»

«Bitte schön, du kleines neugieriges Mädchen», schmunzelte der Papa. «Frag, was du wissen willst.»

Und Hella fragte: «Hast du der Mama gesagt, dass sie mir das Lied von der kleinen Geige vorsingen soll?»

Johannes Wamser schaute seine kleine Tochter erstaunt an: «Wie kommst du denn darauf, ich hätte …?»

«Ich hab mir das so gedacht, Papa», gab Hella überzeugt zurück. «Ich habe gedacht, du wolltest gerne, dass ich Geige lerne, und dann wolltest du mich prüfen, ob ich mir das vorstellen konnte, das auch wirklich zu machen.»

«Du bist ein kluges Köpfchen, mein Kind», gestand der Papa lachend zu. «Und du hast Recht. Ich habe tatsächlich mit der Mama darüber gesprochen, wie wir es anstellen könnten, dich dazu zu bringen, Geige spielen zu wollen. Was einer nämlich selber will, das macht er dann auch gerne. Und wenn du das Geigenspiel wirklich lernen willst, dann solltest du jetzt damit anfangen. Mit deinen sechs Jahren bist du gerade im richtigen Alter dafür, und außerdem brauche ich für unser kleines Schulorchester noch eine Geigerin. Beim Überlegen ist uns das Liedchen von Hoffmann von Fallersleben eingefallen. Was uns ja auch geholfen hat. Das haben wir doch gut gemacht, oder nicht?»

«Das habt ihr sehr schlau angefangen, Papa», bestätigte das Mädchen. «Eltern sind auch kluge Köpfe. Und jetzt wird deine Geige meine Geige, und nachher zu Hause mache ich die ersten Töne. – Und jetzt möchte ich auch nach unten ans Wasser.» Hella wartete die Erlaubnis ihres Vaters dazu gar nicht erst ab. Sie ließ seine Hand los und sprang fröhlich den Hügel hinunter.

«Jetzt will ich auch Steine flitschen!», rief sie dabei dem Vater über die Schulter zurück und schickte nach unten schon einmal eine Warnung voraus: «Ihr könnt ja nichts, ihr beiden. Ich werde euch zeigen, wie man das macht. Meine Steine kommen am weitesten.»

Die beiden Großen waren nämlich am Rand des Burggrabens damit beschäftigt, passende Steine zu finden und sie flach über das Wasser zu werfen. Zu flitschen, wie sie das nannten. Dabei kam es ihnen darauf an, den geflitschten Stein so oft wie möglich auf dem Wasser aufschlagen und weiterspringen zu lassen, bis er schließlich unterging.

Erich war ein Meister in der richtigen Wurftechnik. Seine Steine sprangen meistens fünf- oder sechsmal auf und kamen dadurch sehr weit. Grete war da eher ungeschickt und hielt ihre Versuche nie lange durch. Hella hatte bei ihren Flitsch-Versuchen mehr Ausdauer und daher auch mehr Erfolg. Irgendwann würde sie es so gut können wie ihr großer Bruder.

Johannes Wamser ließ seine Jüngste gerne davonspringen. Dabei musste er über die klugen Fragen des Mädchens doch noch eine Weile schmunzeln. Hella hatte wirklich ein helles und gescheites Köpfchen, und sie war dabei ein fröhlicher, offener

Mensch. Die würde ihren Weg machen, wenn die Zeiten ihr günstig blieben.

Es gefiel dem Vater, wie seine drei Kinder miteinander umgingen. Zumeist sehr friedlich und einander zugewandt. Freilich verstand sich Hella mit ihrem großen Bruder besser als mit der Schwester. Die war manchmal eine «dumme Ziege», der sie aus dem Weg gehen musste, wenn sie schlechte Laune hatte. Dagegen war Erich in Hellas Augen wie ein starker und immer fröhlicher Wikinger. Der kümmerte sich um seine kleine Schwester. Mit dem verstand sie sich gut. Der hatte nie schlechte Laune. Hella und Erich, das passte; Hella und Grete, das passte weniger.

Hella und die Mama, das passte leider auch nicht immer. Johannes Wamser gingen ein paar wehmütige Gedanken durch den Kopf. Im Geist sah er zwischen seinen Dreien unten am Wasser einen Vierten: Georg wäre heute zehn, hätte ihn nicht eine tückische Krankheit im zarten Alter von nur wenig mehr als einem Jahr dahingerafft.

Der Tod des Jungen hatte seiner damals siebenundzwanzigjährigen Mutter sehr zugesetzt. Als sich dann wieder ein Kind angemeldet hatte, hatte sich seine Nanny auf einen Jungen fixiert als Ersatz für Georg. Aber dann wurde ein Mädchen geboren, Hella. Die Mutter hatte lange gebraucht, um diese Laune der Natur anzunehmen und Töchterchen Hella die Liebe entgegenzubringen, die sie für einen Jungen reserviert hatte.

Leider ließ Nanny ihre Jüngste die damalige Enttäuschung durch Kälte und Schroffheit zuweilen auch heute noch spüren. Nein, Erich war ihr Junge, Margarete war ihr Mädchen, und Hella war ein wenig Nachzügler zweiter Klasse. Schade! Wohl deshalb lag ihm, dem Vater, die Kleine auch ein bisschen mehr am Herzen als die beiden Großen.

Diese und ähnliche Gedanken gingen Johannes Wamser durch den Kopf, während er seinen Kindern noch von der Höhe des Mühlberges bei ihrem fröhlichen Spiel unten am Burggraben zuschaute. Schließlich begab auch er sich hinunter ans Wasser. «Ihr macht das sehr gut, ihr drei. Aber jetzt zeige ich euch einmal, wie weit ein Stein über das Wasser springt, wenn man das Flitschen richtig macht.»

Der gute Mann hätte besser nicht so laut getönt. Seine Steine versanken sämtlich sofort im Wasser, ohne auch nur einmal gesprungen zu sein. Der Spott seiner Kinder blieb natürlich nicht aus, und der Vater musste ihn ertragen. Er ertrug ihn mit einem stillen Lächeln.

«Ich schlag vor, Papa», meinte Hella wichtig, mit einem durchaus hämischen Grinsen auf dem Gesicht und unter dem Beifall ihrer älteren Geschwister, «wir gehen jetzt nach Hause zum Kaffeetrinken und zum Geigespielen und sonst was machen. Und vor dem nächsten gemeinsamen Besuch hier unten am Wasser gehst du alleine an den Burggraben und übst ein bisschen Steine flitschen.»

«Gut, Kinder, ich gebe mich geschlagen», gestand der Vater ein und gab sich dabei ein wenig bekümmert. «Über Hellas Vorschlag denke ich nach. Und jetzt gehen wir wirklich nach Hause. Die drei Sonntag-Nachmittags-K warten: Kaffee, Kakao und Kuchen. Die Mama hat uns noch alles vorbereitet.»

Nachdem das Kaffeetrinken endlich beendet, der Tisch abgeräumt war und ihre Geschwister die Stube verlassen hatten – für Hella hatte das alles gefühlte Stunden gedauert –, nahm das Mädchen seine Geige vorsichtig mit beiden Händen aus dem Kasten, in den der Vater das Instrument zuvor gelegt hatte. Mit leuchtenden Augen und voller Ehrfurcht schaute Hella das edle Stück an, blies ein Stäubchen von seiner Decke, nahm es dann mit der Linken an seinen Hals und klemmte sich das Instrument schließlich unters Kinn, wobei es mit der rechten Hand nachhalf. «Ist das so richtig, Papa?»

«Fast richtig, Kind», antwortete Papa Johannes und korrigierte die Haltung ein wenig. «Den Arm ein bisschen höher und die Geige ein wenig mehr nach vorne drehen. Du willst ja alle vier Saiten benutzen.»

«Darf ich jetzt den Bogen haben, Papa?»

Johannes Wamser nahm nun auch den Geigenbogen aus dem Kasten und legte ihn seiner Hella in die Hand. «Du musst den Bogen vorne mit den Fingern am Frosch halten. Das Handgelenk ganz locker. Und den Arm am Körper anlegen, Kind. Den Ellenbogen nicht so weit abspreizen. – So, so machst du es gut.»

«Nein, Papa, nicht so. Da bekomme ich ja einen Krampf in den Arm und in die Hand.» Hella schaute ein wenig kläglich drein, blieb aber in der entstandenen Haltung einer Geigerin.

«Den Krampf bekommst du nur, solange du die Haltung von Geige und Bogen noch nicht beherrschst, Kind», tröstete der Vater. «Schau, ich zeig's dir noch mal mit meiner Geige.» Damit nahm der Vater sein Instrument in die Linke, legte die Stütze unter das Kinn und nahm den Bogen in die Rechte. «Schau her, Hella, so muss das aussehen. Die Schnecke so hoch wie das Kinn, dann liegt das Instrument gerade. Dabei aber ein wenig schräg gedreht, damit alle Saiten gut zu streichen sind. – Weißt du eigentlich, wie die Saiten heißen?»

«Natürlich weiß ich das, Papa», entrüstete sich Hella. «Ich bin doch nicht dumm. Das habe ich doch schon heimlich gelernt.»

«Und wie heißen sie?»

«Die dickste Saite ist die G-Saite, die nächste ist die D-Saite, dann kommt die A-Saite, und die dünnste Saite ist die E-Saite.»

«Gut, mein Liebes», lobte der Vater.

«Ich weiß auch, wie ich mir das leicht merken kann.»

«Und wie?», spielte der Vater Neugier.

«Geh, du alter Esel!» Hella sprach sehr betont.

«Das hast du aber jetzt nicht zu mir gesagt, mein Kind!», spielte der Vater jetzt den Beleidigten.

«Aber Papa! So was sage ich doch nie zu dir», besänftigte das Mädchen den vermeintlichen väterlichen Ärger. «So merke ich mir die Saiten. Ist doch eine gute Eselsbrücke, Papa. So sagt man doch, oder nicht?»

«So sagt man, Kind. Und das ‹Geh du alter Esel› ist wirklich eine gute Merkhilfe», bestätigte der Vater und forderte die kleine Geigen-Schülerin auf, den Rosshaarbezug des Bogens auf die dünne Saite, die E-Saite, zu legen. «Und jetzt schieb den Bogen nach oben. Ganz leicht und ohne Druck.»

Hella befolgte den Auftrag und erzeugte so ihren ersten Ton auf ihrer Viertel-Geige. «Das krächzt ja schrecklich», erschrak sie vor diesem Geräusch.

«Das gibt sich, wenn du fleißig übst, Hella», tröstete der Vater und forderte: «Zieh den Bogen wieder nach unten. Und wieder ohne Druck.»

Das Krächzen wiederholte sich. «Und jetzt den Bogen auf die A-Saite und einmal hin und wieder her.»

Das Krächzen wiederholte sich, nur auf einer niedrigeren Tonhöhe. Es wiederholte sich auch auf der D-Saite und auch auf der G-Saite.

Hella setzte das Instrument ab. «Das lerne ich doch nie, Papa», schimpfte sie, legte den Bogen zur Seite und die Geige vorsichtig in den Kasten. «Nie lerne ich das», wiederholte sie. «Mir tun ja von dieser kurzen Zeit schon beide Arme weh. Und das Kinn auch.»

Johannes Wamser nahm sein Töchterchen in die Arme und strich der Kleinen übers Haar. «Du wirst es lernen, Liebes. Davon bin ich überzeugt. Und dann spielst du in einem Jahr im Schulorchester und später auch im Kirchenorchester und irgendwann vielleicht mit einem richtigen großen Orchester.»

Hella dachte einen Moment nach über Papas Aussage. Dann fragte sie und hielt dabei den Kopf ein wenig schief und ein Auge halb zugekniffen: «Hast du gesagt: ‹in einem großen Orchester› oder ‹mit einem großen Orchester›?»

«Was ist denn da der Unterschied?», wunderte sich der Vater über diese Frage.

«Das ist doch wohl klar, Papa.» Jetzt stellte Hella ihren Kopf wieder gerade und machte ein sehr kluges Gesicht. «Wer *in* einem Orchester spielt, sitzt in einer Reihe neben anderen Spielern. Und wer *mit* einem Orchester spielt, der steht vorne und ist ein Solo-Spieler, ein Geigen-Solist.»

«Das hast du wieder sehr gut festgestellt, mein Kleines», lobte der Vater. «Und ich bin sicher, du wirst einmal eine große Geigerin *in* einem Orchester und vielleicht auch *mit* einem Orchester.»

«Und wenn ich das nun gar nicht werden will? Bist du mir dann böse, Papa?» Hellas Frage klang durchaus besorgt. Das Mädchen legte großen Wert auf die Zuneigung ihres Vaters.

«Ich wäre dir dann zwar nicht böse, mein Hella-Kind. Du weißt, dass ich dir selten böse bin», beruhigte Johannes Wamser seine Jüngste und hängte an: «Aber ein bisschen enttäuscht wäre ich vielleicht doch.»

«Dann werden wir eben sehen, ob ich das schwierige Üben auch hinkriegen kann und dass ich irgendwann *in* einem Orchester spiele oder vielleicht auch *mit* einem Orchester. Wenn du für mich ein guter und geduldiger Geigenlehrer bist, kann das vielleicht so klappen», antwortete Hella ein wenig altklug zur Beruhigung ihres Vaters, um im selben Atemzug zu fragen: «Wer ist Delphin Alard, Papa?» Dabei sprach sie den Namen aus, wie er geschrieben war.

«Delphin Alard? Wie kommst du auf Delphin Alard?» Hatte der Vater den Namen zunächst wie Hella deutsch ausgesprochen, so sprach er ihn dann französisch aus.

«Auf dem Heft auf dem Tisch steht doch der Name, Papa», antwortete Hella. «Bei unserem Sprechen habe ich den Namen gelesen und auch das, was noch auf dem Heft steht: ‹Eine vollständige Anleitung für das Spiel auf der Violine›.»

«Du kannst schon sehr gut lesen, du kleine schlaue Erstklässlerin», lobte der Vater. «Und du hast richtig gelesen. Ich bin stolz auf dich. Das Heft ist eine ausgezeichnete Geigen-Schule, die dieser Monsieur Alard geschrieben hat.»

«War der Herr Tümmler Meeressäuger ein großer Geiger?»

«Herr Tümmler Meeressäuger?» Johannes Wamser schien nicht zu verstehen.

«Na, Papa, ein Delphin ist mit einem anderen Wort doch ein Tümmler, und Tümmler sind Säugetiere im Meer», erklärte das Mädchen.

Der Papa musste lachen. «Ich merke wieder einmal, dass du dich auskennst bei den Meerestieren. Aber Delphin ist in Frankreich auch ein Männername. Und wie groß der Monsieur Delphin Alard war, weiß ich nicht, Kind», antwortete der Vater mit einem schelmischen Grinsen. «Aber er war ein berühmter Geiger in seiner Zeit.»

«Lebt der noch?»

«Nein, der lebt schon lange nicht mehr», informierte der Vater. «Monsieur Delphin Alard ist ein Jahr vor meiner Geburt gestorben.»

«Also 1888?!»

«Richtig!»

«Und wie alt war der da?»

«Nicht ganz 73, Kind.»

«Und wo hat der gelebt?»

«Sagte ich doch schon: in Frankreich. In Bayonne ist er geboren, und in Paris ist er gestorben.»

«Paris ist die Hauptstadt von Frankreich. Stimmt's, Papa?»

«Ich wiederhole mich. Du bist ein kluges Kind, Hella. Du weißt schon sehr viel.»

«Ich lerne ja heimlich auch schon mal Sachen, die Erich und Grete lernen müssen, Papa. Ich will aber jetzt auch noch wissen, wie gut der Tümmler Delphin Alard Meeressäuger Geige gespielt hat.»

Auch auf diese Frage wusste der Vater eine Antwort, und er musste dabei über Hellas Umgang mit dem Namen des berühmten Geigers lächeln: «Delphin Alard war damals einer der besten und berühmtesten Violinisten in Frankreich. Schon mit zehn Jahren hat er nicht nur *in* einem Orchester gespielt, sondern auch schon *mit* einem Orchester. Er war sogar Solo-Geiger im Orchester des französischen Kaisers Napoleon III. Und er war Direktor von dem Konservatorium, an dem er selbst zuvor studiert hat.»

«Dann war das wirklich ein sehr guter Mann», staunte Hella. «Und ich soll Spielen lernen mit der Schule dieses berühmten Geigenlehrers?»

«Richtig, mein Kind», bestätigte der Vater. «Mit dieser berühmten Geigenschule werden wir beide arbeiten, bis ich dir nichts mehr beibringen kann.»

«Und was mache ich, wenn du mir nichts mehr beibringen kannst?», wollte Hella wissen.

Johannes Wamser lachte kurz auf: «Was dann wird, wird sich zeigen, mein Kind.»

Hella wollte jedoch noch etwas wissen: «Wie oft habe ich denn Unterricht, Papa-Geigenlehrer?»

«Nun, ich denke, einmal in der Woche machen wir beide richtigen Unterricht. Wann das ist, müssen wir besprechen, wenn die Mama dabei ist.»

«Und wie oft muss ich üben?»

«Ich denke, jeden Tag wenigstens zehn Minuten.»

Hella erschrak ein wenig bei dieser Antwort des Vaters. «Jeden Tag wenigstens zehn Minuten?», sprach sie leise vor sich hin. «Das halte ich nicht durch, Papa. Jeden Tag zehn Minuten? Ich muss doch auch Schulaufgaben machen. Und ich will doch auch noch spielen. Jeden *zweiten* Tag, Papa. Das reicht auch.» Hella versuchte vor dem Hintergrund ihrer Erkenntnis, dass Üben Zeit erforderte, über die Übungszeit zu feilschen.

«Mein liebes Kind», wurde der Papa jetzt ein wenig streng. «Du wolltest eine Geige haben, wenn auch zunächst eine kleine. Du hast sie bekommen, und wer Geige spielen will, muss üben, üben und immer wieder üben. Für die Schulaufgaben bleibt dir immer noch Zeit, und zum Spielen auch. Außerdem musst du ja auch eine Menge Fachtermini kennenlernen, die du als Musikerin einfach wissen musst.»

Das war mit solchem Nachdruck gesprochen, dass Hella ein wenig zusammenzuckte und kleinlaut fragte: «Und was sind das für Sachternimi, Papa?»

«Nicht Ternimi, Kind, und auch nicht Sachternimi», korrigierte der Vater. «Fachtermini sagt man zu den Begriffen und Abkürzungen, die du kennen musst. Schau in der Geigenschule nach. Monsieur Alard hat sie alle aufgelistet.»

Hella schlug das Heft auf und schaute sich die Liste der musikalischen Fachbegriffe an, indem sie mit dem Finger an den Zeilen entlangging. «Komische Wörter», meinte sie und rümpfte ein wenig ihre Nase. «Die sind ja ausländisch: *adagio, forte, legato, major, minor, sekunde, sostenuto, staccato*.»

«Richtig, mein Kind», bestätigte Vater Wamser, «die Begriffe sind italienisch, und einige spricht man anders aus, als du es gerade getan hast. Das ist aber nicht schwer, und das lernst du. Und die deutschen Bedeutungen stehen ja auch dabei. Du wirst sie lernen, wie deine Geschwister Vokabeln lernen.»

«Und dann fragst du mich ab wie Grete und Erich?»

«Genau so, mein Kind», bestätigte der Mann, «und ich fange schon bald damit an. Sagen wir, am Ende der nächsten Woche. Bis dahin hast du die Begriffe und ihre Bedeutungen in deinem klugen Köpfchen.»

«Nein, Papa!», kam es in einem kleinen, durchaus empörten Aufschrei. «Doch nicht schon nächste Woche! Dann hab ich ja bis dahin gar keine Zeit mehr zum Spielen.»

«Die wirst du schon noch haben, Kind», beruhigte der Vater. «Aber ohne Lernen und Üben geht es nun mal nicht, wenn du einmal eine große Geigerin werden willst.»

Hella zögerte ein wenig mit ihrer Reaktion. Dann meinte sie: «Du hast ja vielleicht Recht, Papa. Wenn ich eine große Geigerin werden will, dann muss ich immer viel essen, damit ich schnell wachse. Und dann muss ich eben die Termine lernen oder Termini, oder wie die komischen italischen Wörter heißen, und immer üben und weniger Schulaufgaben machen und weniger spielen. So! Aber jetzt will ich noch nicht lernen. Jetzt will ich in mein Zimmer gehen und wenigstens noch ein bisschen mit meinen Puppen spielen. Darf ich?»

«Du darfst gerne, Hella-Kind», gestand der Vater zu und fügte an: «Ich denke, die Mama kommt bald. Dann gibt es auch Abendessen. Du wirst Hunger haben.»

«Habe ich, Papa, nach dieser aufregenden Stunde wegen der kleinen Geige und wegen dem Wörter-Lernen und wegen dem Üben», gab Hella zu und verließ die Stube, wobei ihr leichter Unmut von eben bereits wieder verflogen war. Vor sich hin sang sie ihr neues Lied, dessen Text sie schon wieder verändert hatte:

«Eine kleine Geige wollt' ich haben,
eine kleine Geige hab ich nun,
und ich werde fleißig üben,
bis ich sie auch spielen kunn.
Und auch die vielen fachlichen Wörter
hab ich bald in meinem Kopf.
Dideldidel dumdum, dumdum, dumdum.
Dideldidel dumdum, dumdumdum!»

3.
Übung macht den Meister

Ein paar Wochen später saßen Vater und Tochter wieder einmal in der Stube zur «Termin-Abfrage», wie Hella die ersten Minuten der wöchentlichen Übungsstunde nannte. Das Endungs-i in «termini» mochte sie einfach nicht aussprechen. Der Vater fand es lustig und übernahm dann auch diese Redeweise.

«Also, mein Kind, wie heißen denn jetzt die Töne der Tonleiter?», begann der Vater die Abfrage der musikalischen Fachtermini.

Hella rieb sich mit einem Finger über die Nase und tat so, als müsse sie zunächst überlegen. Dann hielt sie ihren Kopf schief und fragte schelmisch: «Wie magst du es hören? Deutsch? Italienisch? Französisch? Noch anders?»

«Wie du willst, Kind, oder auch wie du's kannst», überließ der Lehrer seiner Schülerin die Entscheidung.

«Gut», überlegte Hella noch einen Moment und sprudelte dann heraus: «*do – re – mi – fa – sol – la – si – do.* – Das war die italienische Reihe aufwärts, Papa, und jetzt kommt dasselbe als französische Reihe aufwärts.» Wieder sprudelte Hella die Tonleiter herunter: «*ut – re – mi – fa – sol – la – si – ut.*»

«Und abwärts?», forderte der Papa.

Diese Aufzählung ging ein klein wenig langsamer: «*ut – si – la – sol – fa – mi – re – ut.*»

Vater Wamser fragte weiter: «Wie heißen diese Töne für uns?»

Ebenso schnell wie die italienischen und die französischen

nannte Hella die deutschen Tonbezeichnungen, diesmal in einem Atemzug aufwärts und abwärts: «c – d – e – f – g – a – h – c – c – h – a – g – f – e – d – c. Übrigens, Papa, wenn man das schreibt, schreibt man kleine Buchstaben. In der englischen Tonleiter schreibt man große Buchstaben, und statt dem H schreibt man B. Richtig?»

«Richtig, mein Vielwisser-Kind», bestätigte der Vater und fragte weiter: «Auf welchem Notenplatz liegt das *sol* gleich *g*?» – «Wo liegt das *re* gleich *d*?» – «Wo liegt das *c* oder *ut* oder *do*?» …

Die Antworten der kleinen Musikschülerin kamen wie aus der Pistole geschossen: «Auf der zweiten Linie.» – «Unter der ersten Linie.» – «Auf der ersten Hilfslinie unten oder im dritten Zwischenraum.» …

«Wie sieht die Vierschlagnote aus im Vergleich zur Zweischlagnote?»

«Die Vierschlagnote ist hohl ohne Hals, die Zweischlagnote ist hohl mit Hals nach oben oder nach unten, je nachdem, wo sie im Notensystem steht.»

«Was bedeutet der Punkt hinter einer Note?»

«Der Punkt hinter einer Note verlängert sie um die Hälfte ihres Wertes.»

«Zum Beispiel?»

«Eine halbe Note mit Punkt wird zur Dreiviertel-Note.»

«Richtig! – Was bedeutet adagio?»

Hella antwortete gemäß der Bedeutung des Begriffes und zog die Wörter so richtig in die Länge: «Laaangsaaam oder bedääächtiig oder gemääächliich.»

«Was bedeutet fortissimo?»

«Fortissimo heißt laut, und forte fortissimo heißt sehr schrecklich laut.» Auch jetzt antwortete das Mädchen entsprechend der Wortbedeutung laut und sehr laut, so dass der Vater sich die Ohren zuhielt. Der Mann hatte sichtbar seinen Spaß daran, wie sein

Kind wieder einmal mit den Dingen umging. Er wurde dann aber bald wieder sachlich.

«Nächste Frage: Was ist eine Sekunde?»

«Der sechzigste Teil von einer Minute, Papa. Haben wir diese Woche in der Schule gelernt», gab Hella dagegen eher unsachlich und wieder mit einem verschmitzten Grinsen zurück.

«Dann sind die Tonleitern von eben wohl Hilfsmittel beim Erdbeerpflücken?», griff Johannes Wamser Hellas schelmische Art zu antworten auf und zog dabei die Augenbrauen hoch.

«Nein, Papa, das ist falsch», widersprach die Schülerin ihrem Lehrer mit einem jetzt wieder ernsten Gesicht. «Beim Erdbeerpflücken braucht niemand eine Leiter, außer vielleicht eine Erdbeer-Maus. Menschen brauchen Leitern höchstens beim Äpfel-, Birnen- oder Pflaumenpflücken und beim Saubermachen von Dachrinnen vom Herbstlaub, wie du vor ein paar Tagen.»

Hella unterbrach sich selbst, holte ein paarmal tief Luft und fuhr dann in ihrer besonderen Erklärung fort: «Eine Tonleiter ist eine Leiter zum Rauf- und Runterklettern, nicht aus Holz, wie deine im Schuppen, und auch nicht aus Eisen, wie die bei der Schule. Eine Tonleiter ist aus Ton wie der, den wir in der Schule schon mal zum Modellieren verwenden, und sie ist deshalb sehr zerbrechlich. Die hält nicht einmal mein Gewicht aus. Und deins schon gar nicht.»

Die letzte Bemerkung ließ Hella ein wenig den Kopf einziehen, unsicher, ob der Vater diese kleine Dreistigkeit ohne Widerspruch hinnahm.

Der Vater widersprach aber nicht. Er musste sogar über Hellas Vortrag lachen: «Du bist ein Schelm, mein Kind, und manchmal auch ein Schlingel.» Er forderte dann aber auch die richtigen Erklärungen, die seine Jüngste selbstverständlich in ihrem Kopf hatte: «Was ist nun mit der Tonleiter, die du so gut vielsprachig aufsagen kannst?»

Hella wurde wieder sachlich: «Die Tonleiter hat acht Töne und geht von einem bestimmten Grundton eine Oktave, das sind acht Schritte, nach oben oder auch nach unten. Ich hab dir vorhin zum Beispiel die Tonleitern auf dem *c* oder *ut* oder *do* rauf und runter aufgesagt.»

«Richtig!», war der Vater jetzt zufrieden und bestätigte noch einmal die Leistung seiner Tochter: «Gut gelernt, mein Kind. Aber was ist an der Tonleiter auf dem *c* eigentümlich im Vergleich zu anderen Tonleitern?»

«Da gibt es keine Töne mit Erhöhungen durch ein Kreuzchen oder mit Erniedrigungen durch ein kleines b davor.»

«Das ist richtig, aber was ist nun eine Sekunde? Da fehlt noch deine richtige Antwort.»

«Eine Sekunde ist ein Intervall und der Abstand zwischen zwei Nachbartönen auf der Tonleiter. Die Sekunde gibt es in klein und in groß. Zu der kleinen Sekunde sagt man auch Halbtonschritt, und zu der großen sagt man Ganztonschritt.»

«Sehr gut, du kleine Expertin. Dann für unsere heutige Termin-Abfrage meine letzte Frage: Was ist ein Fähnchen?» Johannes Wamser merkte, dass seine Hella wieder besonders Luft holte und offenbar eine ganz bestimmte und eher unsachliche Antwort auf der Zunge hatte, und er kam ihr zuvor: «Sag jetzt nicht, das Fähnchen sei eine kleine Ausgabe von dem Ding, das die Kremper Männer am Gilde-Fest so kunstvoll schwingen, in die Luft werfen und geschickt wieder auffangen. Gib mir bitte gleich die richtige Antwort.»

«Du lässt mich schon wieder gar keinen Spaß mehr machen, Papa», tat Hella ein wenig beleidigt und antwortete dann, wie es sein musste: «Fähnchen hängen am Hals der kurzen Noten. Je mehr Fähnchen, desto kürzer die Noten, oder besser: desto kürzer die Töne, die einer spielt. Die Achtel-Noten haben ein Fähnchen, Sechzehntel haben zwei, Zweiunddreißigstel drei und so weiter.»

«So ist es richtig und gut, mein Kind», bestätigte der Lehrer noch einmal die Leistung seiner Schülerin. «Dann können wir jetzt die Instrumente nehmen und ein wenig den richtigen Strich und dabei zugleich verschiedene Intervalle üben. – Und nachher spielst du vielleicht auch schon eine kleine Melodie, mit der du die Mama und Erich und Grete an Weihnachten überraschst. Schlag Seite 4 deiner Schule auf, und los geht's.»

Vater und Tochter hatten ihren Spaß beim theoretischen und praktischen Geigenunterricht, und der Lehrer hatte seine Freude am Eifer seiner kleinen Schülerin. Die schaute sich in der Haltung des Instruments und des Bogens sein Vorbild gerne ab und setzte es in ihrem fleißigen Üben um. Hella machte das wirklich sehr gut, und ihre Fortschritte waren beachtlich.

Von den Übungszeiten – zehn Minuten an jedem zweiten Tag – war längst keine Rede mehr. Hella griff in beinahe jedem freien Moment nach ihrem Instrument und übte, was gerade dran war. Hier und da griff sie auch dem Vater schon einmal vor und spielte eine spätere Übung aus ihrer «Tümmler-Meeressäuger-Geigenschule» oder auch schon einmal heimlich eine Melodie aus irgendeinem anderen Notenbuch. Sie wollte es dem Vater und auch diesem Geigen-Meister Alard doch beweisen, dass sie spielen konnte und dass sie keine zwei Jahre brauchte, um in Vaters Schulorchester mitzuspielen.

Freilich blieben die Töne, die sie ihrer Viertel-Geige entlockte, noch eine ganze Weile krächzend und unsauber und auch immer wieder haarscharf neben ihrer eigentlichen Höhe. Aber das gab sich und wurde von Monat zu Monat besser. Hella lernte mehr und mehr, den richtigen Druckpunkt der Finger ihrer linken Hand für den gewünschten Ton zu finden. Ihr gutes Gehör, das immer besser in die Lage kam, Halbtonschritte deutlich zu erkennen, war ihr darin eine große Hilfe.

Das Weihnachtslied, das die Kleine zur Überraschung der Mutter und der Geschwister unter dem Christbaum spielte, klang noch recht holprig und gehackt und gekratzt und dennoch schon einigermaßen anhörlich. Die Melodie von «Am Weihnachtsbaume die Lichter brennen …» war deutlich erkennbar, und die Fehler in Klang und Rhythmus gingen ohnehin im sonoren Gesang der Eltern und Geschwister unter.

Hella war glücklich über die Anerkennung, die ihr gezollt wurde für ihre Leistung nach gerade einmal acht Wochen Unterricht. Genauso glücklich war sie über das Geschenk eines eigenen Notenständers, der mit Goldbronze überzogen war und sich zusammenfalten ließ. Eine Segeltuchtasche mit Ledergriff zum Aufbewahren und Transportieren hatte das Teil außerdem. Wunderbar! Das Döschen mit dem Kolophonium hatte ihr auch noch gefehlt. Ab jetzt brauchte sie nicht mehr den Vater um seins zu bitten, wenn sie das Rosshaar ihres Bogens einstreichen wollte oder auch musste.

Die Sechsjährige legte die besonderen Geschenke an ihren Platz unter den Christbaum zurück und fiel beiden Eltern nacheinander um den Hals. «Danke, Mama! Danke, Papa!» Dabei fiel die Umarmung des Vaters deutlich inniger aus, war doch auch sein Lob zuvor deutlich herzlicher ausgefallen.

«Und was ist mit mir?», protestierte Erich, der sich auch von seiner kleinen Schwester umarmt wissen wollte, während Grete mit einem neuen Buch beschäftigt war und ihre Schwester nicht mehr besonders beachtete.

«Was kriege ich denn für eine Umarmung, mein großer Bruder?», heischte Hella irgendeine Gegenleistung.

«Na ja, Schwesterchen», wiegte Erich überlegend den Kopf, «du darfst dreimal von meinem Weihnachtsteller naschen, nur kein Marzipan nehmen. Davon gebe ich nichts ab.»

«Ich mag sowieso kein Marzipan, Erich. Also komm her», gab Hella zurück und verpasste ihrem Bruder die erbetene Umarmung mit einem Kuss auf die Wange. Dabei nutzte sie die Gelegenheit und blies ihm zusätzlich kräftig in sein Ohr.

«Nein! Nicht das!», protestierte der Bruder heftigst und schüttelte sich. «Schau her, welche Gänsehaut ich jetzt wieder habe.»

«Selber schuld», schaute Grete kurz von ihrem Buch auf. «Du hättest wissen müssen, dass Hella diesen Blödsinn immer macht, wenn sie die Gelegenheit dazu hat.»

«Willst du auch so eine Umarmung?», kam Hella auf ihre Schwester zu.

«Bleib mir von der Pelle, Kleine», wies die das Angebot ihrer Schwester deutlich zurück. «Ich geb' von meinem Weihnachtsteller sowieso nichts ab. An dich schon mal gar nicht, Zopfliesel. Dass du's weißt.»

«Affenschaukel-Spielverderber», gab Hella nur zurück und wandte sich dann doch auch ihren anderen Geschenken zu, die noch unbesehen unter dem Baum lagen.

Die Eltern hatten ihre Freude an der Szene und waren weit davon entfernt, sich in die Schwestern-Kabbelei einzumischen oder sie auch nur zu kommentieren. Das war nichts besonders Aufregendes. So gingen die beiden öfter miteinander um. Ihr Vater meinte dazu nur: «Die Kleine wird sich durchsetzen und ihren Weg machen.»

Helga Wamser machte ihren Weg. Mit siebeneinhalb Jahren – mitten in ihrem zweiten Schuljahr – ließ der Vater seine Tochter zum ersten Mal in seinem kleinen Schulorchester die Zweite Geige spielen. Ein weiteres Jahr später spielte Hella bereits die Erste Geige, und im Weihnachtskonzert 1931 spielte die nunmehr achteinhalbjährige Drittklässlerin bereits zu Vaters großer Freude und zu seiner vollsten Zufriedenheit ihren Part im Kremper Kirchenorchester. Ein begabtes Mädchen und großes Talent, das seiner *kleinen* Geige saubere Töne entlockte und auch tonal und rhythmisch schwierige Passagen nach nur geringer Übungszeit exakt wiedergeben konnte.

Der Unterricht des Vaters und die Übungen aus ihrer «Tümmler-Meeressäuger-Geigenschule» des Monsieur Alard, dessen Name Hella inzwischen mit großem Respekt aussprach, zeigten deutliche Wirkung. Dabei erwies sich das ausgeprägt gute Gedächtnis der jungen Geigerin als eine hervorragende Übungshilfe. Wenn eine Stimme bei ihr einmal saß, dann saß sie für die Zukunft unerschütterlich, dann brauchte sie keine Noten auf ihrem Ständer, um ihren Part so zu spielen, wie es das jeweilige Stück erforderte.

Die Grundschülerin hatte ihren festen Platz nach nur wenig mehr als zweijährigem Unterricht bereits *in* zwei Orchestern. Alle Achtung! Der Zeitpunkt, an dem sie als Solistin *mit* einem Orchester spielte, würde ganz sicher auch kommen.

Freilich bezahlte das junge Mädchen diesen Erfolg damit, dass ihm viele Außenkontakte abgingen. Hella hatte kaum Freundinnen, mit denen sie ihre freie Zeit verbringen konnte oder auch wollte. Die Mädchen ihres Alters hatte sie am Vormittag in der

Schule um sich. Dann verstand sie sich gut mit allen ihren Klassenkameradinnen.

Nachmittags oder sonntags und an anderen schulfreien Tagen brauchte sie keine anderen Kinder zum Zeitvertreib. Sie war doch selbst bei schönstem Wetter zumeist im Haus mit ihrer *kleinen* Geige und ihren Übungen befasst.

Draußen war sie in der Regel nur dann, wenn die Eltern und Geschwister oder auch nur eins von ihnen in die Stadt gingen, weil es dort etwas zu besorgen gab, oder wenn auch nur ein gemeinsamer Spaziergang auf den Mühlenberg oder an der Kremper Au entlang in die Felder und Wiesen der Marsch gemacht wurde.

Und wenn beides nicht der Fall war und Hella bei passendem Wetter sich dennoch draußen aufhielt, dann war sie mit dem geliebten Vater bei seinen Bienen oder auf der Schafkoppel oder auch in seinem Gemüsegarten.

In Vaters Nähe zu sein, war immer schön. Sich mit ihm um seine Bienenvölker zu kümmern, die am Rand des Gartengrundstücks ihr kleines Haus hatten, machte Freude und brachte wunderbaren süßen Honig ein. Der Honig aus der väterlichen Imkerei war immer der Höhepunkt des Sonntags-Frühstücks. An Werktagen gab es den nämlich nicht.

Eins war Hella allerdings bei ihrer Hilfe bei den Bienen sehr wichtig: Sie musste Handschuhe tragen. Dass eine Biene sie stach – das kam immer wieder einmal vor –, war nämlich dann schlimm, wenn der Stich ihre Hände oder auch einen Finger der linken Hand betraf. Mit einer dicken rechten Hand ließ sich der Bogen schlecht halten, und angeschwollene Finger an der linken fanden die richtigen Druckpunkte für die einzelnen Töne nicht. «Bienen-Fleiß» und «Honig-Arbeit» also gerne, aber nur mit Handschuhen!

Andere Arbeiten gingen dagegen auch ohne Handschuhe. Die

Schafe in Vaters Koppel in der Marsch in ihrer Wolle zu kraulen war schön und ging gar nicht mit Handschuhen. Diese Tiere in ihrer sanften, stillen, treuen Art waren Hellas besondere Lieblinge, die ihr so richtig ans Herz gewachsen waren.

Nur das Melken überließ Hella doch lieber dem Vater oder auch der Mutter, die diese Tätigkeit allerdings weniger liebte, weil sie hinterher immer so komisch roch. Sich unter ein Schaf zu setzen, den Eimer zwischen den Beinen zu halten und den Tieren an ihre Euter zu fassen, nein, das war nichts für Hella. Die Milch duftete auch merkwürdig, und sie hatte einen für sie ekeligen Geschmack.

Der Käse, den die Mama aus der Schafsmilch machte, war auch nichts für sie. Der kroch einem so unangenehm in die Nase. Den überließ sie gerne ihrer Schwester. Die roch auch manchmal unangenehm, wenn sie sich wieder einmal übertrieben parfümiert hatte.

Zum Hacken, Kratzen, Jäten, Häufeln auf den Gartenbeeten brauchte Hella auch keine Handschuhe. Hierbei durften die Hände schon einmal schmutzig werden. Den Dreck konnte sie ja wieder abwaschen. Sich vom Vater zeigen zu lassen, wie Salat und Gemüse gepflanzt und gepflegt wurden, war interessant und machte immer wieder Freude. Es gab ja auch hier schließlich später etwas zu ernten. Den Salat und das frische Gemüse aus dem eigenen Garten und dazu auch noch selbst gehegt und gepflegt, freilich von der Mutter dann sehr gut zubereitet, zog Hella manch anderem vor.

Von der «Küchen-Nähe» zur Mutter abgesehen, blieb Helgas Beziehung zu Nanny Wamser auch in den Jahren des Älterwerdens eher kühl und reserviert, wie auch die zu ihrer um acht Jahre älteren Schwester. Die beiden «älteren» Frauen der Familie interessierten sich zumindest nach außen hin wenig für die Begabung der Jüngsten aus der Familie. Sie registrierten sie, würdigten sie aber wenig.

Der Mutter war kaum etwas so wichtig wie ihr Skatspiel. Und ihre regelmäßigen Kinobesuche waren ihr zunehmend bedeutsam. Der Stummfilm «Alraune» von Hans Heinz Ewers mit Brigitte Helm als Hauptdarstellerin nahm sie viel mehr in Anspruch als Hellas Geigenspiel.

Als dann der «Blaue Engel» mit den Hauptdarstellern Marlene Dietrich als Lola und Emil Jannings als Unrat auch ins Kremper Kino kam – einer der ersten Tonfilme überhaupt; eine künstlerische Revolution und eine Sensation zugleich – und wenig später der Film «M» von Fritz Lang gezeigt wurde, gab es wochenlang kaum ein anderes Thema für Nanny Wamser als die Umwälzung in der Kinowelt vom Stummfilm zum Tonfilm.

Die Melodie von Lolas Lied «Ich bin von Kopf bis Fuß auf Liebe eingestellt» war Mama Wamser viel näher und bedeutsamer als irgendeine Tonfolge, die Hella auf ihrer Geige immer wieder übte.

Grete war in ihrem Interesse für Kino ganz auf der Seite ihrer Mutter. Außerdem hatte die Jugendliche als Mädchen in den Entwicklungsjahren zur durchaus hübschen jungen Frau ohnehin ihre eigenen Interessen, die die «kleine Göre» nichts angingen und für die sie einfach zu jung war. Was konnte Hella zum Beispiel schon mit der Mode der Zeit anfangen? Dazu müsse sie sowieso erst einmal so hübsch werden, wie sie, Grete, es nun einmal war. Aber in dieser Richtung gab es wohl für die mickrige Schwester mit ihren in der Regel immer noch mit Schleifen versehenen Zöpfen und mit ihrer ein wenig schief geratenen Nase im schmalen Gesicht und ihrem spitzen Kinn an seinem vorderen

Ende überhaupt keine Veranlagung. – Grete konnte zuweilen richtig fies sein zu ihrer Schwester.

Erich, der ja noch ein Jahr älter war als Grete und inzwischen ein adretter junger Mann, liebte seine Hella trotz ihrer schiefen Nase und ihrer Zopffrisur. Erich nahm deutlich Anteil an dem, was seiner kleinen Schwester gelang und wie sie Fortschritte machte in der Kunst ihres Geigenspiels und wie sie in der Schule vorankam und auch dort ihre Erfolge hatte. Erich freute sich mit, wenn es für Hella etwas zum Freuen gab. Er nahm sie auch gegenüber der Schwester in Schutz und widersprach Grete, wenn sie Hella wieder einmal geringschätzig zu nahe kam.

Erich ließ die «Kleine» auch immer wieder Anteil nehmen an seinem Interesse für den Flugzeug-Modellbau und die Fliegerei überhaupt. Sie durfte dann schon einmal aus großen Modellbaubögen einfache kleine Einzelteile ausschneiden und zum Einbau in einen Flieger vorbereiten.

Wenn Erich von dem großartigen Flugpionier Charles A. Lindbergh schwärmte und von seiner «Spirit of St. Louis» erzählte, mit der er am 20. und 21. Mai 1927 von New York aus den großen Atlantischen Ozean überquert hatte, um nach 33 Stunden Flugzeit schließlich in Paris zu landen – dieses berühmte Flugzeug war sein wichtigstes Modell, Maßstab 1:20 –, dann hatte er immer eine sehr aufmerksame Zuhörerin. Der tat es gut, wenn ihr großer Bruder gelegentlich anerkennend feststellte: «Wenn du so weitermachst mit deiner Geigerei, dann wirst du einmal eine richtig große Solistin!»

Hella konterte dann jeweils: «Und du wirst einmal ein bekannter Flieger und König der Lüfte, einer wie der Charles Lindbergh.»

Die Beziehung der Jüngsten aus der Wamser-Familie zum geliebten Vater war und blieb die engste. Dessen Interesse galt natürlich zuerst seiner Schule und der Ausgestaltung eines guten, zeitgemäßen Unterrichts für ihn selbst, aber auch für die Kollegen, die ihm anvertraut waren. Sein Interesse galt aber auch der guten Musik und den Menschen, die sie zu machen verstanden.

Als Geiger galt seine besondere Beachtung, ja Hochachtung, seit einigen Jahren natürlich auch dem größten Violin-Talent dieser Zeit und der Musik, die der junge Geiger Yehudi Menuhin zu machen verstand. «Nimm ihn dir als Vorbild, Hella-Kind», ermunterte Johannes Wamser seine Tochter gelegentlich, wenn er wieder einmal im Radio, das es bei den Wamsers inzwischen auch schon gab, etwas über den amerikanischen Wunderknaben gehört oder wenn er in der Zeitung etwas über ihn gelesen hatte.

«Was dieser Junge kann, ist gewaltig. Der spielt, als käme er aus einer anderen Welt! Der Junge ist Jahrgang 1916 oder 17! Der hat schon als Elfjähriger mit Beethovens Violinkonzert in D-Dur die berühmte Carnegie-Hall in New York erobert. Und die Violinromanze G-Dur von Beethoven eben im Radio war doch einfach wunderbar, auch wenn das Rauschen vieles verschluckt hat!», schwärmte Johannes Wamser nach einem Radiokonzert, das er im April 1932 wenige Tage nach ihrem neunten Geburtstag mit Hella gemeinsam angehört hatte. «Da wird es so bald niemanden geben, der es ihm in seinem Spiel gleichtun kann.»

«Ich auch nicht, Papa?», fragte das Mädchen ein wenig zaghaft zurück. «Ich übe doch auch jeden Tag und lerne sehr fleißig. Das sagst du mir wenigstens immer wieder.»

«Das tust du ja auch, Kind. Keiner von meinen Musikanten im Schulorchester und im Kirchenorchester übt so viel und so gut wie du. Aber an den Yehudi Menuhin ranzukommen, das wird sehr schwer sein. Der Junge ist einfach ein besonderes Talent, irgendwie göttlich begnadet.»

«Und was macht der anders als ich, Papa?» Hellas Stimme

klang ein wenig betrübt nach dieser Aussage ihres Vaters und Geigenlehrers.

«Das weiß ich auch nicht, mein Liebes», versuchte der Vater seine offenbar ein wenig bekümmerte Tochter zu trösten und strich ihr dabei übers Haar. «Du bist sicher ein großes Talent, Hella. Und du wirst auch in ein paar Jahren deine Erfolge feiern können. Beethovens Romanze F-Dur spielst du doch auch schon sehr gut. Aber dieser Junge ist eben ein noch größeres Talent, eins aus der allerobersten Ebene. Da kommen sicher nur ganz wenige ran.»

«War mein Ober-Geigen-Lehrer Tümmler Alard auch ein so großes Talent wie der Yehudi Menuhin, Papa?», wollte Hella jetzt wissen.

Johannes Wamser überlegte einen Moment an der richtigen Antwort. Dann sagte er: «Ich denke, er war ein solches. Aber er lebte in einer anderen Zeit. Den konnte noch niemand im Radio hören, und ob die Zeitungen über ihn schon geschrieben haben, weiß ich nicht. Jedenfalls hast du von Monsieur Alard eine ganze Menge gelernt. Seine Geigen-Schule ist in mehrere Sprachen übersetzt. Sie ist eben eine der besten, und das spricht für das große Talent ihres Verfassers. Mit der machen wir beide weiter, und dann sehen wir und hören wir, was du aus deinem Talent noch machen kannst und wirst.»

«Gut, sehen wir und hören wir», gab sich Hella zufrieden, nickte dabei zustimmend mit dem Kopf und schlug die Seite 10 der Geigen-Schule auf. «Dann mache ich mal weiter mit Monsieur Alards chromatischen Übungen.» Hella schaute sehr nachdenklich drein. Irgendetwas beschäftigte sie noch. Sie nahm ihre Geige noch einmal vom Kinn: «Erst mag ich noch etwas wissen, Papa.»

«Dann frag mich, was du wissen willst, Kind», ermunterte der Vater die Tochter, ihr Anliegen loszuwerden.

«Habe ich mein Talent auch von Gott wie der Geiger Yehudi Menuhin, wie du gesagt hast?»

Johannes Wamser schaute Hella erstaunt an. «Da stellst du mir aber eine Frage», wunderte er sich. «Woher du dein Talent hast? Ob von Gott oder sonst woher? Ich muss zugeben, darüber habe ich noch wenig nachgedacht.»

«Aber du glaubst doch an Gott, Papa. Du gehst doch jeden Sonntag in die Kirche und spielst die Orgel zu den frommen Liedern. Da musst du doch an Gott glauben, sonst tätest du das doch nicht. Und mit deinem Chor singst du Lieder von Gott und Jesus, und wir Orchesterleute spielen dazu. Dann hören wir doch auch die Worte aus der Bibel und die Predigt von Pastor Peters. Und zusammen sprechen wir das alte Glaubensbekenntnis. Müssen wir dann nicht auch glauben, was wir da sprechen von Gott Schöpfer und so?»

Jetzt wurde auch Johannes Wamser sehr nachdenklich. Was stellte Hella ihm da für Fragen? Er tat seit vielen Jahren seinen Dienst in der Gemeinde mit großer Hingabe und vollem Einsatz. Aber darüber, ob er denn wirklich an Gott glaube, hatte er noch kaum wirklich nachgedacht. Er gehörte seit seiner Geburt, zumindest seit seiner eigenen Taufe, zur evangelisch-lutherischen Kirche, war auch konfirmiert und kirchlich getraut.

Das galt auch für seine Nanny. Seine Kinder waren getauft, und die beiden Großen waren auch konfirmiert.

Aber ob sie wirklich glaubten, was die Kirche lehrte? Glaubte er, was die Kirche lehrte? Glaubte Nanny daran? Musste man überhaupt glauben, was die Kirche lehrte? Musste man nicht vielmehr glauben, was die Bibel lehrte oder der Katechismus Martin Luthers, den sie alle einmal gelernt hatten und den auch Hella einmal lernen sollte?

Er, der Rektor und Kantor Johannes Wamser, war doch kaum auf der Höhe seines Lebens. War es in seinem Alter nicht ein bisschen früh, über solche tiefgehenden Fragen nachzudenken? Das konnte doch sicher noch ein paar Jahre warten. Wenn er älter war, hatte er doch viel mehr Zeit dazu …

Merkwürdige Gedanken kreisten in diesen Momenten durch das Hirn des Dreiundvierzigjährigen; dazu das Problem, was er seiner Tochter denn auf ihre Frage antworten sollte.

Johannes Wamser, Vater und Geigenlehrer dieses lieben Mädchens vor ihm, gab sich einen inneren Ruck, kam zurück in die augenblickliche Realität seiner Lehrstunde und sagte, wobei er sich im Klaren darüber war, dass seine Antwort nicht zu Ende gedacht war: «Also, Kind, Talent vererbt sich. Ich bin – zugegeben – ein musikalischer Mensch. Das weißt du. Du hast deine musikalische Veranlagung sicher eher von mir geerbt als von Mama. Die ist nicht sehr musikalisch. Wenn wir als Menschen Geschöpfe Gottes sind, dann sind uns unsere Begabungen und Fähigkeiten sicher auch von Gott mit in die Wiege gelegt, wie man so sagt, und wir sollen sie in unserem Leben nicht verkümmern lassen. So ähnlich steht es in der Bibel von den Talenten, die die Menschen bekommen. Die sollen sie nicht vergraben, sondern sie sollen mit ihnen arbeiten. Und das tun wir beide mit unseren musikalischen Talenten. Wir vergraben sie nicht, sondern entwickeln sie und arbeiten damit. – Für jetzt zufrieden mit meiner Antwort?»

«Für jetzt zufrieden mit deiner Antwort, Papa», bestätigte Hella und klemmte sich ihr Instrument wieder unters Kinn, nahm den Bogen und begann, ohne weitere Worte ihre chromatischen Übungen nach Delphin Alard zu spielen, zunächst adagio, dann accelerando, dann presto und schließlich prestissimo, und sie hatte dabei ihre deutliche Freude daran, ihr Talent hörbar werden zu lassen.

Wovon Hella auch wenig mitbekam, waren die Fragen um die wirtschaftliche und politische Entwicklung, die die Menschen in diesem Frühjahr 1932 in Deutschland, in Holstein und auch im eher überschaubaren Dithmarschen und in der Kleinstadt Krempe umtrieben und die der Vater im Haus nur am Rande zur Sprache brachte.

Die Lage auf dem deutschen Arbeitsmarkt war mit weit mehr als sechs Millionen Arbeitslosen – bei nur etwa 65 Millionen Einwohnern – katastrophal, und eine Änderung im Sinne einer Verbesserung war nicht absehbar. Die politische Lage in Deutschland war ebenso katastrophal. Die im gesamten Reich weite und nachhaltige Verbreitung des nationalsozialistischen Gedankenguts hatte in breiten Bevölkerungsschichten tiefe Wurzeln gefasst. Ob Adolf Hitler, der Führer dieser Bewegung und erst seit dem 25. Februar auch deutscher Staatsbürger, mit seinen engsten Mitstreitern es auf Dauer hinnehmen würde, dass er im zweiten Durchgang der Reichpräsidentenwahl seinem Gegner Paul von Hindenburg den Vortritt lassen musste, war eine ernste Frage. Immerhin hatte der Mann 36,8% der Wähler hinter sich bringen können.

Ob seine ergebene Hinnahme des Verbotes seiner NS-Sturmtruppen SA und SS vom 13. April ernst zu nehmen war, mochte Johannes Wamser kaum glauben. Er teilte die Befürchtungen vieler Menschen seiner Umgebung, die Wochen bis zur Reichstagswahl am 31. Juli könnten in Deutschland sehr unruhig werden – und das vielleicht auch in Krempe, seiner Stadt, in der die NSDAP und ihre bereits bestehenden Gruppen mehr Zuspruch erhielten, als ihm persönlich lieb war.

Die Männergespräche vor der Kirche im Anschluss an die sonntäglichen Gottesdienste verliefen schon lange nicht mehr in der früheren harmonisch-sachlichen Weise. Aber noch wurden die linken und rechten Meinungen und die, die irgendwo dazwischen lagen, einigermaßen friedlich ausgetauscht, auch die um die nahe und fernere Zukunft der Ausrichtung der evangelisch-lutherischen St.-Peter-Gemeinde.

Was unter dem Begriff «artgemäßer Christusglaube, wie er deutschem Luthergeist und deutscher Frömmigkeit entspricht» zu verstehen sei, wie es in den Leitsätzen der «Reichsbewegung Deutsche Christen» von 1932 zu lesen war, wusste ohnehin niemand zu sagen. Und wie ein «positives Christentum» auszusehen habe – ein Begriff aus Artikel 24 des Programms der NSDAP –, konnte auch Pastor Peters nicht erklären. Er sympathisierte ohnehin nicht mit diesen Gedanken. Also wurden solche Diskussionen nur am Rande geführt und der Streit um Standpunkte und Meinungen vermieden. Noch war den Männern ihr friedliches Miteinander wertvoll.

Aber wie lange würde das noch so sein? Johannes Wamser, der sich selbst in die Mitte der konträren Ansichten einordnete, machte sich weniger Sorgen um die Kirche als um seine Schule und ihre Kinder, um seine Stadt und seine Bürger, vor allem um die Jugendlichen seiner engeren und weiteren Heimat. Wenn dort der neue Geist einschlug und sich breitmachte und die Menschen in seinen Bann zog, dann armes Deutschland, armes Schleswig-Holstein und auch armes Krempe …

Der Schul-Rektor und Kirchen-Kantor und inzwischen auch führende Mann der Kremper Gilde, dieses Jahrhunderte alten geselligen Traditionsvereins der Stadt mit seinen Schützen und Fahnenschwenkern und seinem jährlichen Gildefest jeweils am Montag nach Johanni (24. Juni), trug seine Gedanken allerdings nicht oder kaum in eine breitere Öffentlichkeit. Und schon gar nicht zu Hause in die Familie.

Natürlich musste er antworten, wenn Erich und Grete Fragen stellten zum Programm der Hitler-Partei und dem, was in den Zeitungen zu lesen und im Radio zu hören war. Selbstverständlich musste er Stellung beziehen, wenn seine Kinder nach ihrer Mitgliedschaft in der HJ, der Hitlerjugend, bzw. im BDM, dem Bund Deutscher Mädel, fragten. Der Stichtag für den Eintritt junger Leute in diese Organisationen war der Geburtstag des Führers am 20. April. In diesem Jahr war der Tag noch einmal vorübergegangen, ohne dass die beiden älteren Wamser-Kinder ihn für sich selbst beachtet hätten.

Ob sich Erich und Margarete noch lange und auf Dauer den Jugendorganisationen und ihren durchaus interessanten Programmen und besonderen Aktivitäten entziehen wollten oder auch konnten, erschien dem Vater sehr fraglich. Ob er persönlich mit seiner Frau und ob sein kleines Kollegium sich noch lange dem NS-Gedankengut entziehen und die Mitgliedschaft im Nationalsozialistischen Lehrerbund vermeiden konnten, wurde ihm zunehmend fraglicher.

Aber irgendeine NS-Uniform tragen – nein, das würde er nie tun. Darin war sich Johannes Wamser sehr sicher.

Hier war aber wohl der entsprechende Wunsch mal noch der Vater seiner diesbezüglichen Gedanken. Denn auch in Krempe hatte die nationalsozialistische Bewegung längst Fuß gefasst, und es gab die NSDAP-Ortsgruppe mit ihrem Leiter Richard Studt bereits seit drei Jahren.

Mitgliedszahlen? Tendenz wachsend! Bisher hatten sich die Hitler-Anhänger noch verhältnismäßig ruhig verhalten. Aber die Männer und Frauen bekamen mit den Erfolgen der braunen Partei andernorts und im Reich auch in Krempe Oberwasser und wurden deutlich lauter. Das war auch daran ablesbar, dass die Braunen bei der Reichstagswahl am 31. Juli 1932 in der Stadt mehr als 50 % der abgegebenen Stimmen erhalten hatten.

Johannes Wamsers Stimme und auch die seiner Frau hatten die Nazis mal noch nicht bekommen. Der Mann beschloss bei sich selbst, wachsam zu sein und sich in diesen politischen Dingen bedeckt zu halten, solange ihm das eben möglich war. Seinen Kindern legte er nachdrücklich ans Herz, vorsichtig und zurückhaltend mit der Propaganda umzugehen, die aus dem Umfeld der örtlichen NS-Organisation und aus den überörtlichen Bereichen auf sie zukam. Sie würden ja in absehbarer Zeit ihre Heimatstadt Krempe verlassen und damit auch die Geborgenheit ihrer Familie. Wer konnte wissen oder auch nur ahnen, welchen Einflüssen sie in der Fremde ausgesetzt waren? Da brauchten sie für sich selbst klare Standpunkte, und die sollten möglichst nicht die Farbe braun tragen.

4.
Zu «höheren Weihen»

Johannes Wamsers Gedanken gingen weiter und hatten besonders seine Jüngste im Blick: Auch Hella wurde älter und würde
sich in ihrer Art, mit Dingen von außen umzugehen, natürlicher-
weise verändern. Würde sie weiterhin so intensiv ihr Geigenspiel
üben und ihre Begabung pflegen? Würden die Jungmädel der
Hitlerjugend sie in Beschlag nehmen, und würde sie deshalb ihr
Talent vernachlässigen? Würde sie im Rahmen dieser NS-Ju-
gendarbeit mit ihrem Instrument aktiv sein können, wenn sie
denn von ihr ergriffen würde?

Johannes Wamser versprach es sich selbst, über seine Jüngste
zu wachen und sie vor braunen Einflüssen zu schützen, solange
es eben möglich war.

Hella selbst lagen solche Überlegungen noch sehr fern. Sie ging
recht unbefangen mit den Themen der Zeit um. Auch noch im
Frühjahr 1933. Auch noch, nachdem Adolf Hitler nach lauten
und aufregenden Zeiten im Deutschen Reich seit dem 30. Januar
Reichskanzler war und sich seitdem das politische Klima in
Deutschland bereits spürbar und deutlich verändert hatte und
sich die Radikalisierung schon abzeichnete gegen alles, was nicht
der braunen Ideologie folgen wollte.

Dem Mädchen lag seine eigene weitere schulische Entwicklung wesentlich näher als alle politischen, wirtschaftlichen und
gesellschaftlichen Veränderungen. Die waren für sie weit weg,

sehr kompliziert und nicht in Notenbilder zu fassen und darum alles in allem uninteressant.

Hellas Alltag hatte sich inzwischen ja auch verändert. Seit dem Beginn des Schuljahres 1933 fuhr auch sie täglich nach Itzehoe, wo sie – wie zuvor ihre Schwester Margarete – das Augusta-Viktoria-Gymnasium besuchte. Grete hatte freilich diese Schule bereits verlassen, um in einem herrschaftlichen Haushalt in Kiel eine Lehrstelle in Hauswirtschaft anzutreten. Die inzwischen Siebzehnjährige kam seitdem nur noch für jedes zweite Wochenende nach Hause. Die Familie gewöhnte sich daran, wobei das besonders Mutter Nanny nicht leicht fiel. Ihr fehlte fortan *eine* gleichgesinnte Gesprächspartnerin.

Hella dagegen vermisste ihre große Schwester eher kaum. Die ärgerte sie jetzt nicht mehr wegen ihrer schiefen Nase und wegen ihres spitzen Kinns und wegen ihres ständigen Spielens auf dem «Jammerkasten» – so hatte Grete Hellas Geige zuletzt immer wieder abschätzig genannt. Stundenlang die x-mal hintereinander gespielten selben Etüden hören zu müssen, war für Grete zuletzt nur noch nervig gewesen.

Dass Erich noch im Haus war, war Hella viel wichtiger. Der Bruder war auf der morgendlichen Fahrt nach Itzehoe zumindest noch für ein Jahr mit ihr gemeinsam unterwegs, und manchmal auch nachmittags auf der Rückfahrt nach Krempe. Dem Mädchen machte es immer wieder Freude, diesen «Schutzpatron» neben sich zu haben.

Wenn der große Bruder dann 1934 sein Abitur an seinem Kaiser-Karl-Gymnasium bestanden hatte, hatte sie, die kleine Schwester, sich an die täglichen Fahrten gewöhnt und konnte sie dann auch alleine bewältigen. Zu Hellas Leidwesen hatte der geliebte Bruder vor, nach seinem Schulabschluss seinen lange gehegten Traum zu verwirklichen. Er hatte vor, ins ferne Ostpreußen umzusiedeln, um im dortigen Königsberg auf einer Fliegerschule den Beruf eines Piloten zu erlernen.

Schon jetzt dachte Hella mit Wehmut daran, sich dann von Erich trennen zu müssen. Aber das gehörte wohl auch zum Leben dazu, nicht alles Geliebte festhalten zu können …

Zum Glück blieb ihr zu Hause der Vater. Der war nach wie vor ihr liebster Mensch, und mit ihm zusammen zu sein, gehörte immer wieder zu den glücklichen Momenten im Leben des Mädchens Helga Wamser. Und der Papa war auch immer noch der bei allen beliebte Rektor der Kremper Schule und der weithin geachtete Kantor der Kirchengemeinde St. Peter. Beides wollte er auch gerne bis zu seiner späteren Pensionierung bleiben, wenn die veränderten Zeiten ihm darin gnädig waren, wie er das nannte.

Was er damit genau meinte, verstand Hella nicht so recht. Das musste damit zu tun haben, dass dieser Adolf Hitler jetzt an der Regierung war und dass seine Nazi-Partei auch in Krempe immer mehr zu sagen hatte.

Hella interessierte das alles nur am Rande. Sie lebte weiter für ihr Geigenspiel und mit wachsender Spannung dafür, dass sie im Sommer 1934 mit den Kindern der Kremper Schule und auch mit ihrem Instrument am Programm der 700-Jahrfeier ihrer Heimatstadt teilnehmen sollte. Das sollte ein Spaß werden, in historischen Kostümen im Festzug mitzulaufen, in dem geplanten Historien-Spiel mitzumachen und mit ihrer Geige auf der Bühne zu stehen – *in* und *mit* Papas Orchestern. Schon die Vorbereitung auf das alles sollte spannend und eine Freude sein.

In ihrer neuen Schule in Itzehoe wurde das talentierte zehnjährige Mädchen auch bald als Erste Geige ins schulische Orchester aufgenommen, und zu Hause ging die Förderung durch den Vater weiter. Beides vertrug sich gut. Mit ihren Lehrern und mit ihren neuen Mitschülerinnen kam sie gut zurecht. Unter ihnen waren auch einige mit ähnlich ausgeprägtem musikalischem Talent, wie es das Kremper Mädchen auszeichnete.

Leider waren sie zumeist nur an den Schulvormittagen zusammen, um miteinander umzugehen, wie junge Mädchen das so tun. Das änderte sich zwar in den höheren Klassen zunehmend, aber die Entfernung zwischen Wohn- und Schulort erwies sich doch als eher hinderlich, tiefere freundschaftliche Beziehungen aufzubauen und zu pflegen. So blieb Hella auch während ihrer Gymnasialzeit ohne eine wirkliche Freundin. Schade, die einzigen wirklichen Freundinnen waren und blieben ihre Geige und die Musik.

Im gymnasialen schulischen Lernen hatte Helga Wamser ebenfalls keine Probleme. Die Dinge, die es in den Unterrichtsbereichen ihrer Schule zu lernen gab, flogen ihr auch hier mehr oder weniger zu. Dank ihres besonderen Gedächtnisses blieben sie haften und waren immer sofort abrufbar, wenn sie gebraucht wurden. Nichts gab es, was Hellas Fortschritte als «höhere» Schülerin und als Musikerin mit der Geige einschränkte oder gar verhinderte.

Auch nicht die zusätzliche Belastung, die das Mädchen auf sich zu nehmen hatte, als sie im Sommer des Jahres 1935 in den Konfirmandenunterricht kam. Bei dem Nachfolger von Pastor Friedrich Nikolaus Peters, der nach 25-jähriger Tätigkeit in der Gemeinde vor zwei Jahren in den wohlverdienten Ruhestand gegangen war, galt es für Hella, die Botschaft der Bibel kennenzulernen und durch den Kleinen Katechismus des Reformators Dr. Martin Luther zu erfahren, was das Leben eines Christen ausmache.

Dabei lief der kirchliche Unterricht zur Vorbereitung auf die Konfirmation für Helga Wamser eher ab als unvermeidbare Pflicht, ohne dass sie irgendwelche Neigungen zu wirklicher Auseinandersetzung mit geistlichen Fragen erkennen ließ. Selten wurden die Themen, die der neue Pastor mit seinen jungen Leuten behandelte und die deutlich durchsetzt waren mit den Gedanken der Reichsbewegung Deutsche Christen, in Haus und Familie erörtert oder gar vertieft. Hella lernte ihren Stoff aus der Bibel, dem Gesangbuch und dem Katechismus, wie er vorgegeben wurde. Das war es dann aber auch.

Das Mädchen hatte auch hier mit dem Lernen keine Probleme. Was im Kopf war, war drin und konnte nach Bedarf verwendet werden. Wesentliche Spuren für das weitere Leben des Mädchens hinterließ es allerdings nicht. Auch der Ausspruch Jesu nach Lukas 11,28, den der Pastor ihr zu ihrer Konfirmation am Sonntag vor Ostern 1937 zusprach – der Palmsonntag war auch im lutherischen Krempe traditionell der Sonntag für die kirchliche Einsegnung junger Leute und für ihre Zulassung zum Heiligen Abendmahl –, bekam für sie keine besondere Bedeutung. Das «Selig sind, die Gottes Wort hören und bewahren» war nicht besonders erklärt worden und versank auch vielleicht deshalb bald als bedeutungslos in den Tiefen des Bewusstseins – um vierzig Jahre später erst wieder aufzutauchen und für die Frau Helga Anton, geborene Wamser, in ihrem fortgeschrittenen Alter ganz neue Bedeutung zu bekommen.

Helga Wamsers Itzehoher Schulzeit schritt erfolgreich voran, bis sie 1939 am Ende der Untersekunda mit der so genannten Mittleren Reife als Abschluss der Klasse 10 einigermaßen plötzlich zu Ende ging.

Aus dem schüchternen kleinen Mädchen mit den lustigen beschleiften Zöpfen von damals war inzwischen eine aufgeschossene schlanke junge Dame mit modernem Äußeren in Kleidung und Haartracht geworden. Ihre schiefe Nase war ihr dabei allerdings geblieben, und ihr spitzes Kinn auch. Aber was sollte es? Die Maßstäbe, ob jemand als hübsch angesehen und beschrieben wurde oder als weniger hübsch, waren sehr unterschiedlich. Hella jedenfalls fand sich so, wie sie nun einmal aussah, durchaus hübsch, und ihr freundliches Lächeln, das sie den Menschen ihrer Umgebung zumeist entgegenbrachte, glich die kleinen Makel in ihrer äußeren Erscheinung aus. Hier und da gab es auch Leute, die ihr das bestätigten.

Jungen waren der ab ihrem Geburtstag am 4. April Sechzehnjährigen freilich noch völlig egal. An der Schule hatte sie nur mit Mädchen zu tun, und in ihrer Kremper BDM-Gruppe, der sie sich dann doch nicht hatte entziehen können, gab es auch nur Mädchen. Mit den meisten verstand sie sich gut. In ihrer eher stillen, zurückgezogenen Art hielt sie sich aus Händeln, die es natürlich zwischen Gleichaltrigen gelegentlich gab, heraus.

Freizeit-Aktivitäten der Gruppe und «dienstliche» Veranstaltungen machte sie mit, soweit es ihre Zeit zuließ. Das Geigenspiel nahm nämlich immer noch die erste Stelle in ihrem Leben ein. Sie wollte musikalisch nach oben und zu «höheren Weihen» aufsteigen. Auf diesem Weg hatte sie nach wie vor ihren Vater auf ihrer Seite und mit ihm ihre Lehrer der Augusta-Viktoria-Schule. Die wussten ihren Einsatz für die Schulmusik zu schätzen und setzten sie bei jeder besonderen Gelegenheit, die es im Schulleben des Gymnasiums zu feiern galt – auch die im Rahmen der veränderten politischen Zeit –, gerne in allen möglichen Besetzungen und auch solistisch ein.

Der Beifall der jeweiligen Zuhörerschaft war der Gymnasial-Schülerin immer sicher. Helga Wamser konnte ihrer bescheidenen Zurückhaltung immer wieder einmal eine gute Portion Stolz untermischen und Dankbarkeit dafür, dass ihr Vater sie mit jenem neckischen Liedchen von der *kleinen Geige* «entdeckt» und konsequent gefördert hatte. Er würde das auch sicher weiterhin tun, wenn sie den Weg einschlug, den ihr die Schule ans Herz legte.

Übrigens war das Instrument schon seit einigen Jahren keine *kleine* Geige mehr. Die Viertel-Geige war schon ein paar Jahre zuvor gegen ein richtig ausgewachsenes Instrument ausgetauscht worden, das Vater Johannes Wamser in der deutschen Geigenbauer-Hochburg Mittenwald für seine Tochter erworben hatte. Er hatte damals ausschließlich aus diesem Grund mit Tochter Hella die weite Reise nach Oberbayern unternommen, um aus dem Angebot der dortigen Geigenbauerzunft ein wirklich gutes Instrument auszusuchen und zu erstehen. Das war ihm – oder auch den beiden – dann auch erfolgreich gelungen.

Hellas Musiklehrer in der Klasse 10 bat eines Tages um ein Gespräch mit dem Vater. Johannes Wamser fuhr hinüber nach Itzehoe, um zu hören, worum es seinem Kollegen ging. Der bat ihn dringend, seine Tochter nicht länger auf der Schule zu lassen, damit sie unbedingt das Abitur erreiche. Es sei zu schade und eigentlich nicht verantwortbar, wenn Hellas Talent nicht besonders gefördert würde. Der private Unterricht und der Musikunterricht in der Schule seien sicherlich gut und richtig, aber beides sei nicht ausreichend, den musikalischen Fähigkeiten des Mädchens gerecht zu werden.

Der Mann schlug vor, Helga nach Hamburg aufs Vogt'sche Konservatorium zu schicken. Er habe bereits mit dem Leiter des Musikinstituts im Stadtteil Rotherbaum unweit der Außenalster gesprochen und ihm Hellas Talent beschrieben. Professor Röhn sei selbst ein guter Geiger und renommierter Geigenlehrer, und er sei an einer persönlichen Vorstellung des begabten jungen Fräuleins sehr interessiert. Er, Helgas Vater, könne sich bei der Anmeldung an dem Hamburger Institut gerne auf das Vorgespräch berufen.

Johannes Wamser fuhr sehr nachdenklich von Itzehoe nach Krempe zurück. Sollte er tatsächlich seine Tochter von der Schule nehmen? War die nicht noch ein wenig jung für die Fahrten in die Millionenstadt Hamburg? Würde sie den hohen Anforderungen des Konservatoriums gewachsen sein? Beim Abendessen würde er mit Nanny und Hella über die Sache reden und das Wenn und Aber mit den beiden gründlich erörtern.

Wie vorüberlegt, so geschah es. Johannes Wamser trug den Vorschlag von Hellas Itzehoer Musiklehrer beim Abendessen vor und bat um die Stellungnahmen seiner beiden Frauen am Tisch. Mutter Nanny machte ein eher nichtssagendes Gesicht, zuckte nur mit den Schultern und äußerte knapp: «Ich weiß nicht …»

Hatte sie wirklich keine Meinung zu dieser wichtigen Sache um ihre Jüngste, oder wollte sie nur keine äußern? Also fragte der Vater seine Tochter direkt: «Was denkst du dazu, Hella?»

Das «junge Fräulein» Helga Wamser antwortete zunächst ebenso knapp und eigentlich auch nichtssagend wie die Mama: «Ich weiß nicht …» Dabei schaute sie wie Hilfe suchend vom Vater zur Mutter und wieder zurück.

Daraufhin gab die Mutter dann doch ihre Meinung preis, die sie sich vielleicht erst jetzt gebildet hatte: «Ich bin dagegen, dass Hella aufs Konservatorium geht. Sie ist zu jung für die täglichen Fahrten nach Hamburg. Man schickt auch kein Mädchen mit fünfzehn in diese finstere Großstadt! Wer sich in Gefahr begibt …»

«… kommt drin um, möchtest du sagen, Mama», widersprach Hella ihrer Mutter nun doch sehr bestimmt. «Ich bin ja nun auch kein kleines Mädchen mehr. Ich werde bald sechzehn. Und nach Hamburg dauert die Fahrt nur eine Stunde. Und der Weg zum Konservatorium vom Bahnhof Altona kann so gefährlich doch nicht sein, dass ich Angst haben müsste.»

«Ich denke das auch so, ihr beiden», griff Johannes Wamser Hellas Antwort auf. «Der Weg vom Bahnhof bis zum Institut ist tatsächlich nicht weit. Und Hella wird ja auch nicht jeden Tag fahren müssen. – Aber möchtest du überhaupt, Hella? Ich frag dich also noch einmal: Was denkst du?»

Jetzt brauchte das Mädchen nicht mehr zu überlegen. Die negative Äußerung der Mutter hatte ihren eigenen vorsichtigen inneren Widerstand bereits gebrochen: «Wenn mein Musiklehrer meint, ich tauge für das Konservatorium, und wenn der Professor Rehn oder Rhön – oder wie der heißt – mich nimmt, dann gehe ich. Die Musik ist mir das wert. Und wer weiß, als was für eine Geigerin ich dann nach ein paar Jahren aus dem Institut wieder herauskomme.»

«Also melde ich unseren Besuch an?», hakte der Vater nach.

«Du kannst uns anmelden, Papa. Ich bin einverstanden. – Mama kann ja mitfahren und in Hamburg einen Geschäftsbummel machen oder irgendwo einen Kaffee trinken, während wir mit dem Professor reden.»

Mutter Nanny reagierte nicht auf diesen Vorschlag. Sie sagte aber auch sonst nichts mehr zu der Sache. Sie war ihr offenbar egal, zumindest nicht sehr bedeutsam.

«Ob du dann vorspielen musst?», gab der Vater zu bedenken.

Hella erschrak für den Moment. Vorspielen? Vor einem Musikprofessor, der zudem auch noch Geiger war? Vielleicht vor dem Leiter des Konservatoriums? Daran hatte sie bisher nicht gedacht. Vor einem einzelnen Menschen vorspielen? Ob sie das schaffte?

Aber warum eigentlich nicht?, ging es ihr dann durch den Kopf, und sie beschloss bei sich, sich von dem Gedanken in ihrem Entschluss nicht beeinflussen zu lassen. Laut sagte sie: «Wenn ich geigen muss, spiele ich etwas aus den Sechs Melodien von Alard. Die kann ich gut. Oder ich spiele etwas von Mozart oder Bach oder auch eine Violinromanze von Beethoven. Ich hab genug Stücke im Kopf, die ich vortragen kann.»

«Schön und gut, ihr beiden», fasste der Hausherr am Tisch das kurze Gespräch zusammen. «Gleich morgen früh schreibe ich und bitte um umgehende Antwort. Wenn das denn dein Weg sein soll, Hella, dann wollen wir ihn auch beschreiten.»

Nach einem kurzen Moment der Besinnung hängte er an: «Ich hoffe, du kannst diesen Weg dann auch mitgehen, Nanny, wenn er sich denn ergibt.»

«Das werde ich dann schon tun», gab die Hausfrau und Mutter nur knapp zurück und erhob sich vom Tisch, um mit dem Abräumen zu beginnen. Vater und Tochter wechselten ein paar Blicke, die der jeweils andere wohl zu deuten wusste. Mit einem weiteren aufmunternden Blick erhob sich auch der Vater und bestätigte nur noch einmal seine Ansicht von eben: «Du wirst es schaffen, Hella. Ich bin überzeugt davon. Fassen wir es an.»

Ein paar Tage später lag die Antwort von Professor Röhn bereits auf dem Tisch. Gerne sei er bereit, sich die junge Bewerberin um einen Platz in seinem Musik-Institut anzusehen und anzuhören. Das Mädchen möge ihr Instrument und einige zuletzt gespielte Noten mitbringen. Er werde dann auch gleich nach der Begegnung eine Entscheidung treffen.

«Das hört sich sehr gut an», freute sich Hella und griff sogleich zu ihrer Geige, um die ausgewählten Stücke wieder einmal zu spielen.

Zum vereinbarten Termin fuhren die drei Wamsers also in die Freie und Hansestadt Hamburg und dort über Altona hinaus bis zum Bahnhof Dammtor. Während Mama Nanny sich in Rotherbaum auf einen Geschäftsbummel begab, der mit einem Café-Besuch irgendwo an der Außenalster enden sollte, suchten und fanden Vater Johannes und Tochter Hella das Vogt'sche Konservatorium im Budge-Palais am Harvestehuder Weg und freuten sich dort über eine gute und erfolgreiche Begegnung mit Professor Röhn. Hella flüsterte dem Vater ins Ohr: «Der sieht ja aus wie Beethoven, Papa. Ob der auch die Violinromanzen spielen kann?»

Der Mann war von dem jungen Talent Helga Wamser als Persönlichkeit, von ihren Kenntnissen in der Musiktheorie und von ihrem praktischen Können mehr als begeistert. Ebenso angetan war er von der Arbeit, die ihr Vater bereits geleistet hatte. Johannes Wamser erntete höchstes Lob für das, was er seiner Tochter an Theorie und Praxis beigebracht hatte.

Damit hatte der Besuch das gewünschte Ergebnis: Professor Röhn war gerne bereit, Hella als Schülerin seines Instituts aufzunehmen und weiter auszubilden. Er versprach sich Großes von dem weiteren Weg der jungen Frau zu einer Geigerin, die dann nicht nur eine gute Geigenlehrerin werden würde, sondern die auch eine solistische Karriere vor sich habe. Zu entsprechenden Kontakten würde er gerne zu gegebener Zeit verhelfen.

Eine Unterschrift des Vaters und der bestätigende Händedruck des Musik-Professors besiegelten die kommenden Jahre seiner neuen jungen Schülerin, die sich ab jetzt Musik-Studentin nennen konnte.

Mit einer angedeuteten Verbeugung und einem weiteren Händedruck verabschiedete der Mann seinen Gast aus Krempe. Bei Hella deutete er sogar einen Handkuss an: «Ich freue mich auf Sie, Fräulein Wamser. Wir werden eine gute und gedeihliche Zusammenarbeit haben. – Übrigens», hängte er noch freundlich lächelnd an, «die Romanze F-Dur spielen Sie bitte demnächst ein ganz klein wenig leichter und schneller. Aber das kriegen wir gemeinsam hin.»

Ab dem Sommer 1938 fuhr Helga Wamser nun mehrmals in der Woche nach Hamburg, um sich von Professor Röhn in die höheren Künste des Geigenspiels einführen zu lassen. Für die nunmehr sechzehnjährige Hella bedeutete das einerseits häufiges Unterwegs-Sein, vermehrtes Studium von musikwissenschaftlichen Themen und intensive Aufnahme von Tonfolgen, die sie bisher nie vor Augen gehabt hatte.

Professor Röhn war es offenbar sehr ernst mit seiner Absicht, seine neue Studentin für eine solistische Kariere vorzubereiten. Und die hatte zu ihrem Glück und zur Erleichterung ihrer Arbeit die Begabung mit einem vorzüglichen Aufnahmevermögen: Sie konnte inzwischen Notenbilder lesen und hörte in ihrem Inneren die Töne klingen. Dadurch fiel es ihr anschließend leicht, die Noten auch zu spielen, die sie unterwegs im Zug studiert hatte. Auch anderes konnte sie lesen und aufnehmen, wenn sie zwischen Krempe und Hamburg-Dammtor unterwegs war.

Das lästige und zeitraubende Umsteigen in Altona musste sie leider hinnehmen. Sie freute sich dann immer, wenn die Abteile der Reichsbahn-Wagen nicht zu voll besetzt waren und sie einen

Sitzplatz ergatterte. Dann konnte sie lesen und studieren und alles verinnerlichen. Im Stehen ließ sich das schlecht machen.

Je länger Helga Wamser mehrmals in der Woche in Hamburg war, desto mehr war sie dann doch auch dem Einfluss des Nazi-Gedankengutes ausgesetzt, und sie konnte sich ihm auch nicht mehr entziehen. Wie die meisten ihrer Mitstudentinnen nahm sie immer wieder einmal und schließlich auch regelmäßig an den Treffen und Veranstaltungen des Bundes Deutscher Mädel teil, die es sowohl an ihrem Ausbildungsplatz gab als auch daheim in Krempe, und sie trug dabei dann auch die zugehörige Kluft. Die bestand aus einem blauen Rock mit Gürtel, weißer Bluse mit Dreieckstuch und Knoten, der so genannten Kletterweste mit den aufgenähten Abzeichen, braunen Schuhen und einer Baskenmütze.

Hella stand diese Mädel-Uniform nicht schlecht, aber sie trug sie doch meist nur widerwillig. Sie gefiel sich in zivilen Kleidern wesentlich besser. Übrigens: Warum die Kletterweste hieß, wie sie hieß, blieb Hella immer ein Rätsel.

Das junge Fräulein las dann auch zwangsläufig «Das Deutsche Mädel», die Zeitschrift des BDM, und Baldur von Schirachs Buch «Die Hitlerjugend» blieb ihr auch nicht erspart. Sie musste ja mitreden können. Das war es dann aber auch, was Hella sich zumutete an nationalsozialistischer politischer Beeinflussung. Wenn sie dann einmal einen Außeneinsatz ihrer jeweiligen Mädelgruppe nicht vermeiden konnte, dann setzte sie sich am liebsten für die Stiftung «Opfer der Arbeit» ein, um Spenden zu sammeln, mit denen die Hinterbliebenen von im Beruf tödlich verunglückten deutschen Arbeitern unterstützt wurden. Das war wenigstens eine Tätigkeit, die einem erkennbar guten Zweck diente.

Womit sich Hella gerne und häufig beschäftigte, waren Gedanken zur Frauenrolle in der Familie, im Volk und im Staat, die immer wieder von den Führerinnen in den Gruppenstunden angesprochen wurden. Die starke Betonung dessen, dass die Frau schöpfungsmäßig zur treuen Ehegattin ihres Mannes und zur fürsorglichen Mutter möglichst vieler Kinder bestimmt sei, gefiel ihr. Ein lieber, treuer Mann – den wollte sie schon eines Tages gerne haben. Dem wollte sie dann gerne eine gute Ehefrau werden, wenn er sie nur weiter Geige spielen ließ.

Viele Kinder – die wollte sie wohl auch gerne haben. Denen wollte sie gerne eine Mutter sein mit viel Herz und Gemüt, mit größerer Wärme und tieferer Liebe, als sie sie von ihrer eigenen Mutter erfahren hatte.

Mit dieser Sicht ihrer späteren Lebensaufgabe konnte Hella sich schon jetzt anfreunden, wenngleich sie vor sich selbst und vor ihren BDM-Freundinnen zugab, dass sie ja wohl noch ein wenig jung sei für einen Freund oder gar einen Partner fürs Leben, der dann der Vater ihrer Kinder werden würde. Die Zeit würde es lehren, sagte sich Helga Wamser immer wieder selbst, wenn ihre Gedanken in die entsprechende Richtung gelenkt wurden.

Während der Hamburger Jahre musste es ihr ohnehin um anderes gehen, wollte sie doch zunächst einen ansehnlichen Abschluss ihrer Konservatoriums-Ausbildung machen. Dazu musste sie die wichtigsten Violin-Werke der Komponisten vom großen Johann Sebastian Bach bis zum nur wenig geringeren Peter Tschaikowski kennen und eine ganze Reihe ihrer Konzerte auch spielen.

Wie sehr kam ihr in der musikalischen Erarbeitung der Noten-Manuskripte ihr gutes Gedächtnis zu Hilfe! Und wie gut war es, dass am Konservatorium regelmäßig intern und auch öffentlich kleinere und größere Konzerte aufgeführt wurden, in denen auch sie immer wieder Soloparts zu spielen hatte. Und wenn sie nicht die Solo-Stimme einer Komposition zu spielen hatte, dann aber die Erste Geige in der besonderen Aufgabe des Konzertmeisters, der unter anderem das Stimmen der Instrumente leitete und überwachte. Diesen Orchesterplatz kannte sie schon von Krempe und Itzehoe her, wenngleich die Orchester dort eher klein waren. Diesen Platz hatte Professor Röhn ihr für das Große Orchester des Konservatoriums sehr bald zugewiesen.

Freilich musste sich die junge Frau in ihrer Hamburger Zeit auch mit ganz anderen Dingen auseinandersetzen und auch abfinden. Ihre Schwester Margarete hatte inzwischen ihren Karl geheiratet und hieß fortan Ahrens. Das erste Kind der beiden hatte sich bereits angemeldet und würde sie bald zur Tante machen.

Hella mochte allerdings ihren Schwager nicht. Der hatte sie schon bei ihrer ersten Begegnung wegen ihrer Nase und ihrem Kinn gehänselt und sie aufgefordert, ein technisches Nasen-Begradigungs-Gerät zu tragen, damit sie zu einem besseren Aussehen käme. Dieser Fiesling! Und sie hatte sich aus falscher Eitelkeit sogar darauf eingelassen, das Gerät aber nach wenigen Wochen wieder verschwinden lassen. Es hatte eh nichts gebracht.

Nein, mit Schwester Grete konnte sie es schon nicht sehr gut, zu deren Mann Karl mochte sie aber erst gar keine engere Beziehung aufbauen. Zum Glück wohnten die beiden weit weg in Wittstock an der Dosse in Brandenburg. Außerdem befand sich Karl irgendwo im Kriegseinsatz und kam im Urlaubsfall sicher kaum nach Krempe.

Dass seit dem 1. September 1939 Krieg herrschte, hatte Hella zwar auch mitbekommen – wie hätte es anders sein können? –, aber es berührte sie nicht so sehr, dass sie ständig mit ihren Gedanken bei diesem Ereignis und seinen guten und bösen Begleiterscheinungen gewesen wäre.

Sie verfolgte je nach Lage der Dinge die Nachrichten vom so genannten Blitzkrieg in Polen, von den Frontabschnitten auf dem Balkan, von der Kapitulation Dänemarks und den Ereignissen in Norwegen. Sie las und hörte von der Übermacht der Deutschen im Westen Europas und auf den Britischen Inseln und von woher sonst im Radio und in den Zeitungen berichtet wurde. Sie registrierte die vielfältigen Siegesmeldungen und freute sich mit anderen darüber, wie Hitler-Deutschland seine Stärke bewies.

Von Niederlagen, von Rückzügen und von Verlusten an Menschen und Material, die eher betroffen gemacht hätten, war auch kaum irgendwo die Rede.

Irgendwann las Hella die Aussage des Führers, die sie aus der Zeitung zunächst herausriss und die sie sich ordentlich geschnitten aufhob: «Das Deutsche Reich und seine Verbündeten stellen militärisch, wirtschaftlich und vor allem moralisch eine Macht dar, die jeder denkbaren Koalition in der Welt überlegen ist.» Sie sagte sich, das sei doch ein tröstlicher und zuversichtlicher Satz im Blick auf den Fortgang des Krieges.

Über die vermeintliche Notwendigkeit und propagierte Rechtmäßigkeit dieses Krieges machte Hella sich keine Gedanken. Dafür war sie wohl auch zu jung und unbedarft. Wenn Hitler Recht hatte, woran sie nicht zweifelte, würden die Kämpfe rund um Deutschland sicher bald beendet sein und der Frieden zurückkehren.

Die Musikstudentin hakte die Meldungen für sich selbst immer bald ab und wandte sich dem zu, was für sie jetzt dran war, und das war die Musik in Theorie und Praxis. Der Krieg war für Hella weit, weit weg von Hamburg und noch weiter weg von Krempe und ganz weit weg von ihr selbst.

Dass der Krieg aber gar nicht so weit weg war, wurde der jugendlichen Musikstudentin an dem Tag bewusst, als die entsetzlich traurige Nachricht kam, dass ihr geliebter großer Bruder irgendwo im Osten über russischem Boden – niemand wusste genau wo – mit seiner Heinkel 111 abgeschossen worden und dabei zu Tode gekommen war. Ihr «Charles Lindbergh – König der Lüfte», der Flieger Erich Wamser, war für «Führer, Volk und Vaterland» gestorben; gefallen, wie das hieß. Ein junger Mensch von 26 Jahren!

Das konnte doch nicht wahr sein! Das durfte nicht wahr sein! Das war nicht zu fassen! Die arme Dieta, diese liebe Schwägerin im fernen Königsberg! Noch keine 25 und schon Witwe! Furchtbar!

Hella brauchte ein paar Tage, um diese schlimme Tatsache anzunehmen. Es gelang ihr nur schwer und unter vielen Tränen. Wenn ihr Vater sie nicht immer wieder getröstet hätte, wäre sie wohl gar nicht damit fertig geworden.

Johannes Wamser, selbst schwer leidend unter den Dingen, bemühte sich sehr darum, den Tod seines Sohnes in den größeren Zusammenhang der Zeit einzuordnen und das Opfer, das sein Erich und auch dessen junge Frau gebracht hatten, ideologisch und politisch zu rechtfertigen. Es gelang ihm für sich selbst schlecht, aber es gelang ihm, seiner Hella klarzumachen, dass sie an ihr Studium zu denken habe. Möglicherweise könne sie ja nach ihrer Ausbildung ihre Fähigkeiten gerade für solche Menschen dienstbar machen, die sich dem Staat an besonders exponierten Stellen wie an der Front zur Verfügung stellten.

Helga Wamser begriff, was der Vater ihr sagen wollte, und ging wieder an ihre musikalische Arbeit. Studieren und Musizieren halfen ihr, zu vergessen und zu verdrängen und die Gedanken im Zaum zu halten.

Sie hielt ihre Gedanken übrigens auch im Zaum, als aus der Studentenschaft eines Tages Esther und Rut fehlten und auch Jakob und Ramon nicht mehr zu den Veranstaltungen erschienen. Die Institutsleitung antwortete auf Nachfragen jeweils ausweichend mit Krankheit, Abmeldung und Dienst für den Staat. Schon merkwürdig.

Dass die jungen Leute am Konservatorium nicht mehr tragbar waren und aus der Studentenschaft entfernt worden waren, konnte nur der wissen, der die vier Kommilitonen als junge Juden kannte und der etwas von dem «Gesetz zum Schutze des deutschen Blutes und der deutschen Ehre», kurz «Blutschutzgesetz», vom 15. September 1935 gehört hatte. Hella hatte es nicht. Diese Dinge waren bisher auch an ihr vorbeigegangen. Folglich konnte sie das plötzliche und merkwürdig unklar begründete Fehlen ihrer Studienfreunde nicht einordnen und es lediglich bedauern.

Die beiden Hamburger Ausbildungsjahre gingen für die Violinistin Helga Wamser Ende September 1941 zu Ende. Eine sehr gute und entsprechend erfolgreiche Ausbildung zur Solo-Geigerin und zugleich zur Geigen-Lehrerin konnte die junge Frau nach gut bestandener Prüfung mit dem Empfang ihres Diploms abschließen.

Ihr Abschied von Hamburg und vom Budge-Palais und seinen lieb gewordenen Menschen war für Hella verbunden mit zwei aufeinanderfolgenden öffentlichen Konzertabenden, an denen sie gemeinsam mit dem Orchester des Konservatoriums in unterschiedlichen Besetzungen das Violinkonzert a-moll von Johann Sebastian Bach, Ludwig van Beethovens Violinromanze G-Dur, das Violinkonzert in g-moll von Max Bruch und als Höhepunkt Wolfgang Amadeus Mozarts Violinkonzert Nr. 4 D-Dur KV 218 spielte – und das gewürdigt von jeweils großem, dankbarem Beifall des zahlreichen Publikums.

Natürlich waren auch die Eltern und einige von Hellas Hitlerjugend-Freunden und BDM-Freundinnen aus Krempe nach Hamburg gekommen, um bei ihren beiden großen Auftritten dabei zu sein. Deren Beifall war sicher auch mit einer guten Portion Stolz gemischt. Mit Recht, denn das Dithmarscher Städtchen hatte bisher eine Künstlerin wie Helga Wamser nicht hervorgebracht.

Professor Röhn bedauerte es in seiner öffentlichen Laudatio am Ende des zweiten Konzertes ausdrücklich, diese begabte Schülerin ziehen lassen zu müssen. Er wünschte ihr einen erfolgreichen Weg in ein reiches musikalisches Leben und in eine Zukunft, in der sie vielen jungen und alten Menschen durch ihr vorzügliches Geigenspiel Freude machen würde und in der sie ähnliche Talente wie ihr eigenes bei vielen Jungen und Mädchen entdecken, fördern und entwickeln möge.

5.
Frontabenteuer

Helga Wamser blieb nach ihrem Examen zunächst einmal ohne irgendein Engagement und ohne eine Arbeit, mit der sie hätte Geld verdienen können. Wer brauchte schon in der Zeit des Krieges eine Geigenlehrerin? Und welches Orchester im norddeutschen Umland oder sonst irgendwo hatte schon darauf gewartet, dass eine junge examinierte Konzertgeigerin um Spielmöglichkeiten bat?

Die Verbindungen, die Professor Röhn zu knüpfen zugesagt hatte, fielen der Zeit zum Opfer und kamen nicht zustande. Hella war also zumeist zu Hause, half der Mutter im Haushalt und dem Vater bei seinen Bienen und Schafen und arbeitete, wenn nötig, im Garten. Aber draußen waren im Oktober nur noch Restarbeiten auszuführen.

Dass die junge examinierte Geigerin täglich viel Zeit darauf verwandte, um Violine zu spielen, war selbstverständlich. Sie musste das Gelernte doch abrufbereit halten für den Fall, dass …

Als der Vater im Frühjahr 1942 einmal von einem Gang zum Rathaus zurückkam, sah Hella ihm schon beim Hereinkommen an, dass er irgendeine Neuigkeit mitbrachte. «Welche Nachricht möchtest du zuerst hören, Tochter? Die naheliegende einfache oder die schwierigere entfernte?»

«Papa, du machst es spannend. Wochenlang nichts, und dann gleich zwei Nachrichten auf einmal», staunte Hella und bat um die naheliegende einfache zuerst.

«Also», begann der Vater ein wenig umständlich. «Da ist im Kremper Hof zurzeit ein Wehrmachtsangehöriger einquartiert. Ein Wachtmeister einer Nachrichtenstaffel des Heeres. Man könnte auch Feldwebel sagen. Der Mann hat wohl Fronturlaub.»

«Weißt du, wie er heißt?»

«Er stellte sich vor mit zwei Namen, die beide Vor- und Nachname sein können. Anton Walter oder Walter Anton.»

«Und, was ist nun mit dem?», blieb Hella neugierig.

«Der Mann spielt Geige, Hella. Er hat erfahren, dass ich der Kantor der Kirche sei, also Musiker. Da hat er gemeint, ich wisse sicherlich, ob es in unserer Stadt jemanden gebe, der auch Geige spielt und mit dem er sich gelegentlich zum Duo zusammentun könnte.»

«Und was hast du ihm gesagt?» Hella wurde ganz aufgeregt.

«Dass meine Tochter Geige spielt.»

«Und weiter?»

«Dass er gerne gelegentlich vorbeikommen könne, um dich mit deiner Geige kennenzulernen.»

Hella wurde ein wenig verlegen, und eine leichte Röte zog über ihr Gesicht. «Wie alt ist der Mann?»

«Ich denke Anfang zwanzig», vermutete der Vater. «Er scheint mir ein anständiger Mensch zu sein. Ich denke, er wird dir gefallen. Vielleicht könnt ihr ja ab und an tatsächlich als Duo spielen.»

«Wir werden sehen», meinte Hella und schaute ihren Vater weiter mit fragenden Augen an. «Und jetzt die schwierigere entferntere Nachricht, wie du gesagt hast, Papa», forderte sie weitere Auskunft über das, was Johannes Wamser mitgebracht hatte.

Der zog umständlich einen Umschlag aus der Tasche. «Die Post hätte eigentlich hier ankommen sollen. Aber es ist keine Straße angegeben. Da ist sie bei Johannes Elvers auf dem Rathaus gelandet. Der Bürgermeister hat mir den Brief geben lassen. Der Absenderstempel ist leider schlecht lesbar. Schau rein und lies.»

Hella nahm den Umschlag, betrachtete den Stempel und entzifferte: «Schule für Musik und … der Freien und …stadt Hamburg». Die junge Frau zuckte mit den Schultern: «Muss Hansestadt heißen. Aber die Schule kenne ich nicht. – Doch, die Adresse ist der Harvestehuder Weg, Papa. Das ist das alte Vogt'sche Konservatorium. Das hat wohl einen neuen Namen. Was wollen die denn von mir? Vielleicht ein Engagement?» Mit leicht zitternden Händen riss Hella den Brief auf und las.

«Magst du ihn laut lesen? Ich denke, ich darf wissen …», bat der Vater.

«Natürlich darfst du wissen», gab Hella zurück und las den Text noch einmal laut: «Sehr verehrtes Fräulein Wamser, durch den Reichsstatthalter Hamburg, Herrn Karl Kaufmann, erreichte uns die Anfrage und der Auftrag, einige Persönlichkeiten aus dem Fach Musik zu einem künstlerischen Wettbewerb in die Reichshauptstadt Berlin zu schicken. Das Anliegen der dortigen Talentsichtung ist es, geeignete Personen zu finden, die mit ihren künstlerischen Fähigkeiten und als menschliche Charaktere geeignet sind, in der Betreuung deutscher Truppen an der Front und in der Etappe eingesetzt zu werden. Durch Herrn Professor Erich Röhn wurden wir auf Sie als eine hervorragende Violinistin hingewiesen, die nach ihren besonderen charakterlichen und musikalischen Voraussetzungen geeignet ist, für Führer, Volk und Vaterland diesen wichtigen Dienst an unseren tapferen Soldaten an ihren Einsatzorten zu leisten. Ich möchte Sie bitten, sich umgehend bei uns zu melden, damit wir Ihre Zusage zur Teilnahme an der Talentsichtung weiterreichen können. – Mit verbindlichem Gruß – Heil Hitler – E.O.K …› – Den Namen kann ich nicht lesen. Er heißt mal nicht Röhn.»

Helga Wamser blickte von dem Schreiben auf und schaute ihren Vater mit großen Augen an: «Muss ich mich da melden, Papa?»

Der wiegte seinen Kopf, verzog skeptisch den Mund, hob die Schultern und antwortete dann: «Du wirst dich dem nicht entziehen können, Kind. Betrachte es als eine Ehre, eine solche Aufgabe zu übernehmen.»

«Aber ich bin doch erst neunzehn, Papa. Und dann soll ich mit meiner Geige an die Front und Bach, Beethoven und Mozart spielen? Heimateinsatz und Konzerte vor der Haustüre wären mir lieber.»

«Das will ich dir gerne glauben. Aber mancher Soldat, der draußen ist, ist nicht älter als du, Hella. Er aber ist im Kampfeinsatz. Du vermittelst der Truppe dagegen so etwas wie Kraft durch Freude. Glaub nur, dass die Männer so etwas gebrauchen können und begrüßen würden.»

Hella atmete ein paarmal tief durch, gab sich dann einen Ruck und straffte ihren schlanken Körper. Hörbar entschlossen sagte sie: «Ich werde schreiben, und ich werde nach Berlin fahren. Was danach kommt, wird sich zeigen.»

«Gut so, Kind, schreib und fahr. Meinen Segen dazu hast du», bestätigte der Vater den Entschluss der Tochter.

«Und Mama?»

«Die wird stolz sein, in ihrer Skatrunde und in ihrem Kinokränzchen davon reden zu können, wozu unser Staat dich gebrauchen kann», antwortete Johannes Wamser mit einem dünnen Lächeln und schlug dann den Bogen zurück zu seiner ersten Nachricht: «Du kannst dich ja mit dem Wachtmeister darüber unterhalten, wenn er kommt. Der hat Fronterfahrung und weiß sicher, was seinen Kameraden guttut.»

Die Gelegenheit dazu hatte Helga Wamser bereits am nächsten Tag, als sie in der guten Stube ihrem Gast gegenübersaß und die beiden jungen Leute bei einem guten Kaffee, den Mutter Wamser bereitgestellt hatte, die ersten vorsichtigen Freundlichkeiten ausgetauscht hatten.

Danach wusste Hella, dass ihr junger Gast Walter Fritz Ewald Anton hieß, mit dem eigentlichen Rufnamen Walter, und dass er im kommenden Juli 25 Jahre alt würde. Sie wusste, dass er aus Kiel stammte und dort Betriebswirtschaftslehre studierte. Er hatte sein Studium freilich unterbrechen müssen, weil er in den Dienst der Wehrmacht gerufen worden war und seinen Platz zurzeit an der Ostfront irgendwo im Reichskommissariat Ukraine hatte. Mit dem Ort, den er nannte, konnte Hella nichts anfangen. Von dem Fluss Dnjepr hatte sie auch noch nichts gehört.

Hier in Krempe in der Marsch verbrachte Walter Anton einen dreiwöchigen Heimaturlaub, den er sich durch besondere Tapferkeit verdient hatte und den er auf Wunsch seiner Eltern, die in Kiel lebten, auf dem Land verbringen sollte.

Auf der anderen Seite wusste der junge Mann die Dinge aus dem Leben seiner sechs Jahre jüngeren Gastgeberin, von denen Hella meinte, sie ihm weitergeben zu sollen. Das Gespräch der beiden landete dann auch endlich bei der Frage, ob sie sich tatsächlich für den Dienst der Truppenbetreuung melden sollte.

«Wenn Sie zu diesem Dienst aufgefordert worden sind, Fräulein Helga, dann können Sie ihn nicht ablehnen. Das ist wie eine Einberufung zu verstehen», erklärte Walter Anton. «Sie können dem Einsatz nur entgehen, wenn Sie sich als böser Mensch erweisen, moralisch fragwürdig oder gar untauglich oder so ähnlich.»

«Haben Sie diesen Eindruck von mir?», fragte Hella und zeigte ihr schönstes Lachen dabei.

«Wo denken Sie hin, Fräulein Helga?», widersprach der junge

Mann und musste dabei auch lachen. «Ihre charakterliche Eignung ist sicher nicht in Frage zu stellen. Ich denke, Sie sind ein sauberes deutsches Mädel, ganz zur Freude und im Sinne des Führers und seines Programms der Fürsorge für sein deutsches Volk.»

Bei diesem Satz schien der Blick des Gastes ein wenig hintergründig zu sein. Ob der das ernst meinte? Ob der zur NSDAP gehörte? Hella riskierte die Frage, und Walter Anton verneinte sie sofort. «Ich war pflichtgemäß in der HJ, bin aber dann nicht der Partei beigetreten. Mir gefällt ihr Programm an vielen Stellen nicht. – Aber das sollten wir jetzt nicht diskutieren, Fräulein Helga. Lassen Sie uns über die Musik sprechen, weshalb ich eigentlich hier bin.»

«Sie haben Recht, Herr Anton. Fairerweise muss ich aber doch sagen, dass ich zum BDM gehöre und nach Abschluss meiner Ausbildung eigentlich noch mein Pflichtjahr machen müsste. Ob ich nach der Zeit Parteimitglied werde, wage ich mal noch zu bezweifeln.»

Plötzlich kam Hella ein Gedanke dazu, den sie dann auch noch aussprach: «Vielleicht kann ich dem Pflichtjahr durch einen Fronteinsatz ja entgehen? Das wäre nicht schlecht. – Aber jetzt zur Musik. Vorher noch eine Tasse Kaffee, Herr Anton?!»

Am Ende eines angenehmen Kaffeeplauschs vereinbarten die beiden jungen Leute, sich als Violin-Duo wiederzusehen und miteinander Hausmusik zu machen, solange er, Walter Anton, in Krempe war. Vielleicht ließe sich ja ein nicht zu schweres volkstümliches Programm zusammenstellen, das sie gemeinsam im Saal des Kremper Hofes vor Publikum spielen könnten, wenn sich denn Leute einladen ließen.

«Ein durchaus guter Gedanke», meinte Johannes Wamser, der just während dieser Überlegung den Raum betreten hatte, zu dem Vorschlag des Urlaubers in der Stadt. «Eine Frühlings-Matinee oder auch eine Serenade? Warum nicht? Das wäre eine sinn-volle Abwechslung im Alltag der Kremper Bevölkerung. So etwas wie Heimatbetreuung. Aber eine Serenade wäre besser als eine Matinee. Ich lasse gerne ein paar Beziehungen spielen, und dann sehen wir, was wird.»

Nachdem der Gast das Haus wieder verlassen hatte, wagte Johannes Wamser vorsichtig die Frage, wie ihr denn der junge Mann gefalle.

Ob Hella mit der Frage gerechnet hatte? Sie wurde deutlich verlegen. Ihr wurde wohl plötzlich warm, denn sie lüftete mit der Hand ein wenig den Kragen ihres Kleides. Dabei huschte ihr wieder eine leichte Röte übers Gesicht. Nicht zu antworten erschien ihr gegenüber dem Vater unhöflich, deshalb sagte sie und schickte sich zugleich an, den Raum zu verlassen: «Er ist nett und freundlich und sehr zuvorkommend. Er sieht auch gut aus und muss noch beweisen, wie gut er Geige spielt.»

Der Vater mochte sich zu dieser Antwort seinen Teil denken.

Der Kieler Fronturlauber Walter Anton bewies seine Spielkunst an mehreren Tagen der kommenden zwei Wochen beim lockeren Duo-Spiel der beiden jungen Leute. Er bewies es auch in der Serenade, die der Vater tatsächlich auf die Beine stellen konnte und bei der er sich selbst als begleitender Pianist einbrachte. Viele Kremper Bürger hatten sich einladen lassen, hörten interessiert zu und belohnten die Musiker mit dankbarem Beifall. Viele von ihnen hatten von diesem Abend an allerdings auch neuen Gesprächsstoff, und etliche sahen die jungen Leute bereits als ein Paar, das sich beim Miteinander sicher nicht auf das Geigenspiel beschränkte.

Stadtgeschwätz! Denn so weit war es mit den beiden doch noch nicht gekommen. Dass sie sich sympathisch fanden, daraus machten sie keinen Hehl. Bei der vertraulichen Anrede des Du waren die beiden ja auch bereits angekommen. Und dass der eine den anderen um seine Adresse bat, ergab sich einfach und war ihnen auch beiden recht. Sie wollten schon gerne in Verbindung bleiben und gegenseitig an ihren Schicksalen Anteil nehmen.

Ob sie sich jemals wieder begegnen würden, stand bei dem unplanbaren Ablauf der Zeiten des inzwischen europaweiten, wenn nicht gar schon weltweiten Krieges allerdings auf einem ganz anderen Blatt. Wer wusste denn schon, was die Vorsehung, von der der große Führer Adolf Hitler immer wieder sprach, für sie beide bereithielt?

Am Tag der notwendigen Trennung brachte Helga Wamser den Urlauber Walter Anton selbstverständlich zum Bahnhof an den Zug nach Heide. Von dort wollte er über Neumünster nach Kiel hinüberfahren.

Die junge Frau ließ sich zum Abschied auch gerne von dem jungen Mann in seiner schnieken Ausgeh-Uniform in die Arme nehmen. Zu mehr als zwei Küssen des jungen Mannes auf die Wangen der jungen Frau kam es dabei allerdings nicht, und die Gedanken waren bekanntlich frei, die dem Mann im Zug und der Frau auf dem Bahnsteig beim letzten Winken durch die Köpfe gingen. Ein mögliches «Gott sei mit dir und behüte dich» oder ein ähnlicher Abschiedsgruß war ihnen beiden nicht im Bewusstsein. Dafür gab es für beide aus ihren familiären Vergangenheiten und ihrer Zugehörigkeit zur lutherischen Kirche keine Anleitung und erst recht keine vorbildliche Praxis. Das «Heil Hitler», das von ihnen eigentlich zu erwarten gewesen wäre, verkniffen sie sich allerdings auch. Sie ließen es beim «Leb wohl!» und «Auf Wiedersehen!» bewenden.

Viele Wochen später befand sich Helga Wamser auf der Fahrt nach Nord-Osten in einem Großraum-Abteil eines Personenwagens der Deutschen Reichsbahn. Dieser Waggon war mit anderen einem Transportzug angehängt, der eine große Menge Kriegsmaterial und Versorgungsgüter in die Gebiete des Baltikums bringen sollte bis hinauf nach Leningrad, das bis 1924 Petrograd geheißen hatte und bis 1917 als Petersburg die Hauptstadt des russischen Reiches und Residenz des Zaren gewesen war.

Ob diese Stadt allerdings erreicht werden würde, wurde als fraglich beschrieben, denn eingenommen war sie von den Truppen der Heeresgruppe Nord der deutschen Wehrmacht bisher nicht. Die Stadt sei umstellt, wurde gesagt. Wahrscheinlich ginge die Reise nur bis Luga am gleichnamigen Fluss etwa 130 Kilometer südlich von Leningrad, wo sich das Zentrum der Etappe der deutschen Armeen in den nördlichen Frontabschnitten befand.

Besetzt waren die hölzernen Bänke des Zugabteils mit einer Schar Wehrmachtsangehöriger in Uniformen, mit einigen eher stillen, bleichgesichtigen und mehreren raubärtigen und eher lauten Männern verschiedenen Alters und aller möglicher, freilich niedriger militärischer Dienstgrade. Ein bunter Haufe unterschiedlicher Typen, und mittendrin eine neunzehnjährige junge Frau in der Uniform einer BDM-Führerin.

Helga Wamser hatte sich mit ihren beiden Geigenkästen – in Berlin hatte man ihr eine zweite Geige als Ersatzinstrument mit Bogen und einigen Sätzen Saiten zur Verfügung gestellt für den Fall, dass ihr eigenes Instrument einmal Schaden nehmen könnte – und dem sonstigen Reisegepäck in einer Ecke des Abteils für ihre mehrtägige Reise eingerichtet, innerlich bewegt von sehr gemischten Gefühlen in einer deutlich bangen Seele.

Die Musikerin hielt sich freilich an die Zusage der beiden Männer Volker und Manfred, die mit ihr als Künstler unterwegs waren und ihr so etwas wie Sicherheit und Schutz vermittelten. «Wir passen auf dich auf, Mädchen», hatten sie schon vor dem Beginn der Reise gesagt, um ihrer Kollegin die Bangigkeit zu reduzieren oder gar ganz zu nehmen. Gut, dass der eine neben ihr saß und der andere gegenüber. So fühlte Helga Wamser sich tatsächlich von den beiden beschützt vor den Landsern, die die übrigen Plätze des Abteils eingenommen hatten. Auch deren Gepäck füllte die Gepäcknetze und den Boden, so dass der freie Bewegungsraum nur sehr klein war. Aufstehen und ein paar Schritte gehen war kaum möglich, und schlafen würde nur im Sitzen möglich sein. Das konnte was werden in den nächsten vier Tagen und Nächten. So lange sollte die Reise etwa dauern, wenn nicht unterwegs irgendwelche Hindernisse auftraten und das Fortkommen behinderten.

Hinter der einzigen weiblichen Reisenden im Abteil lagen ereignisreiche Wochen zunächst in Hamburg und danach in Berlin. In der Freien und Hansestadt hatte sie eine gemeinsame Übungs- und Schulungswoche mit weiteren Bewerbern um den besonderen Fronteinsatz absolvieren müssen, um mit den anderen eingeladenen Künstlern ein sinnvolles und brauchbares Programm für die vorgesehenen Truppenbesuche an der nordöstlichen Front auf russischem Terrain zu erarbeiten. Danach hatte es in Berlin ein umfangreiches Sichtungsprogramm gegeben, in dem die ausgesuchten jungen Leute vor hohen NS-Funktionären ihr Programm vorstellen und in einer Befragung noch einmal beweisen mussten, dass sie für den Dienst fachlich geeignet und im Sinne der NS-Doktrin charakterlich tauglich waren.

Helga Wamser hatte diesen Test als Einzige der weiblichen Bewerber aus Hamburg bestanden. Danach hätte sie die Möglichkeit gehabt, aus dem Projekt auszusteigen. Eine der Frauen im Gremium hatte ihr die Überlegung nahegelegt, ob sie wirklich als einzige Frau, zudem noch als so junge …

Die Künstlerin hatte sich einen Tag Bedenkzeit erbeten und auch erhalten. Und dann hatte es in ihr gekämpft. Sollte sie aussteigen? Sollte sie dabeibleiben? Wie würden die Eltern raten? Was würde besonders der Vater zu einem Verzicht auf die «ehrenvolle Aufgabe für Führer, Volk und Vaterland» sagen? Wie würde man in Krempe reagieren, wenn sie plötzlich zurückkäme? Würde man ihr nicht Feigherzigkeit vorwerfen oder vielleicht auch menschliche und künstlerische Unfähigkeit? Würde sie nicht zum Spott der Leute?

Nein, das wollte sie nicht werden! Sie wollte den Leuten von der Straße, vor allem den politisch orientierten, kein Argument liefern, sie sei als Tochter des Rektors nicht zuverlässig und nicht linientreu. Und den Eltern und besonders dem Vater und auch der Schwester und dem Schwager gegenüber wollte sie auf keinen Fall Schwäche zeigen. Nein, als eine Wamser war sie stark und mutig, als ein deutsches Mädel im BDM stand sie zu dem, was sie an Führer-Treue gelobt hatte, und als Künstlerin hatte sie bereits mehrfach ihre Fähigkeiten nachgewiesen. Punktum.

Nach einer schlaflosen Nacht voller innerem Kampf hatte Helga Wamser Ja gesagt zu ihrem Auftrag und dafür höchstes Lob der Kommission geerntet. Anschließend war sie in eine Schulung geschickt worden, die sie noch einmal besonders vorbereitet hatte auf die Dinge, die an ihrem Zielort Luga oder auch Leningrad und im Kampfgebiet zwischen Ilmensee und Ladogasee und in den Stellungen am Fluss Wolchow östlich der russischen Großstadt und auch östlich von Luga auf sie warteten.

Dann hatte sie als frisch beförderte BDM-Führerin mit den beiden verbliebenen Hamburger Künstlern Volker Jensen und Manfred Harms und dem mit ihnen vorbereiteten Programm den sofortigen Marschbefehl nach Nord-Osten bekommen und war also jetzt mit dem bunten Haufen Soldaten und den beiden Künstler-Kollegen im Zugabteil unterwegs in ihr besonderes Abenteuer.

Volker war übrigens eigentlich Pianist, er spielte aber ebenso gut Akkordeon. Manfred war Illusionist, also eine Art Zauberkünstler, der sein Publikum durch fantastische Tricks zu fesseln verstand.

Tagelang war der Zug unterwegs mit ungezählten Halts in Posen, Warschau, Białystock, Wilna, Dünaburg, Pleskau und auch immer wieder zwischen den Bahnhöfen auf freier Strecke. Es ging dann entweder um die Versorgung der Zugmaschinen mit Kohle und Wasser und auch darum, dass die Fahrgäste ja auch ihren Bedürfnissen nachkommen mussten. Oder irgendetwas an der Strecke hielt den Zug auf.

Die Personenwagen im Zug hatten keine Wasch- und Toilettenräume, und auf den Bahnhöfen gab es die auch nicht immer so, wie zivilisierte Menschen sie sich gewünscht hätten. Primitivste Verhältnisse! Dreckigster Osten! Aber Helga Wamser war ja entsprechend vorgewarnt worden.

Die Künstlerin registrierte es mit Freude und Genugtuung, dass die Männer im Zug auf sie als Frau Rücksicht nahmen. Anständiges deutsches Männervolk, ging es ihr dann immer durch den Kopf. Hoffentlich blieben die so in der gebotenen Distanz, und hoffentlich waren die Leute an ihren Einsatzorten auch so. Nicht auszudenken, wenn da mal ein Kerl dazwischen wäre, einer, der einer Frau mit weniger Respekt begegnete oder gar anzüglich und übergriffig würde. Hella wollte da schon sehr wachsam sein, und sie wollte sich verlassen auf die Zusage ihrer beiden Künstler-Kollegen, auf sie aufzupassen und ihr beizustehen, falls …

Als der Zug schließlich nach vielen Tagen und Nächten Luga erreicht hatte – nach Leningrad weiterzufahren war aus kriegsbedingten Gründen nicht möglich –, war es wieder einmal Nacht. Der Bahnhof des Zielortes war kaum beleuchtet. Entweder hatten die hier keinen Strom, oder die Lichter blieben aus Sicherheitsgründen aus, ging es Helga Wamser durch den Sinn, und es lief ihr dabei ein leichter Schauer über den Rücken.

Wo war sie jetzt gelandet, und was würden die nächsten Tage und Wochen bringen? Eine feste Dauer des Einsatzes war in Berlin gar nicht festgelegt worden. Man müsse abwarten, was am Ort möglich sei, war gesagt worden. Sie, die drei Künstler mit dem ehrenvollen Auftrag musischer Truppenbetreuung, sollten sich auf einen Zeitraum von zwei bis drei Monaten einrichten.

Irgendwie hatte Hella plötzlich wieder einmal Sehnsucht nach einem gewissen Walter Anton, dessen Feldpost-Briefe sie unterwegs immer wieder gelesen hatte. Dabei war ihr jedes Mal so merkwürdig warm ums Herz geworden bei dem, was der ihr seit ihrem ersten Treffen und nach ihrem Duo-Spiel geschrieben hatte von künftigen Begegnungen und gemeinsamen Abenteuern.

Die junge Frau musste sich mehr und mehr eingestehen, dass sie sich inzwischen doch in den geigenden Wachtmeister verliebt hatte. Ob sie ihm von hier aus auch schreiben konnte? Es ging sicher auch von hier Post in die Heimat. Aber an andere Orte der Kampfeinsätze? Ob sie auch Post nach hier bekommen konnte? Abwarten und sich erkundigen, sagte sich die junge

Frau und harrte der Dinge, die sich hier an ihrem Zielbahnhof nun tun würden.

Im Schein von tragbaren Lampen wurden die drei Künstler dann auch bald eine halbe Stunde lang durch den dunklen Ort geführt, während ihr Gepäck mit einem Fahrzeug transportiert wurde. Schließlich befanden sie sich in irgendeinem Quartier, wo sie sich in zwei winzigen Räumen im Licht von rauchenden und stinkenden Petroleum-Lampen notdürftig einrichten konnten.

Ein sehr schlichtes Quartier, stellte Hella für sich fest. Aber es gab ein Bett, zwar nur ein schmales Feldbett, aber eben doch ein Bett, auf dem sie sich ausstrecken konnte. Welch eine Wohltat, nicht mehr im Sitzen und nicht mehr mit angezogenen Beinen schlafen zu müssen! Welch eine Wohltat, eine Zudecke zu haben und ein richtiges kleines Kopfkissen! Herrlich!

Helga Wamser lag noch kaum auf ihrem Lager, als sie auch schon eingeschlafen war. Ihr letzter Gedanke war dann aber doch zuvor noch einmal zu Walter Anton gegangen. Ob der auch so luxuriös schlafen konnte wie sie – oder ob er seine Nacht in einem Schützengraben verbringen musste? Die junge Frau hätte es wohl gerne gewusst.

Am nächsten Morgen zeigte sich das Quartier als eins von mehreren kleinen, niedrigen Häuschen am Ortsrand dieser unbekannten Stadt, in denen wohl einmal russische Menschen gewohnt hatten. Ob die geflohen oder zwangsweise umgesiedelt worden waren? Musste man mit denen Mitleid haben? Wohl eher nicht, ging es Hella durch den Kopf, als sie aufgestanden war, das nun wirklich äußerst primitive Plumpsklo besucht und sich mit zwei Händen voll Wasser aus einer verbeulten Schüssel gewaschen hatte. Die Russen gehörten zu den Feinden, die in diesem Krieg bekämpft wurden und nach der Terminologie des

Führers einer niederen Rasse der Menschheit angehörten, die der eigenen arischen Rasse nicht das Wasser reichen konnte und ohnehin nur zum Sklavendasein taugte …

Bei diesem Gedanken sah Helga Wamser ihr eigenes Gesicht in einem Stück blindem Spiegel – und erschrak vor sich selbst und vor dem, was ihr da durch den Kopf ging. Menschen Sklaven anderer Menschen? Das konnte es doch nicht sein! Wenn sich nun der Spieß einmal umdrehte? Dann war sie plötzlich in der Sklavenrolle und auf dem Stand der Minderwertigen, denen andere das Lebensrecht absprachen. Spitzes Kinn und schiefe Nase! Ansonsten gerade noch ansehnlich! Galt die Vorsehung, was auch immer das war, nur den Deutschen? Besaßen die denn so etwas wie göttliche Privilegien?

Gott? Wer war das? Einer, der das Volk, dem sie angehörte, zum Herrenvolk erklärt und erhoben hatte? Hatte der nicht *alle* Menschen geschaffen, egal, welcher Rasse, Hautfarbe, Intelligenzstufe, geistiger und körperlicher Befähigung sie waren? …

Der Ruf irgendeiner Ordonanz, zum Frühstück und zur ersten Lagebesprechung ins Nachbarhaus zu kommen, weckte Hella aus ihren merkwürdigen Gedanken, die dann auch so schnell wieder aus ihrem Bewusstsein verschwanden, wie sie aufgetaucht waren.

Im Nachbarhaus wurde die junge Frau mit ihren beiden Begleitern von drei freundlichen Offizieren höflich und mit Handschlag begrüßt, die Dame mit einer leichten Verbeugung. Die Schulterklappen ihrer Uniformen verrieten, dass einer von ihnen Major war, die beiden anderen in den Rängen eines Hauptmanns bzw. Oberleutnants.

Während des Essens ging es zunächst um das Wer und Woher und das Was-bisher. Danach ging es darum, wie denn nun die drei Künstler sich ihre Einsätze vorstellten und wie sie tatsächlich einsetzbar waren.

Das Einvernehmen der Runde war erfreulich und machte keine Schwierigkeiten. So kam es, dass der Major ohne weitere Diskussion die erste Veranstaltung bereits für den Abend des nächsten Tages ansetzte, quasi als Generalprobe für die Einsätze bei den Kampfverbänden an den verschiedenen Frontabschnitten. Die drei musischen Truppenbetreuer wurden dabei auch schon darauf aufmerksam gemacht, dass ihre Unterbringung in den vorderen Linien der Front östlich am Fluss Wolchow an manchen Orten noch ein wenig schlichter sei als die hier am Rande der Stadt Luga. Dort draußen gebe es auch keinen Saal mit Bühne und Bestuhlung und mit einem richtigen Flügel für den Pianisten wie am nächsten Abend in der Schule. Das Instrument dort sei leider ein wenig verstimmt, aber besser ein Klavier neben der Kammerton-Stimmung als gar kein Instrument.

Volker Jensen verzog bei dieser Nachricht ein wenig sein Gesicht. Das sollte ihm als Pianisten wohl schwer ankommen, auf einem verstimmten Gerät zu spielen. Er habe einen Stimmschlüssel dabei, brachte er ein. Ob er eine Stunde oder wenigstens eine halbe Stunde Zeit bekäme, um zumindest die gröbste Missstimmung zu beheben. Er bekäme die Zeit, wurde ihm gesagt, wenn das denn helfe. Es helfe mit Sicherheit, versicherte Volker.

«Ich könnte meine Geige auch ein wenig ‹danebenstimmen›», feixte die einzige Frau unter den Männern. «Vielleicht klingt es dann ja wieder zusammen.»

«Untersteh dich, Violinistin», gab Volker mit gespielter Schärfe zurück. Helga Wamser tat so, als ducke sie sich unter dieser Antwort. «Schon gut, schon gut, Pianomann.»

«Ein Glück, dass ich für mich zu meinem Koffer nur einen Tisch brauche und einen Stuhl», stellte Manfred Harms fest. «Beides wird es ja wohl an jedem Einsatzort geben.»

«Seien Sie sich da mal nicht so sicher, Zauberlehrling», gab der Oberleutnant zu bedenken. «Schützengräben haben keine Möbel.»

«Es wird auch ohne gehen», beruhigte Manfred. «Sie können sicher sein, meine Herren, wir drei werden aus jeder Situation das Beste machen. Mit diesem Vorsatz sind wir hier. Es ist unsere ausgesprochene Absicht, den schwierigen Alltag Ihrer Männer draußen und vorne ein wenig heller zu machen.»

«Apropos Zauberlehrling!», griff der Hauptmann das Stichwort seines Kameraden noch rasch auf. «Können Sie drei in Ihr Programm nicht auch ein wenig klassische Versdichtung einbauen? Zwischen den Musikstücken oder den Illusionsnummern? Ich habe einen Sammelband bester deutscher Balladen in meinem Gepäck. Ich stelle Ihnen das Buch gerne zur Verfügung.»

«Warum nicht», griff Helga Wamser den Vorschlag auf. «Das Lesen haben wir alle auch gelernt. Geben Sie uns das Buch, und wir werden das Richtige finden und rezitieren bzw. lesen.»

«Dann aus der Ecke, Besen», zitierte der Balladenliebhaber den großen Goethe ein wenig verändert und sagte zu, den Balladen-Band möglichst bald zur Verfügung zu stellen.

Danach schickte sich der Major an, das dienstliche Frühstücks-Miteinander zu Ende zu bringen: «Sie erhalten meine Ordonanz Konrad zu Ihrer Begleitung und Verfügung. Ihre Fragen und Wünsche geben Sie bitte bei ihm ab. Er gibt sie weiter und teilt Ihnen auch Antworten und Entscheidungen mit. Für die Reisen über Land gibt es ein Fahrzeug mit Chauffeur und weitere notwendige Begleitung zu Ihrem Schutz. Wir sehen uns morgen im großen Schulsaal in der Stadtmitte. Sie werden rechtzeitig abgeholt. Alles andere wie gesagt über Konrad. Einen guten Tag allerseits. Heil Hitler!»

Damit erhob er sich, grüßte nur noch kurz und verließ mit seinen Leuten den Raum. Zurück blieb nur Konrad, der offenkundig froh war, einen besonderen Auftrag zu haben und sich noch ein wenig mit den Gästen aus der fernen Heimat unterhalten zu können.

Dass der Deutsche Gruß von den drei Künstlern zuvor nicht erwidert worden war, schien keiner der Offiziere und der anwesenden Ordonanzen bemerkt zu haben. Ob einer der Männer die Gruß-Verweigerung sonst kritisiert hätte?

In den Spätsommerwochen 1942 war die deutsch-russische Front entlang dem Fluss Wolchow relativ ruhig. Im Hinterland um Luga war vom Krieg außer den notwendigen Bewegungen zur Versorgung der Truppen und zu Meldung der Gegebenheiten noch weniger zu spüren. Das Wetter in der Region war günstig mit moderaten Temperaturen und wenig Niederschlägen. So waren die Verbindungswege zu den Front-Stellungen gut zu befahren, und die drei Künstler konnten ihre geplanten Veranstaltungen durchführen, ohne dass sie irgendwo in besondere Bedrängnisse geraten wären.

Bei ihren zahlreichen Einsätzen ernteten Helga Wamser, Volker Jensen und Manfred Harms immer wieder dankbaren Beifall und große Anerkennung. Sie sahen aber auch manche Träne fließen, nicht nur solche vor Lachen, wenn Manfred Harms seine Späße machte und seine Kunststücke vorführte. Nein, auch solche der Wehmut und des Heimwehs, wenn Helga oder Volker jeweils solo oder auch im Duo Volkslieder spielten, deren Texte den Männern an die Seele und in die Gemüter gingen. Aber auch Klassisch-Konzertantes der Solo-Geige und des Akkordeons wurde dankbar gehört.

Mit jedem Einsatz wurde vor allem Helgas Herz leichter und froher darüber, dass sie nicht vor diesem Abenteuer gekniffen hatte. Die Vorsehung meinte es offenkundig gut mit ihr. Oder war es Gott, dessen Erinnerung ihr doch irgendwo im Hinterkopf saß, von wo sie immer einmal wieder mehr oder weniger stark hervorkam.

Ob Walter Anton die Post mit ihren Erlebnissen und Erfahrungen erhielt? Ob ihre Briefe bei den Eltern ankamen? Leider kam bei ihr überhaupt keine Post an. Schade, es hätte Helga sicher gutgetan, auch einmal ein geschriebenes Wort von zu Hause oder dem anderen, ihr aber unbekannten Ort an der Ostfront in die Hände und vor die Augen zu bekommen.

Die junge Frau wartete vergeblich. Konrads Nachsatz zum Morgengruß in Luga oder irgendwo unterwegs war immer derselbe: «Leider wieder keine Post. Vielleicht morgen, gnädiges Fräulein.»

Bei ihren Fahrten lernten die drei Künstler das von den deutschen Einheiten gehaltene Gebiet östlich von Luga bis an den Wolchow einigermaßen gut kennen. Sie besuchten dabei die Stadt Staraja Russa südlich des Ilmensees. In Schimsk am Westzipfel des Sees gingen sie zwischen ihren Auftritten zum Baden. Das war dann auch in der Nähe von Nowgorod möglich im Mündungsbereich des Wolchow in den Ilmensee.

Es gab Momente, da wähnten sich die Gäste aus der Heimat wie im Urlaub. Wenn sich nicht mit voranschreitender Zeit die Nachrichten von neuen und heftiger werdenden Kampfhandlungen entlang des Wolchow vermehrt hätten, dann hätten die drei diesen Eindruck wohl auch mit auf ihre Rückreise genommen. Deren Termin war bereits von der Etappen-Führung in Luga geplant und organisiert worden. Ein letzter Einsatz unmittelbar am «Grenzfluss» war aber noch vorgesehen und bei der entsprechenden Einheit auch angekündigt. Den wollten Helga Wamser, Volker Jensen und Manfred Harms wohl auch noch gerne durchführen, ehe sie dann zu ihrer Heimreise aufbrachen.

Es dauerte diesmal viele Stunden, bis die künstlerischen «Truppenbetreuer» endlich in den deutschen Stellungen einige Kilometer südlich der Stadt Possadrukowo am Fluss ankamen. Der Abschnittskommandant traute freilich seinen Augen und Ohren nicht, als er den Wagen mit den Gästen vorfahren sah und Ordonanz Konrad die drei bei ihm anmeldete. «Hatte ich den Einsatz nicht dringend abgemeldet?», fragte er in scharfem Ton.

«Ich weiß nichts von einer Abmeldung, Herr Oberleutnant», gab Konrad ein wenig erschrocken zurück und fragte unsicher: «Sollen wir den Einsatz streichen und zurückfahren?»

Der Oberleutnant überlegte einen Moment. Dann sagte er: «Nein, wir sagen nicht ab. Noch ist es ruhig. Es scheint auch noch kein Angriff von der Ostseite des Flusses aufzukommen. Also gönnen wir meinen Männern die Abwechslung und den Spaß. Wir machen eine Vorführung gegen Abend hier auf dem Platz im Verpflegungszelt. Morgen gehen wir hinüber auf die Insel. Dort sind zwar nur ein paar Leute, aber dennoch. Wir machen das Programm im Bunker. Ich denke, so lange bleibt es ruhig. Kann das gehen?»

Die letzte Frage ging wohl eher an Helga Wamser und ihre beiden Kollegen, die stumm und unbegrüßt noch immer in der Tür des Gebäudes standen.

Manfred ergriff das Wort, wie meistens, wenn die drei etwas gemeinsam weiterzugeben hatten: «Das kann so gehen. Wir sind nun einmal hier. Also machen wir unser Programm. Wann geht es los?»

«Bereiten Sie sich vor für 17.00 Uhr», gab der Offizier Weisung und hängte an: «Und übrigens: Seien Sie uns herzlich willkommen. Verzeihen Sie bitte, dass ich Ihre Begrüßung im ersten Schreck vergessen hatte. Alle Achtung, dass Sie dieses Geschäft betreiben und die Begleitstrapazen auf sich nehmen. Haben Sie einen guten Aufenthalt!»

Den Deutschen Gruß sparte er sich.

Wie an allen Orten, so ernteten die drei «Truppenbetreuer» auch in dieser Stellung dankbaren Beifall für das, was sie den Soldaten zu hören und zu sehen gaben. Wie ebenfalls an allen Orten gab es hinterher viele Fragen an die Gäste nach den Dingen, die sie aus dem Reich zu berichten hatten. Wie aktuell die Nachrichten waren, war dabei weniger wichtig. Dass sie dabei Informationen aus dem Mund einer jungen Frau bekamen, war für die Männer etwas ganz Besonderes. Sie hingen Helga Wamser förmlich an den Lippen. Gut, dass die Gedanken manches Soldaten nicht lesbar waren. Die Violinistin wäre sicher von einer Verlegenheit in die andere gefallen. Aber wer wollte es den Männern verdenken, wenn ihre Fantasien angesichts einer hübschen jungen Frau zu rotieren begannen?

Am Mittag des nächsten Tages setzte die Künstlertruppe mit einigen Soldaten als Geleit mit zwei großen Schlauchbooten über zu einer der Inseln im breiten Fluss. Dort gab es einen vorgezogenen Beobachtungsposten mit mehreren Bunkern, die durch Laufgräben miteinander verbunden waren. Da in den Stellungen der Russen am fernen Ostufer des Flusses alles ruhig war, versammelten sich die Männer des Postens im größten der Bunker und erlebten dort das musikalisch-literarisch-illusionistische Programm ihrer Überraschungsgäste mit dankbarem Beifall nach jeder einzelnen Programmnummer.

Gegen Ende der Veranstaltung fielen plötzlich Schüsse von drüben. Der Führer der «Insulaner», ein junger Oberfähnrich, brach die Vorführung mitten in Volker Jensens Akkordeon-Solo ab, befahl seine Männer an ihre Plätze und forderte seine Gäste auf, unverzüglich den Bunker zu verlassen und sich schnellstens an die Anlegestelle der Schlauchboote zu begeben.

Seine Soldaten eilten sofort auf ihre Plätze, die Gäste packten hastig ihre Utensilien und folgten, so rasch es ging, ihren Begleitern durch das Laufgrabensystem hinüber ans Westufer der Insel zum Anlegeplatz ihrer Boote.

Inzwischen hatten die Russen sich auf die Inselgruppe eingeschossen und auch schon die ersten Antworten bekommen. Die Gruppe in den Laufgräben hatte ihr Ziel noch nicht erreicht, als es hinter ihr eine mächtige Detonation gab und der Bunker, den sie vor Momenten verlassen hatten, in die Luft flog. Ein überraschender Volltreffer des wütenden Feindes vom andern Ufer! Anschließend Schweigen der Waffen. Merkwürdig!

Die plötzliche Stille war gespenstisch und verstärkte den Schrecken, der besonders den drei Zivilisten in die Knochen gefahren war. Einen so plötzlichen Feuerüberfall hatten sie bisher nicht erlebt. Was wäre gewesen, wenn? Und wie ging es weiter? Konnten sie übersetzen in die Stellungen am Westufer des Flusses? Waren sie dann dort sicher? Würden die Russen erst einmal wieder Ruhe geben? Oder war die momentane Stille nur die Ruhe vor dem eigentlichen Sturm? Was brachte der Insulaner-Kommandant gleich für eine Einschätzung der Lage mit, und welche Weisung würde er geben, wenn er von seiner Erkundung zurückkam?

Die drei Hamburger Zivilisten verharrten mit ihren Begleitern schweigend im Laufgraben. Jeder machte sich wohl seine besonderen Gedanken. Helga Wamser war es plötzlich kalt, und ein leichtes Zittern erfasste ihren Körper. Dabei gingen ihr wieder die merkwürdigsten Dinge durch den Kopf.

Sie sah sich plötzlich mit dem Tod konfrontiert wie noch nie in ihrem Leben. Wenn sie nun nicht mehr nach Hause kam? Wenn die ersten Tage der Begegnung mit Walter Anton nun zugleich die letzten gewesen waren? Wie reagierten der Vater, die Mutter, die Familie, die Bevölkerung von Krempe, wenn sie eine Nachricht im schwarz umrandeten Umschlag erreichte: «Zu unserem großen Bedauern müssen wir Ihnen mitteilen, dass Ihre Tochter, Schwester, Schwägerin, Tante und Mitbürgerin im musikalischen Dienst für Führer, Volk und Vaterland ihr blutjunges Leben …»

Der Violinistin schauderte bei dem Gedanken. Nein, doch so nicht! Sie wollte doch noch gerne leben, wollte gerne ihrem Walter wieder begegnen.

Ihrem Walter? Merkwürdiger Gedanke! Helga fühlte plötzlich seine Abschiedsküsse von damals auf ihren Wangen, sah eine Hochzeit vor sich und dann das Bild einer Familie mit Kindern … Nein, die göttliche Vorsehung konnte das nicht zulassen, dass sie als immer noch erst Neunzehnjährige …

Die Kremperin wurde durch den zurückkehrenden Offizier aus ihren Gedanken gerissen. «Es ist wieder alles ruhig», sagte er und wirkte dabei selbst sehr ruhig. «Keine weiteren Aktionen am Ostufer des Flusses. Die Akkordeonklänge hatten die Russen wohl provoziert. – Setzen Sie über, bleiben Sie dabei im Schatten der Insel. Ich danke Ihnen dreien, dass Sie hier waren. Den Männern hat es gefallen. Mir auch. Wir werden noch eine Weile davon zehren. Leben Sie wohl und kommen Sie wohlbehalten wieder in die Heimat. Gott schütze Deutschland, und er sei mit Ihnen!»

Ein merkwürdiger Gruß an diesem besonderen Platz, schoss es Helga Wamser für den Augenblick durch den Kopf. Dann war der Begriff «Gott» aber auch schon wieder aus dem Kopf heraus.

Der Mann verabschiedete sich mit Handschlag von seinen

Gästen und wartete dann, bis die beiden großen dunkelgrünen Gummi-Boote bestiegen waren und abgelegt hatten.

Die Bootsfahrer erreichten ihr Ufer unbehelligt, und die Truppenbetreuer erreichten schließlich am Abend des nächsten Tages ihren Standort Luga. Dort bestiegen sie wiederum einen Tag später einen Zug, der sie mit einer großen Zahl von Urlaubern in einer Mehrtagesreise zurückbrachte in die Reichshauptstadt. Von dort aus erreichten die drei Künstler dann auch bald ihre norddeutsche Heimat. Wohlbehaltenes Ende ihres Einsatzes, von dem es zumindest für Helga Wamser immer wieder Interessantes und Aufregendes zu erzählen gab.

6.
Kurzes Glück

Für die junge Frau gab es zu Hause endlich auch lange Ersehntes und sehr Interessantes zu lesen. Sie fand einige Feldpostbriefe von Walter Anton vor, die ihr das Herz warm werden ließen. Der Mann schrieb begeistert von der Begegnung in seinem Urlaub. Er schrieb von Sympathie, von Zuneigung und sogar von Herzensempfindungen. Und – das war natürlich das Beste –, er kündete für den späten Herbst 1942 einen weiteren Heimaturlaub an, in dem er ganz bestimmt auch wieder nach Krempe käme. Er müsse die Stadt und besonders sie, Fräulein Helga, unbedingt wiedersehen. Und sie beide müssten unbedingt wieder im Duo spielen.

Das waren ja herrliche Aussichten, die der inzwischen tatsächlich verliebten jungen Frau wieder die beiden Bilder von Hochzeit und Familie aus dem Laufgraben jener Wolchow-Insel vor die Augen stellten. Sollte es irgendwann wirklich eine Hochzeit geben? Sollte es dann irgendwann eine richtige Familie geben mit ein, zwei, drei, vier Kindern? Die Vorsehung mochte es lenken! Oder lag die Sache eher in Gottes Hand? War die Vorsehung Gott? War Gott die Vorsehung? Wer war das, der die Geschicke des deutschen Volkes, die Geschicke der Familie Wamser, ihr eigenes Lebensgeschick lenkte?

Fragen, die Hella auch jetzt wieder bewegten, auf die sie aber auch jetzt keine Antworten fand oder von irgendwoher bekam.

Angesichts dieser Fragen aber begann Helga Wamser den

Krieg mit anderen Augen zu sehen, als sie das bisher als BDM-Frau getan hatte. Als Mitglied dieses NS-Verbandes musste sie ja den Gedanken der Partei und ihres Ober-Führers und seiner Unter-Führer folgen. Sie musste sie in den Heimnachmittagen, wie sich die Zusammenkünfte der jungen Mädel nannten, ja auch vertreten. Die zunehmenden negativen Meldungen von den verschiedenen Kriegsschauplätzen im Westen und im Osten und von Bombardierungen deutscher Städte mitten im Reich durch englische und andere Fliegerverbände mit den unvermeidlichen Schäden und Opfern machten allerdings nachdenklich darüber, ob das wirklich alles so seine Richtigkeit und seine Berechtigung und seine innere Logik hatte.

Bei Hella – zu Hause und bei den Leuten in ihrer Stadt war sie immer noch oder auch wieder Wamsers Hella – hatte sich übrigens die Grußformel des jungen Soldaten auf der Wolchow-Insel irgendwo tief innen festgesetzt: «Gott schütze Deutschland! Und er sei mit Ihnen!»

Gott!? Wer war das eigentlich? Beanspruchte der Führer nicht, selbst so etwas wie «Gott» zu sein? Er war doch *der* Führer, der alles wusste und alles überblickte und alles im Griff hatte. Wehe denen, die anderer Meinung waren als er und die sich weigerten, sich ins System, in sein System, einzufügen.

Aber konnte das überhaupt sein, dass ein Mensch sich über alle anderen erhob? Nein, das konnte nicht sein! So durfte kein Mensch von sich denken! So von sich zu denken war Vermessenheit! Und jede Art von Vermessenheit wurde irgendwann bestraft. Das hatte sie schon als Kind von ihrem Vater so gelernt. Der Papa hatte sie gelehrt, in allen Dingen demütig und bescheiden zu sein.

Demut und Bescheidenheit waren nun aber gerade nicht Stärken der Nazis, stellte Hella für sich fest. Deshalb konnte logischerweise auch die sonderbare Nazi-Gedankenwelt keinen dauerhaften Bestand haben. Irgendwann würde sie sich als großer Irrtum erweisen müssen, und die NS-Ortsgruppe und der SA-Verband in der Stadt würden sich auflösen müssen.

Wurde die SA nicht mit Recht von vielen Leuten «Mordriege» genannt? Wie viele Opfer hatte es denn im Reich schon gegeben? Zwar nicht durch die Kremper SA-Leute, aber doch durch das gesamte NS-System. Auch im Städtchen Krempe bekamen immer wieder Leute Briefe mit schwarzem Rand und traurigem Inhalt. Solche Post wollte sie nicht auch eines Tages bekommen. Nein, nur nicht!

Hella war echt froh, dass im Haus Wamser NS-Themen nur leise und mit großer Zurückhaltung diskutiert wurden und dass die Mitgliedschaft in der NSDAP für die Familienmitglieder weitgehend nur auf dem Papier bestand.

Hellas Gedanken zu diesen Dingen machten zuweilen merkwürdige Ausflüge, die sie allerdings niemandem mitteilte und die sie auch nicht an den häuslichen Tisch brachte. Ihrem Walter schrieb sie dafür von ihrer Vorfreude auf die nächste Begegnung und von ihrer Hoffnung, dass er bald Urlaub bekäme. Und sie schrieb davon, dass ihre Zuneigung zu ihm auch gewachsen sei und sie sich vorstellen könne, dass sie noch lange als Geigen-Duo miteinander musizieren könnten. Damit sie dafür in der Übung bliebe, übe sie jeden Tag eine Stunde oder auch mehr und sei dabei mit ihren Gedanken mehr bei ihm an seinem Platz an der russischen Front als hier in ihrer Stube.

Übrigens widme sie ihm jedes Konzert, das sie irgendwo in der näheren und weiteren Umgebung Norddeutschlands in Kirchen und Sälen spielen könne. Auch die Heimatfront brauche Unterhaltung und Ablenkung. Bach, Beethoven, Mozart und andere Tondichter eigneten sich vorzüglich dazu, die Gemüter der Menschen zu beglücken. Zu ihren künstlerischen Reisegefährten an die Nord-Ost-Front habe sie übrigens keine Verbindungen mehr. Er brauche sich um sie, Hella, und um die beiden jungen Männer keine Gedanken zu machen.

Im Oktober 1942 stand Walter Anton plötzlich vor der Haustür, unangemeldet und deshalb sehr überraschend. Umso größer war die Wiedersehensfreude bei Hella. Aber auch ihren Eltern war der junge Mann sehr willkommen, hatte die Tochter doch immer häufiger und immer wärmer von ihm gesprochen und davon, dass sie sich durchaus vorstellen könne, mit ihm nicht nur im Duo zu spielen, sondern irgendwann später auch im Duett zu leben.

Der erneute Besuch des sympathischen Mannes aus Kiel mochte ja zur weiteren Klärung dieser Frage beitragen.

Er trug tatsächlich dazu bei, denn die jungen Leute kamen sich bei jeder Begegnung ein Stück näher, so dass bald nicht mehr nur die Wangen Orte zum Empfang von Küssen waren. Und die Hände durften bald auch mehr als sich nur gegenseitig halten. Dabei hielten die beiden Verliebten sich «sauber», wie junge Leute sich bis zu ihrer Hochzeit «sauber» zu halten hatten. Die vorläufige Krönung ihrer wachsenden Beziehung wollten sie sich für die Hochzeitsnacht vorbehalten, auch wenn das für beide nicht ohne Kampf und nur mit einer gehörigen Portion Selbstbeherrschung möglich war. Die beiden wussten etwas von Sublimierung, von der Umlenkung «niederer» Bedürfnisse auf eine höhere Ebene, und praktizierten sie auch.

Hella und Walter schwebten dennoch mehr und mehr im Glück, zumal der junge Mann in den Monaten um die Jahreswende 1942/43 häufiger nach Krempe kam. Er sei in die Heimat entsandt, wie er berichtete. Er sei ursprünglich für ein Vierteljahr ins Oberkommando des Heeres nach Berlin abgeordnet worden. Von dort sei er aber ins Generalkommando des Wehrkreises X nach Hamburg versetzt worden. Sein dortiger Zuständigkeitsbereich sei das Meldewesen. Frühestens am 1. März, wahrscheinlich aber erst am 1. April 1943 werde er an die Ostfront im Bereich Mitte, vielleicht auch Bereich Süd, zurückkehren, dann aber wohl als Oberstwachtmeister einer Nachrichtenstaffel.

Wenn er sich wie von seinen Vorgesetzten gewünscht einsetze und entwickle, könne er es bis zum Major bringen, habe man ihm prophezeit. Nun, die nächsten Monate würden es lehren. Es wisse ja auch niemand, wie es mit dem Krieg allgemein und im Osten speziell weiterginge.

Eher im Flüsterton ergänzte Walter Anton seinen Eindruck, dass der Krieg an der russischen Front noch lange nicht gewonnen sei. Laut dürfe er das freilich nirgendwo sagen. Das könne als Gefährdung oder gar als böser Versuch zur Zersetzung der Wehrkraft ausgelegt und entsprechend geahndet werden. Deshalb eben doch sein üblicher Abschiedsgruß mit zusammengeschlagenen Hacken: «Sieg Heil!»

Helga Wamser und Walter Anton verlebten glückliche Stunden, wenn der junge Mann von Hamburg her Krempe und seine Hella besuchte. Gemeinsam Violine zu spielen gehörte dann ebenso zu ihrem Programm wie Spaziergänge über den Mühlenberg hinunter an den Burggraben zum Steine-Flitschen oder hinüber in die Marsch zum Beschauen der Pflanzen- und zur Beobachtung der Tierwelt.

Die beiden machten auch weitere Wanderungen bis hinüber nach Glückstadt an der Unterelbe oder nahmen an Tanzvergnügen teil oder begleiteten die Mama ins Kino. Das Herz von Nanny Wamser gewann Walter Anton damit, dass er sich ab und an auf eine Runde Skat einließ. Dabei lernte Hella es auch, mit den Spielkarten umzugehen und zu reizen und zu stechen. Dass sie sogar mit einer gewissen Begeisterung bei dieser Sache war, schaffte auch ihr besondere Pluspunkte bei der Mutter, zu der die Beziehung sonst keine besondere Veränderung erfahren hatte.

Irgendwann trafen sich die beiden jungen Leute dann auch in Kiel, wo Walter das Fräulein Helga Wamser seinen Eltern vorstellte als das Fräulein seines Herzens. Ein anderes Mal trafen sich die Antons mit den Wamsers im inzwischen gründlich renovierten Lehrerhaus in Krempe. Die Stadtverwaltung hatte sich ihrem Schulrektor gegenüber als sehr großzügig erwiesen und die Dienstwohnung den Erfordernissen der Zeit angepasst.

Ja, die jeweiligen Eltern beziehungsweise Schwiegereltern sollten sich schließlich auch kennenlernen, ehe die beiden Liebenden sich irgendwann für ein gemeinsames Leben zusammentaten.

So nahm die Liebesgeschichte ihren guten Lauf, bis im Februar 1943 bei herrlichem Schnee und entsprechender Kälte – trotz strahlender Sonne – die Hochzeit gefeiert wurde.

Zuvor hatte es allerdings im Lehrerhaus einige lebhafte Diskussionen gegeben. Die liebste Tochter des Vaters war immerhin noch erst neunzehn Jahre alt. Das sei zum Heiraten doch wohl ein wenig früh, argumentierten die Eltern, außerdem kennten sie sich doch nicht einmal ein Jahr und seien sich noch nicht so oft begegnet. Ob sie überhaupt wüssten, wer der andere eigentlich war? Eine lebenslange Ehe, zu der dann ja auch Kinder gehörten, brauchte eine längere Vorbereitung als die wenigen Begegnungen, die die beiden seit ihrem ersten Treffen hinter sich hätten …

Mit all dem stießen Johannes und Nanny Wamser freilich bei ihrer heiratswilligen Tochter auf völliges Unverständnis.

Die Eltern Anton in Kiel hatten diese Probleme nicht. Sie wussten ihren Sohn mit seinen fünfundzwanzig Jahren durchaus im guten Heiratsalter und waren froh, dass ihr Walter mit Hella eine liebe Frau gewonnen hatte, mit der er seine musikalische Liebhaberei teilte und mit der er bereit war, das ganze Leben zu teilen.

Schließlich bekamen Hella und Walter den Segen beider Elternpaare und konnten den Tag der Hochzeit planen mit allem, was er enthalten sollte.

Wie sich das gehörte, ging es zunächst zur kirchlichen Trauung in St. Peter, ohne dass dieser Gottesdienst eine besondere geistliche Bedeutung bekam. In der Predigt des Pastors ging es ohnehin weniger um die Treue Gottes in seinem Zuspruch für den gemeinsamen Lebensweg zweier junger Menschen und um deren Treue zu dem Gott, der sie zusammengeführt hatte. Es ging vielmehr um die Treue der Menschen zu den Maßstäben, die der NS-Staat vorgab und die seit der Proklamierung des «totalen Krieges» durch Propagandaminister Josef Göbbels zwei Tage zuvor eine ganz neue Dimension bekommen habe.

Und ja, diese Geschwister Scholl von der «Weißen Rose» in München, deren verwerfliche Agitation gegen den Führer man just am selben Tage durch ihre Verhaftung beendet habe, seien absolut abschreckende Beispiele im Blick auf Treue zum Staat und seinem Führer. Die Hochzeitler sollten sich vielmehr Gedanken darüber machen, was es für sie als Angehörige eines elitären Volkes und als folgsame Bürger ihres Staates bedeuten könne, wenn für sie mit der Offenbarung des Johannes, Kapitel 2, Vers 10, gesagt sei: «Sei getreu bis in den Tod, so will ich dir die Krone des Lebens geben.»

Der Traugottesdienst wurde allerdings für die versammelte Gemeinde zu einem musikalischen Höhepunkt des Festes dadurch, dass der Kantor-Vater mit einigen besonderen Orgelstücken aufwartete und der Chor sich mit einer Kantate einbrachte, unterstützt von dem kleinen Kirchenorchester.

Der kirchlichen Zeremonie folgte die auf dem Standesamt im Rathaus – freudiges Ja-Wort unter dem Bild des Führers –, und es folgte eine bunte Festfeier im großen Rathaussaal mit der Familie und mit zahlreichen Gästen aus den persönlichen und örtlichen Umgebungen von Braut und Bräutigam.

Ein schönes Hochzeitspaar war die Mitte dieses Festes: Die Braut im langen weißen Kleid und einem Myrten-Kränzchen auf ihrem ondulierten dunklen Haar, aus dem der Schleier bis auf den Boden fiel. Brautstrauß: rote Rosen.

Der Bräutigam in der Ausgehuniform eines Oberwachtmeisters, die Jacke versehen mit Koppel und angehängtem Degen und verziert mit den bisher bereits erworbenen Ehrenzeichen des Trägers. Schön und ansehnlich und für die Leute am Weg von der Kirche zum Feierlokal und bei der Feier selbst durchaus eine Augenweide.

Die wurde der fröhlichen Gesellschaft allerdings kurz nach Mitternacht genommen. Die beiden Hochzeiter machten sich nämlich still und heimlich davon und überließen ihre Gäste einfach sich selbst … und sich überließen die beidem dem, was für sie in ihrem Glück jetzt dran war …

Flitterwochen gab es für die beiden jungen Eheleute leider nicht. Sein Generalkommando hatte Walter Anton lediglich drei Flittertage zugestanden. Der Abschied kam also bald, und er verlief sehr tränenreich.

Wie oft sie sich vor der Rückkehr des Soldaten an die Front noch sehen würden, war zunächst unklar. Hella mietete sich deshalb für ein paar Tage in einer Pension in Hamburg ein, damit sie ihren Mann wenigstens nach seinem Feierabend bis zum nächsten Morgen bei sich hatte. Dann gab es um den Frühlingsanfang noch ein gemeinsames Wochenende, und danach kam der Abschied auf unbestimmte Zeit.

Unvermeidlich und sehr schmerzhaft, mit langer Umarmung und vielen Tränen auf beiden Seiten, die die Stimmen erstickten. Dennoch hörte Hella sich als Letztes sagen: «Sei getreu bis in den Tod! Gott schütze dich, mein Liebster! Und er sei mit dir!» – Da musste sich wohl der Trauspruch verbunden haben mit der plötzlichen Erinnerung an den besonderen Abschiedsgruß des Soldaten von der Wolchow-Insel. Ohne dass die frisch gebackene Ehefrau in ihrem Inneren wirklich gewusst hätte, was sie damit ausgedrückt hatte.

In den folgenden Wochen und Monaten bekam die Feldpost der deutschen Wehrmacht viel zu tun. Ungezählte Briefe der jungen Eheleute gingen hin und her. Manchmal kamen mehrere Briefe oder Feldpostkarten zugleich, und alle sprachen von der großen Liebe, die sie beide über die immense Entfernung zwischen der norddeutschen Heimat und dem Kampfgebiet im Osten verband.

Dass es Hella zuweilen schlecht ging, vor allem vormittags, teilte sie ihrem Walter allerdings nicht mit. Dafür teilte sie ihm im Mai 1943 dann begeistert den Grund für ihre häufige Übelkeit mit: Sie war schwanger! Bei ihrem letzten gemeinsamen und sehr intensiven Wochenende im März musste es passiert sein.

Helga Anton war glücklich: Sie war schwanger! Sie schenkte ihrem Mann ein Kind! Wenn der doch nur hier sein und sich mit ihr über diese Tatsache freuen könnte!

Aber Walter Anton freute sich ja nicht einmal brieflich mit ihr.

Was war das? Der angehende Vater reagierte überhaupt nicht auf die frohe Botschaft. Es kam von ihm gar keine Post mehr. Eines Tages kamen sogar ihre eigenen Briefe zurück, ohne dass irgendjemand oder irgendeine Behörde oder Kommandostelle eine Begründung dafür angegeben hätte.

Was hatte das zu bedeuten? Was war mit Walter? War er in ein ganz anderes Gebiet der Ostfront versetzt worden, und die Post war nicht nachgeschickt worden? Blieb seine Post einfach irgendwo hängen und wurde nicht weitergeleitet? Hatte er sich von ihr innerlich und äußerlich losgesagt nach dem Motto: Aus den Augen, aus dem Sinn?

Nein, das konnte nicht sein! Darin war Helga Anton sich sehr sicher. Ihr Walter war treu, unverbrüchlich treu, treu bis in den Tod, wie es der Trauspruch als Aufforderung gesagt hatte und wie er es als Spruch an der Zimmerwand ihr täglich sagte. Darin war sich Hella mehr als sicher. Umso bedrängender aber wurden die Unsicherheit, die sie erfüllte, und das Fragen, das sich ihrer bemächtigte. Woher nur konnte sie Antworten auf ihre Fragen bekommen? Wer gab ihr Klarheit in ihrer Unsicherheit?

Die werdende Mutter schrieb an das Generalkommando nach Hamburg, schilderte ihre Situation und bat um Hilfe. Die Antwort von dort schuf keine Klarheit. Man wisse nicht, wo ihr Mann abgeblieben sei.

Sie schrieb an die Heeresleitung nach Berlin. Auch von hier kamen nur ein schriftliches Achselzucken und der Verweis darauf, dass die Lage an der Ostfront sich leider negativ verändere und deshalb zurzeit unberechenbar und völlig undurchsichtig sei. Man könne über den Verbleib des Oberwachtmeisters Walter Anton leider im Augenblick keine Auskunft geben. Sie, die Ehefrau, möge sich gedulden. Man ginge ihrer Frage nach.

Je mehr Wochen für Helga Anton vergingen, ohne dass sie einen Hinweis auf den Verbleib ihres Mannes erhalten hatte, desto panischer wurde die junge Frau. Das für manche werdende Mutter kritische erste Vierteljahr war zwar vorbei, und es ging ihr wieder einigermaßen gut, aber Hella war tief unglücklich. Ihren Eltern gelang es nicht, sie in ihrer Not zu beruhigen und ihr innere Festigkeit zu geben. Auch die Musik, in die sie sich immer wieder flüchtete, vermochte ihr keine wirkliche Hilfe zu sein.

Schließlich ergriff die leidende Ehefrau die Initiative, von der sie sich versprach, ihren Walter zu finden. Sie bot sich bei der Stelle «Truppenbetreuung», die sie vor einem Jahr an den Wolchow geschickt hatte, für einen neuen Fronteinsatz an. Dabei verwies sie auf den Frontabschnitt am Dnjepr, an dem Walter gemäß der angegebenen Absenderadresse zuletzt im Einsatz gewesen war.

In ihrer Bewerbung verschwieg sie allerdings ihren Zustand. Als Schwangere hätte sie wohl auch eine Absage bekommen. So aber bekam sie eine Zusage und reiste mit ihrer Geige in einer Künstlergruppe ähnlich der von damals gen Osten – übrigens gegen den energischen Widerstand ihrer Eltern und auch gegen den ihrer Schwiegereltern und einiger anderer Leute, denen sie sich bereits anvertraut hatte.

Am Ziel einer langen und sehr beschwerlichen Reise geriet die Gruppe in einen Frontabschnitt, der heiß umkämpft war und der unter häufigem Beschuss seitens der Russen stand. Der Kommandeur der Einheit, für die die Künstler arbeiten sollten, geriet in große Not vor allem um die junge Frau, die ihm da ohne sein Zutun in die Linien geraten war. Er rief sie zu sich, um mit ihr über die Lage zu sprechen.

«Ich kann für Ihr Leben nicht garantieren, junge Frau», sagte er mit sehr ernster Miene, «und auch nicht dafür, dass Sie unversehrt aus dem Chaos hier wieder herauskommen. Wir werden die Russen nicht mehr lange aufhalten können.»

«Und wenn sie kommen?», fragte Helga Anton besorgt zurück.

«Dann werden wir bestenfalls in Gefangenschaft wandern und irgendwo in Sibirien landen, wenn wir den feindlichen Durchbruch überhaupt überleben.»

Helga Anton wurde bei diesen Worten noch blasser, als sie ohnehin schon war. Sie atmete schwer und dachte wohl intensiv über die gefährliche Situation nach, in die sie sich selbst gebracht hatte. Dann gab sie sich einen Ruck und sagte: «Darf ich eine Bitte äußern, Herr Oberleutnant?»

«Was, denken Sie, kann ich für Sie tun, Frau Anton?»

«Sie können es verhindern, dass ich in russische Gefangenschaft gerate», antwortete die Frau mit fester Stimme.

Deutlich erschrocken fragte der Offizier zurück: «Und wie stellen Sie sich das vor, junge Frau?»

Helga Anton zögerte einen Moment mit ihrer Antwort, als müsse sie zunächst allen Mut zusammenfassen, über den sie in dieser Situation verfügte. Dann sagte sie mit deutlicher Entschlossenheit: «Indem Sie mich vorher erschießen, Herr Oberleutnant. Zu sterben ist mir lieber, als in russische Hände zu fallen.»

Jetzt war es an dem Mann, erneut zu erschrecken und ein paarmal tief durchzuatmen. «Sie verlangen Unmögliches von mir, gnädige Frau. Das geht über meine … Ich kann nur hoffen und wünschen und darum beten, dass es zu dieser notvollen Situation nicht kommt.»

«Ich bete mit Ihnen darum, Herr Oberleutnant. Dennoch: Ich bitte um Ihr Versprechen, dass Sie es nicht zulassen, dass ich in russische Hände falle.»

Der Offizier zögerte einen Moment, dann antwortete er mit beinahe tonloser Stimme: «Ich bewundere Sie, Frau Anton. Aber ich gebe Ihnen das gewünschte Versprechen. Ich werde Sie vor dem Zugriff der Russen bewahren.»

«Danke, Herr Oberleutnant, danke!», gab Helga Anton deutlich erleichtert zurück und bat darum, gehen zu dürfen.

Sie durfte. In ihrer Unterkunft setzte sie sich hin und ließ zunächst einmal den Tränen freien Lauf. Die Spannung der vergangenen Minuten waren sehr groß gewesen. Welch ein mutiger Entschluss!, dachte sie bei sich selbst. Aber sie bestätigte ihn auch noch einmal vor sich selbst: Nein, sie wollte nicht in die Hände der Russen fallen! Dann doch lieber in die Hände des lebendigen Gottes, auch wenn das nach biblischem Zeugnis schrecklich sein sollte, wie sie sich merkwürdigerweise gerade jetzt erinnerte, es irgendwann irgendwo gehört oder gelesen zu haben.

Zugleich erinnerte sie sich aber auch daran, dass Gott gnädig sein sollte. Das konnte der Soldat am Wolchow doch eigentlich nur gemeint haben mit seinem Gruß: «Gott schütze Deutschland! Und er sei mit Ihnen!»

Merkwürdig, bei diesem Gedanken wurde die junge Frau innerlich ruhig. Ihr inneres Zittern verlor sich. Helga Anton griff zu Briefpapier und Stift und schrieb einen Brief, in dem sie sich von ihren Lieben in der Heimat verabschiedete, in dem sie allerdings auch die Hoffnung ausdrückte, dass das Leben ihr noch einmal gnädig sei und sie doch wieder nach Hause käme.

Sie adressierte den Brief aber nicht an die Eltern in Krempe, sondern an die Schwester in Wittstock. Nein, den Eltern konnte sie ihre eigene Todesnachricht auf direktem Weg nicht schicken. Grete musste die Nachricht weitergeben, wenn es denn nötig wäre.

Wie der freundliche Oberleutnant befürchtet hatte, brach über seinem Frontabschnitt noch am selben Abend die Hölle los. Helga Anton in ihrem engen und dunklen Bunkerverlies starb während des russischen Angriffs und des heftigen deutschen Widerstands tausend innere Tode, und sie wunderte sich in der Stille des nächsten Morgens, dass sie noch lebte.

Die Front hatte gehalten, und sie kam tatsächlich lebendig aus diesem Chaos heraus. Nur: Wie sie herauskam, das war ebenso entsetzlich und erschütternd, wie sie die vergangene Nacht für sich erlebt hatte. Sie bekam für die Rückfahrt eine Rot-Kreuz-Binde an ihren Oberarm angelegt und einen Platz in einem Transport zugewiesen, der Verwundete an irgendeinen Ort in der Etappe bringen sollte.

Was die zur Krankenpflegerin ernannte junge Frau in ihrem Waggon – eigentlich ein fensterloser Viehwaggon mit einigen Luftklappen an den Seitenwänden unterhalb des Daches – an Elend vorfand, hatte sie nie zuvor gesehen und gehört. Das Schreien und Stöhnen, Fluchen und Jammern der vielen Verwundeten mit ihren schlimmen Verletzungen war einfach entsetzlich, und der Anblick der Toten, die ebenfalls in dem Transport mitgenommen wurden, nicht minder.

Das unbeschreibliche Elend in dem Bahnfahrzeug wurde für Helga Anton noch vergrößert dadurch, dass es für sie genauso wenig wie für die wenigen Sanitäter, die den traurigen Transport begleiteten, irgendeine Möglichkeit gab, Hilfe zu leisten. Es gab im Zug keine Mittel, den Männern ihre Schmerzen zu lindern, ihnen einen Schluck Wasser zu reichen oder ihnen sonst etwas zu tun, das ihre schlimme Lage erleichtern würde.

Und ihnen irgendwelche Trostworte sagen? Die junge Frau kam sich erbärmlich und arm vor. Sie wusste einfach nicht, was sie den Elendsgestalten sagen könnte. An Trostworten war sie absolut unbedarft und einfach leer. Es hatte sie ja nie jemand auf eine solche Situation vorbereitet. In keiner Schulung des BDM oder in der Vorbereitung der Fronteinsätze war von solchen Dingen die Rede gewesen, die sie in diesen Tagen erleben musste.

Und dann sah Helga Anton plötzlich in einigen jungen Gesichtern das ihres eigenen Mannes, der irgendwo in ähnlichem Elend liegen mochte. Niemand hatte zu ihm eine Auskunft geben können.

Die Vorstellung, Walter könnte irgendwann irgendwo mit einem solchen Transport unterwegs sein, schnürte der Frau den Hals zu und das Herz ab. Ihr wurde immer wieder heiß und kalt, und ihr Körper wurde wiederholt von heftigen krampfähnlichen Zuständen geschüttelt.

Die junge Frau begann dann auch noch, sich Sorgen zu machen um das Kind unter ihrem bebenden Herzen. Hoffentlich nahm dieser kleine werdende Mensch keinen Schaden! Und hoffentlich ging diese Schreckensfahrt bald zu Ende!

Sie ging zu Ende, und Helga Anton kam nach einer langen Odyssee auch wieder zurück nach Hause. Wie sie genau nach Krempe zurückgekommen war, wusste sie danach nicht zu sagen. Nicht, auf welchen verschlungenen Wegen, nicht, nach wie vielen Tagen und Nächten, nicht, mit wie häufigem Umsteigen.

Sie war wieder in Krempe, und das war gut so! Aber sie war am Ende ihrer physischen und psychischen Kräfte, nur noch kaputt, unendlich müde und tief traurig, schier verzweifelt.

Nie wieder ein solcher Einsatz! Lieber zu Hause weiter bangen und zittern, sehnen und hoffen und dabei hilfreiche Menschen in der Nähe haben, als noch einmal auf eigene Faust nach Walter suchen. Irgendwann würde der sich schon melden. Irgendwann würde es von jemandem eine Nachricht von ihm – oder über ihn – geben. Hätte sie ihn hier bei sich in der Heimat, sie würde ihn nie wieder ziehen lassen. Nie wieder zurück in den Dienst des Führers oder in den eines seiner Unterführer, ob sie nun Männer waren oder Frauen, schlichte Uniformen trugen oder hoch dekorierte.

Wenn doch nur diese schlimmen Zeiten ein Ende nähmen!

Aber sie nahmen mal noch kein Ende. Sie wurden auch für die kleine Stadt Krempe innerhalb weniger Tage plötzlich sehr eng, sogar im Sinne dieses Wortes. Nicht, dass auf die Stadt Bomben gefallen wären. Die fielen vereinzelt aus alliierten Fliegern in die Nähe der Bahnstrecke von Hamburg in den Norden des Landes, ohne dabei nennenswerte Schäden anzurichten, ohne allerdings auch von der einsamen Flak-Batterie auf dem Grevenkoper Feld daran gehindert zu werden.

Bomben fielen dafür in der letzten Juliwoche in großen Mengen und mit furchtbarer Wucht auf Hamburg, so dass die Hälfte der Stadt einschließlich großer Teile des Hafens dabei zerstört wurde. Nach dem Feuersturm, der die Stadt erfasste, waren 40.000 Tote zu beklagen, und Tausende Menschen suchten als Ausgebombte im Umland Unterschlupf. Etwa 600 von ihnen kamen nach Krempe und mussten in den Häusern der Stadt untergebracht werden. Ein schwieriges Unterfangen.

Auch im Haus Wamser in der Straße Am Kirchhof mussten die Bewohner zusammenrücken und Wohnraum zur Verfügung stellen. Es wurde eng im Haus.

Dabei die Herzen weit zu halten und offen zu sein für die Not der zwangseinquartierten Menschen, war auch für die Familie Johannes Wamser nicht leicht. Auf engem Raum zu leben waren sie nicht gewohnt. Und sie brauchten demnächst doch auch zusätzlichen Platz für eine Wiege, für einen Kinderwagen, für …

Gut, noch war der kleine Mensch ja nicht geboren und brauchte also noch keinen eigenen Platz. Aber im Dezember …

Helga Anton erholte sich nach und nach von den Strapazen ihrer Ost-Reise, zumindest äußerlich. In ihrem Inneren nagte allerdings die Ungewissheit über den Verbleib ihres Mannes manchmal bis ins Unerträgliche, zumal auch ihre Bemühungen, den Standort Walters in Erfahrung zu bringen, ohne Ergebnis blieben. Hella musste sich damit abfinden, dass ihr Kind ohne Vater geboren wurde und seinen Vater vielleicht nie sehen würde. Schlimm, schrecklich, furchtbar!

Nach und nach aber sorgte auch ihre Geige wieder für Trost und Ausgleich. Die Heimatfront brauchte Abwechslung und Ablenkung, und ihre spielerischen Fähigkeiten sprachen sich im Land herum. So kam die Violinistin immer wieder einmal zu einem Konzertauftritt *in* und *mit* kleiner oder auch größerer Besetzung in Itzehoe, Husum, Schleswig, Kiel, Flensburg und anderswo. Ihr wachsendes Bäuchlein hinderte sie nicht daran.

Am 7. Dezember 1943 kam dann ihr Jürgen zur Welt, ein strammes Kerlchen. Ganz Papa Walter, wie die junge Mutter und auch die beiden Großelternpaare zu erkennen glaubten. Dass der Vater seinen Sohn nicht auf der Welt begrüßen konnte, war für die junge Mutter aber immer wieder Anlass zu Tränen und tiefem Seelenschmerz.

Aber was half es? Ging es nicht vielen Frauen im Reich ähnlich wie ihr? Hatten nicht schon ungezählte Frauen ihre Männer verloren, auch Frauen in Krempe? Gab es nicht auch in ihrer Stadt bereits Kinder, deren Väter nicht mehr lebten oder zumindest zurzeit auch nicht aufzufinden waren?

Helga Anton beschloss irgendwann am Bettchen ihres Sohnes, die Hoffnung auf ein Wiedersehen mit Walter zwar nicht aufzugeben, sich aber auch nicht von der Ungewissheit verzehren zu lassen, sondern sich nach vorne zu orientieren und das durch ihren kleinen Jürgen veränderte Leben anzunehmen, wie es nun einmal war.

In Zukunft wollte sie verstärkt darauf hoffen, dass der schlimme Krieg und die unselige Herrschaft der Nazis bald ein Ende nehmen werde. Ihr kleiner Sohn sollte doch eine Zukunft vor sich haben, in der sich sein Leben in einer Atmosphäre äußeren Friedens und innerer Freiheit entwickeln und entfalten konnte.

So vergingen Wochen und Monate in der «Normalität», wie das Leben in der Drei-Generationen-Familie im vollen Haus sie in dieser bedrängten Zeit ermöglichte. Der kleine Jürgen war der ausgesprochene Liebling aller Erwachsenen der Familie, und er war auch der Schwarm der einquartierten Menschen, die sich ebenfalls mit ihrer Situation zufrieden geben mussten. Die Luftschlacht zwischen amerikanischen Bomberverbänden und deutschen Jägern über der Kremper Marsch im Sommer 1944 zwang zwar alle in die Keller und Bunker und sorgte für einige Stunden der Angst und des Schreckens, verursachte aber für die Stadt und ihre angewachsene Bevölkerung keine nennenswerten Schäden. Es galt danach in der Umgebung der Stadt allerdings einige tote Flieger zu bergen und eine Menge Trümmer abgeschossener Flugzeuge aufzusammeln und zu entsorgen.

Für die Eltern Wamser und auch für Hella waren das besonders schmerzliche Erfahrungen, stand ihnen dabei doch auch der eigene Sohn und Bruder Erich wieder besonders vor Augen, der ja auf ähnliche Weise in seiner Heinkel 111 ums Leben gekommen war wie die Piloten dieser Trümmermaschinen.

Ein sonniger Tag im August schien dann für Helga Anton Klarheit zu bringen in der nach wie vor unbeantworteten Frage nach dem Verbleib ihres Mannes. Die Postbotin reichte nach langer Zeit endlich wieder einmal einen Feldpostbrief über den Zaun.

Hellas Herz jubelte schon darüber, dass ihr Walter lebe und

sich melde. Doch die Ernüchterung folgte auf dem Fuß, als sie den Umschlag geöffnet hatte und der Briefkopf ihr verriet, dass das Schreiben darin ein amtliches war und nicht von Walter kam. Es schien der jungen Frau, als verdunkele sich plötzlich die Sonne und als wehe ihr ein kalter Wind ins Gemüt. Die vor innerer Erregung zitternde junge Frau vertraute den Kinderwagen, den sie im Gärtchen vor der Haustür schaukelte, ihrer Mutter an. Sollte die ihr Enkelkind weiter schaukeln, damit Klein-Jürgen zu schreien aufhöre und endlich einschlafe.

Helga Anton zog sich bangen Herzens in ihre Stube zurück. Beim Lesen wollte sie allein sein. Und dann las sie, was sie irgendwo in ihrem Inneren längst gewusst und doch nie für wahr gehalten hatte:

«Sehr geehrte Frau Anton!

Eine schmerzliche Pflicht erfüllend, teile ich Ihnen mit, dass Ihr Ehemann Walter Anton seit dem 5.8.44 im Gebiet zwischen Husi und Leova am Pruth in Rumänien vermisst wird. Trotz aller Nachforschungen bei den Kameraden der Kompanie insbesondere bei denen, die am 5.8. in seiner Nähe waren, konnte über den Verbleib Ihres Mannes nichts ermittelt werden.

Ich habe mit der Benachrichtigung an Sie absichtlich so lange gewartet, da ich immer noch der Hoffnung war, dass er doch noch zu seiner alten Kompanie zurückkehren würde. Es besteht auch durchaus die Möglichkeit, dass er in irgendeinem Feldlazarett liegt, da er beim Durchbruch aus dem Kessel am Bein verwundet und zuletzt auf einem Sturmgeschütz sitzend gesehen wurde.

Dass mir und der Kompanie der Verlust Ihres Mannes sehr schmerzlich ist, brauche ich wohl kaum weiter zu betonen, wenn ich Ihnen sage, dass er mein tapferster Zugführer

war. Sein immer lebensfrohes Wesen, sein vorbildlicher Ka-
meradschaftsgeist, seine hohe Verantwortungsfreude und
Einsatzbereitschaft haben ihm Liebe und Achtung aller sei-
ner Kameraden eingetragen. Mir selbst war er nicht nur ein
dienstfreudiger Untergebener, sondern auch ein in jeder
Weise vorbildlicher Soldat und guter Kamerad.

Indem ich mich der Hoffnung hingebe, dass Ihr Mann doch
eines Tages zurückkehren oder ein Lebenszeichen von sich ge-
ben wird, versichere ich Sie meiner wärmsten Anteilnahme
und grüße Sie mit Heil Hitler!

Ihr Narbe, Oberleutnant u. Kompanie-Chef»

Nachdem Helga Anton den Brief gelesen hatte, schloss sie die
Augen und vergrub ihr Gesicht zunächst für eine Weile in den
verschränkten Armen. Dann holte sie tief Luft und las den Brief
ein zweites Mal, um zu schauen, ob sie sich auch nicht verlesen
hatte, und als rechne sie damit, dass sich sein Inhalt inzwischen
geändert habe.

Aber er hatte sich nicht geändert. Seine Nachricht war beim
zweiten Lesen dieselbe: Ihr Walter galt als vermisst, seitdem er
zuletzt auf diesem Waffenteil gesehen worden war, zwar verletzt,
aber offenbar nur leicht. Niemand hatte ihn danach wiedergese-
hen. Er war seit jenem Tag offenbar wie vom Erdboden verschluckt. Irgendwo zwischen Husi und Leova in Rumänien in
der Nähe des Flusses Pruth war der Mann einfach verloren gegangen, ohne dass jemand wusste, was denn eigentlich passiert
war.

Aber wie war Walter überhaupt nach Rumänien gekommen?
Von diesem Land war doch nie die Rede gewesen! Dorthin hatte
sie ihm auch nie geschrieben. Von dort hatte sie auch nie Post
bekommen.

Der jungen Frau gingen in diesen schlimmen Momenten die merkwürdigsten Gedanken durch den Sinn, auch solche, die ihr zumindest für den Moment tröstlich erschienen: «Vermisst» hieß nicht «gefallen», also war Walter nicht tot. Er lebte irgendwo und hatte sich vielleicht allein oder mit Kameraden von der Truppe abgesetzt, um dem unsinnigen Krieg zu entgehen.

Oder war er doch von seiner Einheit unbemerkt in russische Gefangenschaft geraten? War irgendetwas passiert, was man ihr nicht mitteilen wollte und das man deshalb mit dem Begriff «vermisst» umschrieb?

Hella las den Brief zum dritten Mal, wobei sie wegen ihrer inzwischen tränenverschleierten Augen dabei einige Mühe hatte. Aber sie fand auch diesmal keinen anderen Hinweis als den, ihr Mann sei ein guter Soldat gewesen, und er sei einfach wie vom Erdboden verschluckt und bei der anschließenden Suche nicht mehr auffindbar gewesen.

Als es Helga Anton schließlich klar wurde, dass sie sich mit dieser Nachricht wohl zunächst einmal abfinden müsse, löste sich die Spannung, und die Tränen flossen. Sie flossen auch noch, als der Vater längst in den Raum getreten war und seine Tochter tröstend von hinten in den Arm genommen hatte und sie ihn wie aus weiter Ferne sagen hörte:

«Du musst es annehmen, Kind, so schwer es ist. Du musst jetzt umso mehr für deinen Jungen da sein. Jürgen braucht dich jetzt besonders. Schau nach vorne, Hella. Das Leben geht weiter. Denk an deine Schwester. Grete ist auch allein, und sie hat zwei Kinder. Sie weiß auch nicht, wo ihr Karl ist. Sie wartet auch von Tag zu Tag und gibt die Hoffnung nicht auf. Gib du sie auch nicht auf, Hella. Vermisst sein heißt nicht tot sein. Dein Walter mag zurückkommen. Gott kann es geben. – Und jetzt komm. Dein Kleiner schreit nach seiner Mutter. Großmutter Nanny kriegt ihn nicht beruhigt.»

An diesem Abend sang die leidende junge Mutter ihrem Jungen zum Einschlafen wieder einmal das schöne alte Tiroler Wiegenlied vom «Heidschi-Bumbeidschi», das ihr die Mutter früher auch schon gesungen hatte. Dass die Stimme der jungen Mutter dabei sehr brüchig klang und gar nicht so klar und hell wie sonst und dass ihr dabei Tränen über das Gesicht liefen, wer wollte es ihr verdenken.

Der Kleine in seiner Wiege bekam es ohnehin noch nicht mit. Auch nicht, dass seine Mutter es mit umgedichteter erster und letzter Strophe sang:

«Aber heidschi bumbeidschi, schlaf lange,
es ist ja dein Vater ausgange,
er ist ausgegangen und kommt lang nicht heim,
und lässt sein klein's Bübchen vaterlos sein.
Aber heidschi bumbeidschi bumbum,
aber heidschi bumbeidschi bumbum. […]

Und der Heidschi-Bumbeidschi ist 'kommen
Und hat dir den Vater mitg'nommen.
Er hat ihn mitg'nommen und nicht mehr gebracht.
Drum wünsch ich dir Bübchen 'ne recht gute Nacht!
Aber heidschi bumbeidschi bumbum,
aber heidschi bumbeidschi bumbum.»

7.
Das Leben ist hart

In den folgenden Wochen und Monaten klammerte sich Helga Anton mit allen Kräften an die Vermisstenmeldung von der Front am Pruth, deren Zusammenbruch inzwischen längst auch im Radio gemeldet worden war. Vermisst hieß aber nicht tot, hielt sich die junge Frau immer wieder vor Augen. Also musste Walter irgendwo sein.

Das Schreiben dieses Kompanie-Chefs Narbe war ja keine Todesnachricht gewesen, wie andere Kremper Frauen sie bekommen hatten. In solchen Nachrichten stand «gefallen». In ihrer Nachricht aber stand «vermisst». Also musste Walter noch leben und irgendwo aufzufinden sein!

Die junge Frau schrieb in der folgenden Zeit eine große Zahl Briefe an alle möglichen Militärbehörden, von denen sie glaubte, dass sie etwas mit der Ostfront zu tun hatten und Auskunft über den Verbleib ihres Mannes geben könnten. Sie klagte ihr bitteres Leid und beschrieb ihre Not und wies auf das Schicksal ihres Kindes hin.

Die meisten Briefe kamen irgendwann ungeöffnet zurück. Nur wenige wurden beantwortet und drückten dann doch auch nur ihr Bedauern über ihre traurige Situation aus. So blieb die Ungewissheit und nagte weiter an den Kräften der immer noch erst zwanzigjährigen Frau und Mutter.

Derweil war man im Haus Wamser bemüht, eine gewisse Normalität in den Alltag zu bringen. Johannes Wamser war immer noch Kantor von St. Peter und kam als solcher seinen Pflichten an der Orgel nach. Die Sonntagsgottesdienste wurden freilich schlecht besucht. Sie wurden ja auch nicht mehr eingeläutet, seit die Glocken dem Führer und seinem Krieg geopfert und der Rüstungsindustrie zur Verfügung gestellt werden mussten.

Die deutsch-christlichen Predigten des Pastors wollte auch kaum jemand hören. Sie boten keinen Zuspruch und keinen Trost für das Leid, das in viele Kremper Haushalte eingezogen war. Der Chor und das Orchester waren vielleicht auch deshalb nicht einsatzfähig. Hella hatte somit hier keine Möglichkeit, ihre Geige einzusetzen und sich mit ihrem Spiel selbst von ihren inneren Nöten abzulenken.

Johannes Wamser war auch weiterhin Rektor seiner Schule. Die funktionierte freilich zurzeit mehr schlecht als recht und musste an kalten Tagen sogar ausfallen, weil nicht geheizt werden konnte. Sie musste auch gleich mehrere Räume abgeben für die notwendige Einrichtung eines Lazaretts. Das wurde erforderlich, seitdem deutsche Wehrmachtsverbände von allen Fronten her auf dem Rückzug waren und die Verwundeten-Transporte quer durch das Land geschickt wurden, bis sie einen Zielort fanden, an dem die Opfer der Kampfhandlungen an den Fronten versorgt werden konnten. Einige Schulklassen mussten deshalb ausgelagert werden in Gasthof-Säle und in sonstige größere Räume im Ort, obwohl die Schülerzahlen durch die Kinder der ausgebombten Familien aus Hamburg zugenommen hatten und weiter zunahmen durch die zahlreichen Flüchtlingskinder, die mit ihren Familien aus den Ostgebieten Deutschlands ins Holsteiner Land kamen und Unterkunft und Bleibe suchten und folglich auch einen Platz in der Schule brauchten.

Auch Krempe füllte sich weiter mit fremden Menschen, die aufgenommen und auch versorgt werden mussten, wovon längst nicht alle «Ureinwohner» der Stadt begeistert waren. Auch deshalb nicht, weil ihre Schule vorübergehend sogar ganz geschlossen werden musste. Sie wurde zusätzlich dringend als Durchgangs- und Flüchtlingslager benötigt.

Die Stimmung in der Stadt war also nicht gerade freundlich in diesen auch politisch enger werdenden Zeiten. Viele Kremper Bürger mochten die Durchhalteparolen des NS-Staates und seiner Epigonen nicht mehr hören. Viele wandten sich innerlich ab von dem, was sie einmal bewegt und gar begeistert hatte. Hier und da wurde das Bedauern darüber geäußert – freilich nur leise und hinter der vorgehaltenen Hand –, dass das Attentat auf Hitler am 20. Juli misslungen war.

Dass der Grevenkoper Bauer Albert Gravert mit der Aufstellung einer Volkssturm-Truppe aus Hitlerjungen und bisher kriegsverschonten Männern bis sechzig beauftragt wurde, löste hitzige Diskussionen aus. Verhindern konnte diese Maßnahme allerdings niemand, und folgen mussten ihr alle, die es betraf.

Dass Rektor Johannes Wamser mit seinen 55 Jahren von einer Einberufung in diese Truppe verschont blieb, hatte er wohl seinem Rektoren-Amt zu verdanken und seinen ehrenamtlichen Aufgaben in der Verwaltung der Stadt. Die inzwischen nahezu chaotischen Zustände um die Kremper Schule und um den Wohnraum in den Kremper Häusern konnte nur er einigermaßen beherrschen. Die Tage, in denen er zum Ausheben von Maschinengewehrständen und Panzergräben an verschiedenen Orten der ländlichen Umgebung immer wieder eingezogen war, gingen jeweils rasch vorbei.

Dass diese Maßnahme eher ein Witz war und deshalb zum Lachen, weil sie eine mögliche Invasion britischer Truppen in der

Region behindern oder sogar verhindern sollte, davon sprach der Mann allerdings auch nur am Küchentisch.

In der kurzen Zeit bis zum Ende des NS-Spuks wollte er sich und seine Familie dann doch nicht noch dadurch gefährden, dass er seine Meinung öffentlich machte. Er löste freilich an eben diesem Küchentisch immer wieder kontroverse Diskussionen aus, denn seine beiden Frauen waren nicht immer derselben Meinung wie er. Sie waren freilich auch klug genug, davon ebenfalls nicht öffentlich zu reden.

Nanny Wamsers Kontakte in die Stadt waren ohnehin nicht mehr so häufig und zahlreich. Außerdem hatte sie im Haus alle Hände voll zu tun, die eigene Familie zu versorgen und den einquartierten Hamburgern ihre Versorgung zu ermöglichen. In der Küche wurde es immer wieder eng. Es gab nämlich nur die eine im Haus, die von den Zwangsgästen mitbenutzt werden musste. Das war nicht immer einfach und führte gelegentlich zu echten Konflikten zwischen den Parteien, denen dann aber doch nichts anderes blieb, als sich wieder zu vertragen.

Im Januar 1945 begab es sich dann, dass Hellas Schwester Grete mit ihren beiden Kindern zusätzlich ins Haus und in die Familie kam, weil sie ihren Wohnort Wittstock an der Dosse vor den von Osten heranrückenden Russen fluchtartig verlassen hatte. Ihr Mann war in Berlin im Einsatz und ahnte wohl, welches unrühmliche Ende die Reichshauptstadt und ihre nähere und weitere Umgebung demnächst nehmen würde. Er hatte seine Frau dringend zum Umzug nach Holstein aufgefordert, und die war dieser Aufforderung gefolgt.

Im Haus Am Kirchhof 30 wurde es nun noch enger. Nicht nur, was den Platz anging, sondern auch, was die Versorgung betraf.

Es erwies sich als gut, dass Johannes Wamser seinen Garten nie aufgegeben hatte, dass er weiter seine Imkerei betrieb, dass es inzwischen Hühner gab, die Eier legten, und dass auch noch Schafe auf der Koppel waren, die Milch gaben. So gab es von daher immer wieder Versorgungsreserven für die vielen Leute im Haus.

Als gut erwies sich auch, dass Tochter Helga bei ihrem Vater eine Menge gelernt hatte über die Arbeiten in der «Land- und Viehwirtschaft» und dass sie sich überwand, wenigstens «Jule» und «Lieschen» zu melken. Die beiden Tiere standen ruhig und machten ihr keine Mühe. Die anderen Tiere blieben der Mutter oder auch Grete, die das Melken früher schon gelernt hatte.

So konnte Hella sich sinnvoll in die Versorgung der vielen Leute im Haus einbringen. Schade nur, dass ihr Instrument in dieser Zeit zumeist in seinem «Bett» lag und wenig verwendet wurde.

Die Geigerin sehnte sich nach Zeiten, in denen die Heimatfront wieder nach Konzerten fragte und sie selbst Leute fand, mit denen sie musizieren konnte. Ob es dann auch junge oder ältere Personen gab, die das Geigenspiel lernen wollten? Ein oder zwei Geigenschüler, das wäre wohl auch nicht schlecht.

Nun, was jetzt nicht war, konnte ja irgendwann werden. Ewig wollte die junge Mutter ihrem Vater nicht auf der Tasche liegen. Sein Einkommen sollte nicht auf Dauer von ihr und ihrem Jungen mitbeansprucht werden, obwohl der Papa von solchen Gedanken nichts hören wollte. Die Suche nach einer Verdienstmöglichkeit anderer Art, also einer ohne Geige, blieb für Hella jedoch vergeblich.

Aber jetzt hatte sie ja auch ihren kleinen Jürgen, der sie in Bewegung hielt und der zuweilen gar nicht so wollte, wie seine Mutter oder wie seine Großeltern es sich wünschten. Der Knabe weinte viel, war sehr unruhig, schlief in den Nächten schlecht und wollte an den Tagen immer beschäftigt werden, wobei der kleine Kerl dabei sehr wählerisch war. Das nervte und machte nervös. Nicht nur die junge Mutter, sondern auch die Großmutter Nanny und die Tante im Haus.

Dass Grete mit ihren beiden Kindern hier war, erwies sich in diesem Punkt freilich als gut. Frauke und Knut – beide ein paar Jahre älter als Jürgen – waren immer gerne bereit, mit dem kleinen Vetter zu spielen, wenn er auf seiner bunten Häkeldecke lag, oder den Jungen mit seinem Wagen auszufahren, wenn es das Wetter zuließ. Das schaffte zumindest vorübergehende Entlastung der Erwachsenen in der Familie.

Wenn das Wetter keine Aufenthalte auf der Straße, auf dem Schulhof, auf dem nahen Mühlenberg oder sonst wo zuließ, wurde es im Haus allerdings zuweilen kritisch, weil laut und schwer erträglich. Es kam darum den Wamsers sehr entgegen, dass ihre Hamburger Einquartierung so plötzlich zu Ende ging, wie sie begonnen hatte. Die Leute kehrten trotz der unruhigen und immer noch sehr unsicheren Zeit im März 1945 in die Freie und Hansestadt zurück, und die sieben Leute der eigenen Familie konnten sich im Haus wieder besser verteilen. Ein Aufatmen für Groß und Klein!

Das andere ersehnte Aufatmen der Großfamilie Wamser und der meisten Kremper Bürger – und wohl auch der überwiegenden Zahl von Menschen andernorts in Deutschland – kam dann schließlich auch immer näher. Am 3. Mai 1945 überschritten britische Einheiten den Unterlauf der Elbe. Wenig später nahmen

Teile von ihnen Krempe ein, ohne dass ein Schuss gefallen wäre. Wozu auch?!

Auch Johannes Wamser hatte seine Hände dabei im Spiel, den Beschuss seiner Stadt zu verhindern. Nicht verhindern konnte er, dass die Briten umgehend Wohnraum für zweihundert Soldaten requirierten. Eine bittere Sache, waren doch die meisten Hamburger Bombenopfer noch in der Stadt und waren doch eine ganze Menge Flüchtlinge und Vertriebene aus den östlichen Gebieten Deutschlands in den Häusern der Stadt einquartiert worden. Die meisten Kremper Familien und weitere Personen, die an beiden Seiten der Durchgangsstraße zwischen dem Bahnhof im Westen der Stadt und dem Grevenkoper Tor im Osten wohnten, mussten innerhalb weniger Stunden irgendwo untergebracht werden.

Aber auch das gelang, nicht zuletzt ebenfalls durch die Mithilfe von Rektor Wamser. Der Mann genoss in der Stadt eben ein hohes Ansehen und konnte entsprechend Einfluss nehmen. Seine Familie war dann auch damit einverstanden, dass eine Kriegerwitwe mit ihrem Kind Unterschlupf bei ihnen fand und somit versorgt war. Wo drei Kinder waren, passte das vierte auch noch dazu. Und ewig würde diese Einquartierung wohl nicht dauern. Für immer würden die «Tommys» wohl nicht hier bleiben.

Für Helga Anton ergab sich aufgrund der Besetzung durch die britischen Soldaten die Möglichkeit, ihre Geige wieder aus dem Kasten zu nehmen. Es gab da ein paar Männer, die in ihrer Heimat jenseits des Ärmelkanals Geigenunterricht genommen hatten, den sie wegen ihres Kriegseinsatzes natürlich zunächst einmal hatten abbrechen müssen. Hier in Krempe konnten sie ihn nun wieder aufnehmen. Eine Geigenlehrerin gab es ja.

Die junge Helga Anton war glücklich, endlich wenigstens stundenweise arbeiten zu können – freilich ohne Geld dabei zu verdienen. Der Sold der Briten gab für sie nichts her. Aber Naturalien wie Schokolade, Weißbrot und Zigaretten waren kostbare Dinge für den eigenen Verbrauch und für den Tausch gegen anderes, was im Haus fehlte, was andere aber hatten.

Wie dem auch war, der Nachkriegsalltag bekam für Hella unerwartet einen gewissen Sinn und eine Aufgabe. Zudem sprach es sich unter den Besatzungstruppen auch im holsteinischen Umland herum, dass es in Krempe eine fähige junge Geigerin gab, die nicht nur Unterricht erteilte, sondern sich auch zu Konzertveranstaltungen einladen ließ. Helga Anton kam gerne und spielte mal an diesem, mal an jenem Ort. Klavier-Partner fanden sich immer, und dankbarer Beifall war ihr sicher.

Dabei hatte ihre musikalische Arbeit allerdings auch ein Negatives: Mancher junger britischer Soldat in seiner Uniform erinnerte Hella an ihren Walter, von dem sie bisher aus keiner Richtung irgendetwas gehört hatte. Das machte ihr immer wieder Mühe.

Dass dann plötzlich und unerwartet ihr Schwager Karl wie aus dem Nichts im Haus auftauchte – er war bei der Eroberung der Reichshauptstadt Berlin in russische Gefangenschaft geraten und in einer abenteuerlichen Flucht seinen Bewachern entkommen –, erschütterte die junge Frau zutiefst und machte sie schier krank. Schwester Margarete hatte ihren Mann zurück, und sie, Hella, wartete seit vielen Monaten auf ein Lebenszeichen.

Das war ungerecht, einfach ungerecht! Zudem musste sie sich von Karl immer wieder auf ihre Nase ansprechen lassen und darauf, dass das technische Gerät zu ihrer Korrektur ja wohl nichts gebracht habe. Fieser Kerl, dieser Karl!

Im Haus Wamser zog für einige Wochen eine eher düstere Stimmung ein, gegen die vor allem der Vater ankämpfte. Nur er hatte Zugang zu seiner leidenden Tochter, wobei es ihm kaum oder auch gar nicht gelang, die junge Frau aus ihrer Depression herauszuholen.

Hella verschloss sich einfach zunehmend den normalen Abläufen des Tages und der Gemeinschaft im Haus. Sie vernachlässigte in ihrem neu aufgebrochenen Schmerz sogar ihren kleinen Jürgen und überließ seine Versorgung der Oma oder der Tante oder auch der jungen Witwe im Haus. Die Letztere hatte zwar auch keinen Mann mehr, sie wusste aber wenigstens, woran sie war. Deren Gewissheit war allemal besser als ihre Hoffnung, die mit jeder Post erneut zuschanden wurde, die als Antwort auf eine von Hellas vielen Anfragen beim Suchdienst des Deutschen Roten Kreuzes ins Haus kam. Von anderen behördlichen Einrichtungen, die sich ebenfalls um die Zusammenführung von getrennten Familien kümmerten, bekam sie leider auch keine positiven Nachrichten. Es war einfach zum Verzweifeln.

Der Platz vor dem Radio wurde immer dann zu Hellas Platz, wenn wieder Namenslisten von Heimkehrern verlesen wurden, die im Auffanglager im hessischen Friedland bei Göttingen oder anderswo angekommen waren. Der Name Walter Anton war nie darunter.

Auf die Verlesung seines Namens in einer Sendung des Nordwestdeutschen Rundfunks, in der Suchmeldungen von Angehörigen vermisster Soldaten an die Hörerschaft im Land weitergegeben wurden, meldete sich ein ehemaliger Soldat, der sich an einen Kameraden dieses Namens erinnerte. Der Mann bestätigte in seinem Brief, den Kameraden noch im August 1944 in der Nähe von Husi in Rumänien lebend gesehen zu haben. Über seinen Verbleib wisse er aber leider nichts. Er sei selbst einer der wenigen, die dem Kessel am Pruth lebend entkommen seien. Er bedauerte es sehr, keine bessere Antwort geben zu können, und wünschte der Fragestellerin, dass …

Das war für Hella natürlich keine beruhigende Nachricht. Im

Gegenteil. Sie bestätigte doch nur, was sie seit langem wusste. Die junge Frau und Mutter steigerte sich immer mehr in eine Art Wahn, ihr Mann müsse leben, und er müsse wie Schwager Karl plötzlich vor der Tür stehen oder auch sich wie viele Heimkehrer aus Friedland melden.

Aber Walter meldete sich von nirgendwoher und stand auch nicht plötzlich vor der Tür.

Helga Anton wurde durch ihre Art, mit den Dingen umzugehen, psychisch und dann auch physisch krank, merkwürdig krank, krank am Gemüt und krank am Herzen. Die Frau und Mutter saß in solchen Zeiten zuweilen stundenlang auf einem Fleck im Haus, vor dem Haus, oben auf dem Mühlenberg, unten am Rand des Burggrabens oder irgendwo auf einer Bank an der Kremper Au und stierte apathisch Löcher in den Boden oder in den Himmel oder in irgendeine Ferne, als erwarte sie von dort ein besonderes Zeichen.

Dann wieder lief sie wie ein gestörtes Huhn im Haus oder in den Straßen der Stadt umher, als suche sie das Versteck, in dem die lebendige Antwort auf ihre Fragen nach dem Verbleib ihres Mannes verborgen war.

Sie vergaß dabei ihren heranwachsenden Sohn, als gäbe es ihn gar nicht. Jürgen musste von den Großeltern erzogen werden, die inzwischen in ihrem Alter auch gegen die sechzig gingen – Margarete hatte inzwischen mit ihrer Familie eine Wohnung in der Stadt bekommen; es war wieder Platz im Haus –, und machte denen in seiner wilden, widerspenstigen, unberechenbaren und dabei auch ein wenig hinterhältigen Art viel Mühe. Woher der Junge diese Art hatte, war allen ein Rätsel.

Auch ihre Geige vergaß Hella völlig. Das Instrument blieb in seinem Kasten und betrauerte in seinem hölzernen Dunkel seine Missachtung. Geigenunterricht und Violinkonzerte fielen aus und wurden lange Zeit gar nicht mehr organisiert.

Dann gab es freilich auch wieder solche Zeiten, in denen die immer noch junge Mutter sich vernünftig und völlig normal verhielt. Dann trat sie heraus aus ihrer dunklen Höhle der Trauer und der Depression ans Licht des normalen Tages. Dann konnte sie lachen und mit den Leuten albern. Dann kümmerte sie sich um ihren Jürgen, arbeitete mit ihm für die Schule und war mit ihm in seiner Freizeit unterwegs – ohne allerdings ein wirklich mütterliches Verhältnis zu ihm zu bekommen.

Schade. Irgendwie war ihr der eigene Sohn fremd geworden. Und sie ihm wohl ebenso.

In solchen lichten Wochen nahm Hella auch wieder die Geige aus ihrem Kasten und den Bogen in die Hand und übte mehr oder weniger intensiv Etüden und kleinere und größere Konzerte, um wenigstens ihre Spielfähigkeit zu erhalten. Wenn das so war, schien im Haus Am Kirchhof 30 so etwas wie die Sonne. Die Alten und die Jungen atmeten auf und kehrten zumindest für eine Weile zu einem erträglichen Alltag zurück.

Ein deutliches Aufatmen gab es bei den Wamsers auch, als im Juni 1948 für den Vater, die Mutter und die Tochter die Prozedur der Entnazifizierung überstanden war, der sich jeder Bürger des Landes in den Nachkriegsjahren notwendigerweise stellen musste. Zunächst hatten die drei vor Männern eines britischen Ausschusses beim Kreis Steinburg in Itzehoe ihre NS-Vergangenheit darlegen müssen. Später dann hatte der «Öffentliche Kläger beim Hauptentnazifizierungsausschuss Kreis Steinburg» eine weitere Befragung durchgeführt, um noch einmal zu erfahren, wer sich denn wie und wie stark mit dem NS-Regime identifiziert hatte und wer sich wie und wo aktiv in das Geschehen eingebracht und möglicherweise schuldig gemacht hatte.

Johannes Wamser und seine Frau kamen nach mehreren umfangreichen Befragungen «gereinigt» aus dem Verfahren heraus, ohne für sich und ihre persönliche Zukunft irgendwelche Sanktionen befürchten zu müssen. Ihre Tochter Helga wurde per «Entlastungszeugnis» ohnehin nur als «Mitläuferin» eingestuft, deren Gesinnung man nicht tiefer ergründen musste.

Am Sonntag darauf, am 20. Juni 1948, konnte auch sie sich ihr erstes Geld in der neuen Währung abholen: 40,– Deutsche Mark gegen 40,– Reichsmark. Welch ein Ereignis!

Schon wenige Tage später erlebte dann auch Helga, wie sich die Läden der Stadt sehr rasch mit Waren füllten, auf die die Menschen der Stadt bisher hatten verzichten müssen. Der angekündigte Tag der Währungsreform wurde für die deutsche Bevölkerung und auch im Haus Wamser zu einem wunderbaren Anbruch einer neuen und viel Positives versprechenden Zeit.

Für Helga Anton bekam diese «neue Zeit» leider zunächst nur eine Frist von vier relativ «leichten» Jahren. 1952 machte sich ihre merkwürdige Krankheit wieder bemerkbar und ergriff vollen Besitz von ihr. Ihr Herz begann verrückt zu spielen und immer wieder für Momente böse zu streiken.

Bald wurde die inzwischen neunundzwanzigjährige Frau so krank, dass sie mit schweren lebensbedrohenden Symptomen nach Glückstadt ins Krankenhaus gebracht werden musste. Der ärztliche Befund nach gründlicher Untersuchung lautete: Herzrhythmusstörungen, Infektion des Herzmuskels und Entzündung des Herzbeutels. Eine langwierige und schwierige Sache, deren Behandlung sich über einen großen Teil der Jahre 1952/53 hinzog.

Sieben Monate lang sorgten sich Ärzte und Pflegepersonal der Klinik der Stadt an der Unterelbe um ihre Patientin. In derselben Zeit sorgten sich die Eltern und der Sohn um Tochter und Mutter. Niemand hat gezählt, wie oft Johannes Wamser Hella im Krankenhaus besucht und wie oft der inzwischen neunjährige Jürgen ihn dabei begleitet hat. Die Strecke nach Glückstadt war nur wenige Kilometer lang und konnte leicht mit dem Fahrrad zurückgelegt werden, und bei zu schlechtem Wetter gab es ja auch noch die Bahn, die die Nachbarstadt in wenigen Minuten erreichte.

Helga Anton brauchte in ihrer gesundheitlichen Schwäche die Nähe ihrer Lieben, um gesund zu werden, wobei ihre Mutter allerdings längst nicht so häufig zu Besuch am Krankenbett war wie der Vater. Das war nun mal leider so.

Hella brauchte auch die Nähe ihres Sohnes, der sich in diesen Monaten in auffallender Weise positiv veränderte, als ahnte er, dass auch seine zuweilen unmögliche Art irgendwie mit zu Muttis Krankheit geführt und er etwas gutzumachen hatte. Dabei liefen die Besuche des Jungen bei seiner Mutter nicht immer so friedlich ab, wie es eigentlich hätte sein sollen. Jürgen war in vielen Dingen einfach quer zu seiner Mutter. Das war nun leider auch so.

Die Patientin brauchte allerdings auch die Musik, um gesund zu werden. Nachdem einer ihrer Ärzte, der selbst aktiv musizierte und Liebhaber der Musik Johann Sebastian Bachs war, das herausgefunden hatte, stellte er ihr einen Plattenspieler an ihr Bett und ließ immer wieder Werke klassischer Musik auflegen. Nachdem er dazu erfahren hatte, dass Helga Anton die Fähigkeit hatte, Noten zu lesen und sie dabei zugleich innerlich zu hören, brachte er ihr Partituren mit, die sie dann lesend «hören» oder zur abgespielten Musik mitlesen konnte.

Irgendwann fragte dieser Arzt den Sohn seiner Patientin, der wieder einmal zu Besuch war: «Kennst du David, mein Junge?»

«Ich kenne keinen David, Herr Doktor», gab der ein wenig unwirsch zurück. «In meiner Schule gibt es keinen Jungen, der so heißt, und sonst kenne ich in Krempe auch keinen.»

«Ich meine den aus dem Alten Testament der Bibel, junger Mann. Den solltest du kennen», antwortete der Arzt. «Der könnte etwas mit deiner Mutter zu tun haben.»

«Und was habe ich mit dem zu tun?», wollte die Frau im Bett jetzt wissen.

«Nun, Frau Anton», erklärte der Mann im weißen Kittel, «David war ein von Gott begnadeter Mensch. Er war ein begabter Musiker, spielte wohl ausgezeichnet Harfe oder Lyra oder auch ein ähnliches Instrument mit zehn Saiten, mit sieben Saiten, so ganz genau weiß das niemand. Aber nicht nur das …»

«Was denn noch?», fragte der Junge, nun doch neugierig geworden.

«Der David war mit seiner Musik auch ein ausgezeichneter Therapeut.»

«Und was hat der mit seiner Musik gemacht?», wollte Jürgen weiter wissen.

Der Arzt gab gerne Auskunft: «Er hat zum Beispiel dafür gesorgt, dass sein König Saul besser mit seiner Krankheit fertig wurde.»

«Und was hatte der?»

«Der hatte vielleicht eine ähnliche Krankheit wie deine Mutter, Junge. So ganz genau weiß man das auch nicht.»

«Und dann hat der David gespielt, und dann ging es dem König Saul, oder wie der heißt, besser?», vermutete Jürgen.

«So war es, Junge.»

«Und woher weiß man das?», hakte Jürgen nach, während seine Mutter interessiert dem Gespräch der beiden ungleichen Männer folgte.

«Das steht in der Bibel im Alten Testament im ersten Buch Samuel am Ende von Kapitel 16. Du kannst die Geschichte ja zu Hause einmal nachlesen.»

«Und meiner Mutter hilft die Schallplatten-Musik genauso zum Gesundwerden?», blieb Jürgen neugierig.

«Ich denke ja, Junge. Oder ist es nicht so, Frau Anton, dass Ihnen die Musik guttut?»

«Ich denke, dass es so ist, Herr Doktor», bestätigte die Patientin, wobei sie sich an dem Galgen über ihrem Bett ein wenig hochzog. «Ich freue mich jedes Mal, wenn mir wieder eine gute Platte aufgelegt wird. Dann geht es mir tatsächlich irgendwie besser.»

«Also machen wir weiter so», stellte der Arzt abschließend fest und verließ dann mit einem kurzen Gruß das Krankenzimmer, um sich anderem zuzuwenden.

«Haben wir zu Hause eine Bibel, Mutti?», wollte Jürgen jetzt wissen.

«Der Opa hat eine, Junge. Lass sie dir geben. Such die Geschichte und lies sie nach und erzähl sie mir, wenn du wiederkommst. Aber jetzt musst du wohl auch gehen. Sonst wird es dir dunkel unterwegs.»

«Glaub ich nicht, Mutti», widersprach Jürgen, und seine Stimme klang wieder eher abweisend. «Ich bin doch in einer halben Stunde in Krempe, und so lange bleibt es noch hell.»

Da war er plötzlich wieder, dieser aggressive Ton ihres Sohnes. Helga Anton schluckte und wünschte ihrem Sohn nur noch eine gute Fahrt. Und draußen war der auch schon. Wenn sie doch nur einen besseren Zugang zu dem Jungen bekäme, ging es der Mutter mit einem Seufzer durch den Kopf, und in ihre Augen stahlen sich dabei ein paar Tränen.

Rechtzeitig zu ihrem dreißigsten Geburtstag im April 1952 wurde Helga Anton aus der Klinik entlassen und kehrte einigermaßen gesund und gestärkt ins Leben zurück. Sie musste freilich von dieser Zeit an regelmäßig Medikamente zur Stärkung ihres Herzens nehmen, auch wenn das dann möglicherweise mit dem Auftreten unangenehmer Nebenwirkungen verbunden war – schlimmstenfalls für ihre Augen und die Verminderung ihrer Sehkraft, die freilich durch eine Brille ausgeglichen werden könnte. Darüber hatten die Ärzte die Frau nicht im Unklaren gelassen. Aber das wollte sie schon gerne auf sich nehmen, wenn sie dann wenigstens ihren Tag bewältigen und gestalten und ihren Jungen für die nächste Zeit um sich haben konnte.

Sie wollte endlich selbst Verantwortung für Jürgen übernehmen und auch für sich selbst. Sie wollte endlich auf eigene Füße kommen und ein Leben in der Unabhängigkeit vom Elternhaus führen. Wozu war sie Musikerin geworden, und im Bewusstsein der Leute keine schlechte? Dann sollte dieser Beruf ihr auch künftig ein Einkommen sichern und sie und ihren Sohn ernähren.

Wie das alles gelingen könnte, hatte sie bereits in der Klinik mit dem Vater besprochen. Dabei waren sich die beiden einig geworden, dass das in der kleinen Stadt Krempe wohl eher nicht möglich sein würde. Hella müsste dazu nach dem größeren Glückstadt oder auch nach Itzehoe umziehen.

Die Entscheidung fiel nach einigem Hin und Her in der Überlegung für Itzehoe. Dort im Zentrum des Kreises Steinburg hätte sie sicher mehr Möglichkeiten, als Geigerin zu arbeiten, Unterricht zu geben und Konzerte zu spielen. Also musste in dieser Richtung weitergedacht und schließlich auch gehandelt werden.

Als Geburtstagsgeschenk überreichte Johannes Wamser dann seiner Tochter den unterschriebenen Kaufvertrag für das Grundstück Nummer 53 in der Brückenstraße in Itzehoe, ein schmaler, langer, quer zur Straße verlaufender Baugrund. Dort sollte möglichst bald mit der Finanzierungshilfe eines Wohnungsbau-Förderungsprogramms der Kreisstadt an der Stör ein Haus gebaut werden.

Die kleine Familie Anton gehörte zu den Familien, denen der Krieg besonders zugesetzt hatte. Helga Anton und ihr Sohn hatten deshalb ein berechtigtes Anrecht auf die Fördermittel und nahmen sie auch gern in Anspruch. Ein Teil des entstehenden Wohnraums sollte zur Mitfinanzierung der Baukosten zunächst vermietet werden. Später, wenn Jürgen dann einmal auf eigenen Füßen stünde und vielleicht auch eine eigene Familie hätte, könnte den Mietern gekündigt und der Wohnraum für den Jungen frei gemacht werden.

Überlegungen und Pläne, die eine Weile hin und her diskutiert wurden, bis sie schließlich ausgedacht waren und umgesetzt werden konnten.

Mit einem befreundeten Architekten wurde dann auch zügig geplant und der Bau anschließend mit entsprechenden Baufirmen ausgeführt.

Im Sommer 1954 stand das Haus fertig da, ein hübscher Klinkerbau mit hohem, spitzem Giebel, wie er in dieser Straße vorgeschrieben war. Die Eingangstür befand sich an der rechten Längsseite des Hauses. Zur Straße hin schauten in der unteren Wohnetage ein größeres und ein kleineres Fenster, die anderen befanden sich an der zweiten Längsseite oder zeigten nach hinten in den Garten.

Die Dachetage hatte drei Fenster nach vorne zur Straße und drei nach hinten zum Garten hin. Dazu gab es eine Fensterzeile in der Dachgaube auf der Haustür-Seite. Oben in den Giebeln befanden sich kleine Fenster, durch die Licht auf den Spitzboden fallen konnte.

Von der Straße aus nicht einsehbar erstreckte sich nach hinten ein kleiner Garten, der freilich noch hergerichtet werden musste. Vater und Opa Johannes Wamser hatte aber bereits signalisiert, dass er sich nach seiner Pensionierung am Ende des laufenden Schuljahres nach Möglichkeit und Kräften um die Gartengestaltung kümmern werde. Zum Einzug der Tochter und des Enkels pflanzte er zur Straße hin schon einmal eine Birke, damit sie dort zum Schmuck aufwachse und irgendwann einmal das Haus überrage.

Schon bald nachdem Helga Anton von ihrem neuen Heim Besitz ergriffen hatte, fanden sich für die obere Etage Mieter, die es zu ertragen bereit waren, dass die Nachmittage immer mit Musik gefüllt waren. Ebenso fand sich eine Person für eins der Zimmer im unteren Stockwerk, das möbliert vermietet wurde. Der Haushaltskasse tat das gut, und es half, die leider notwendige Hypothek abzutragen und die laufenden Kosten für das Eigenheim und das tägliche Leben darin niedrig zu halten.

Die Hausbesitzerin und ihr Sohn bewohnten vorläufig nur die Küche und das kombinierte Wohn-Schlafzimmer, das durch eine Schiebetür getrennt werden konnte. Die beiden mussten sich freilich absprechen, wer wann welchen Raum für seine Arbeit nutzen konnte, denn Jürgen musste Hausaufgaben machen, während seine Mutter Geigenunterricht gab oder auch für ein Konzert übte.

Das ging zunächst einigermaßen gut, führte aber mit dem

wachsenden Alter des Jungen zu immer häufigerem Streit zwischen den beiden.

Die Mutter hatte zunehmend Probleme, die Auseinandersetzungen mit dem Sohn zu beherrschen und in ihrem Sinn und nach ihren Erfordernissen zu klären. Helga Anton «lernte» das Nachgeben und Hinnehmen und ließ ihren Jürgen mehr und mehr gewähren in den Dingen, die der Junge für sich für richtig hielt.

Sie selbst überließ manche Problemlösung ihren Eltern, wenn die von Krempe herüberkamen. Johannes und Nanny Wamser hatten einen größeren Einfluss auf ihren Enkel als die Mutter auf ihren Sohn. Sie hielten es dann auch für klug, das möbliert vermietete Zimmer für Jürgen freizumachen, damit der Junge endlich sein eigenes Reich bekäme und dadurch ein wesentlicher Streitpunkt verschwinden konnte.

Helga Anton widmete sich vormittags ihrem Haushalt und gab sich nachmittags ganz dem Geigenunterricht hin. An den meisten Abenden der Woche war sie unterwegs zu Orchesterproben und Konzerten mit den Ensembles, denen sie sich bald angeschlossen hatte. Mit einigen Bekannten gründete sie zusätzlich ein eigenes Streich-Ensemble, das bald in der Stadt und über ihre Grenzen hinaus bekannt und immer häufiger zu Kammerkonzerten angefragt wurde.

Mit dieser Gruppe machte Helga Anton auch immer wieder kirchenmusikalische Einsätze. Sie ließ sich vor allem von den Pastoren der St.-Laurentius-Gemeinde einladen. Ihre Predigten hörte sie sich allerdings nicht an. Frommes Gerede brauchte sie nicht. Das sagte ihr nichts. Das hatte keine Antworten auf ihre Lebensfragen, die sie natürlich beschäftigten.

Gott war ihr gleichgültig. Der war ihr in ihrem bisherigen Leben ja auch noch kaum wirklich begegnet, es sei denn in den Schönheiten seiner Schöpfung, in den Harmonien der Musik oder in anderen Künsten. Nein, Kirchenmusik machen wollte sie wohl zur Freude der Gottesdienstbesucher und zur eigenen Befriedigung, weil es einfach schön war – und außerdem Geld einbrachte. Mehr brauchte aber nicht zu sein.

Da war es günstig, dass ihre Musikbeiträge immer in den ersten Teil des Gottesdienstes eingeplant waren. Dadurch musste sie mit ihren Leuten zur Predigt ohnehin nicht mehr in der Kirche sein. Gut, dass es von der Orgelempore aus einen Weg nach unten gab, auf dem sie mit ihren Leuten die Kirche verlassen konnte, ohne dass die Gemeinde das mitbekam.

Einmal in der Woche traf Helga Anton sich mit Ehepaaren aus der Nachbarschaft, mit denen sie sich bald angefreundet hatte. Interessante Kaffee- und Tischgespräche über Gott und die Welt und spannende Skatspiele lenkten sie von ihren Tagesproblemen ab, brachten sie auf andere Gedanken und ließen sie ihren zuweilen schwierigen Alltag wenigstens für ein paar Stunden vergessen.

Dass Jürgen in dieser Zeit bereits häufig eigene Wege ging und sich an Orten aufhielt, die seine Mutter gar nicht kannte, machte der Frau Mühe und bereitete ihr Sorgen. Sie war aber nicht stark genug, gegen die vermuteten, befürchteten und tatsächlichen Unarten ihres Sohnes anzugehen.

Auf andere Gedanken kam Helga Anton häufig auch an den Wochenenden, an denen es keine besonderen Termine gab. Dafür gab es ab 1957 ihren Führerschein und nach einem glücklichen Fünfer im Lotto – der Lotto-Schein wurde regelmäßig ausgefüllt – einen gelb-weißen 1,2-Liter-Opel-Kadett.

Ein schönes Teil, ganz nach dem Geschmack von Jürgen. Wenn Helga mit dem Wagen unterwegs war, war sie glücklich und gelöst, denn ihr Sohn war gerne und dann auch sehr friedlich dabei. Fahrten nach Krempe und Kiel zu den Großeltern bestimmten künftig das Programm an den freien Sonntagen, oder auch solche an die nahe Nordsee oder an die entferntere Ostsee. Der Nord-Ostsee-Kanal, die Schlei und die Insel Sylt wurden ebenso zu beliebten Fahr- und Reisezielen wie Husum und Nordstrand und andere Orte an den Küsten Schleswig-Holsteins.

Dem Verhältnis der Mutter zu ihrem Sohn und umgekehrt taten solche Wochenenden gut.

Ganz und gar nicht gut tat es dem Miteinander von Mutter und Sohn, als Jürgen – fünfzehnjährig – mit dem Auto eines älteren Freundes einen Unfall verursachte, für dessen Kosten Helga Anton aufkommen musste. Um zu Geld zu kommen, verdingte sich die Musikerin bei nichtkirchlichen Beerdigungen, um dort für die Begleitmusik der Bestattungszeremonie zu sorgen. Eine Arbeit, die der Frau an der Geige innerlich zuwider war. Das «Ave Maria» zu spielen war ihr ein regelrechter Gräuel. Aber es musste sein um des Einkommens willen.

Schwierige Wochen im Haus Brückenstraße 53, die bestimmt waren von ständiger dicker Luft und lauten Worten, wenn überhaupt miteinander gesprochen wurde.

Später fiel Helga Anton aus allen Wolken, als ihr Sohn 1961 seine Schule in Itzehoe verließ, um in Hamburg eine Ausbildung als Kfz-Kaufmann zu beginnen. Die Mama konnte es nicht verhindern. Autos waren Jürgens leidenschaftliches Interesse. Der teure Unfall und verschiedene kostenpflichtige, also für die Mutter teure polizeiliche Ermahnungen wegen Fahrens ohne Führerschein hatten daran nichts geändert.

Für Autos tat Jürgen alles, eben auch Verbotenes. Für Autos stand er künftig gerne am frühen Morgen auf, um per Bahn nach Hamburg zu kommen und rechtzeitig in seiner Ausbildungsfirma zu sein. Zurück kam er erst abends nach 20.00 Uhr.

Die Begegnungen von Mutter und Sohn reduzierten sich auf das frühe gemeinsame Frühstück und einen späten kurzen Gute-Nacht-Gruß, wenn der überhaupt noch möglich war. Die fertig gerichteten Mahlzeiten zum Frühstück und zum Abendbrot nahm Jürgen dabei für selbstverständlich. Es machte für den heranwachsenden Jugendlichen keinen großen Unterschied, ob die Mutter dann mit am Tisch saß oder nicht. Wenn er entsprechend gelaunt war, war seine Mutter für ihn nicht mehr als Luft.

Der Beziehungsfaden zwischen Helga Anton und ihrem Sohn wurde über all dem immer dünner. Zu reißen drohte er gar, als Jürgen eines Tages im Jahr 1965 – er war noch nicht lange volljährig – seine bevorstehende Hochzeit bekanntgab, als sei das das Normalste im Leben eines Einundzwanzigjährigen. Dabei erwartete der Junge auch noch, dass seine Mutter ihre vorbehaltlose Zustimmung gab und selbstverständlich die Kosten für eine anständige Feier übernahm.

Der geplagten Frau verschlug es die Sprache. Nach einer gewissen Schreckphase erklärte sie sich notgedrungen mit der Hochzeit einverstanden – wiederholte sich hier nicht ein stückweit ihre eigene Geschichte? – und bot dem Sohn und seiner Verlobten, die sie noch gar nicht kannte, sogar die obere Etage ihres Hauses zur Wohnung an. Die stand nämlich seit kurzem leer.

Doch die Mutter und angehende Schwiegermutter erlebte die nächste Enttäuschung: Jürgen verzichtete auf das Angebot und setzte auch hierin seinen Kopf durch. Er habe bereits eine Wohnung drinnen in der Stadt gefunden, ganz in der Nähe seiner Arbeitsstelle. Er wolle seine Gabi nicht seiner Mutter aussetzen und sie mit dem ständigen Geigengejammer verschonen. Und außerdem wolle er selbst unabhängig und frei sein und nicht länger unter den Augen der Mutter leben.

Die musste einmal mehr leer schlucken und die Einlassungen ihres Sohnes hinnehmen, um den dünnen Faden zu Jürgen nicht völlig abreißen zu lassen und dafür vielleicht einen mit seiner Frau knüpfen zu können und sich so den Weg zu dem kommenden Enkel nicht zu verbauen.

Über diesen Dingen geriet Helga Anton allerdings immer wieder an den Rand ihrer psychischen Kräfte. Die Dinge waren einfach schier zum Verzweifeln, und es gab viel stilles Seufzen und manche heimliche Träne. Da war aber auch niemand, dem sie sich mit ihrer Not anvertrauen konnte.

Oder gab es doch jemanden? Unter ihren musikalischen Freunden wusste die leidende Frau niemanden. Von denen wusste ohnehin kaum jemand um ihre notvolle Situation. So nah war sie denen allen dann doch nicht, dass sie ihren Kummer öffentlich gemacht hätte.

Die Freunde in der Nachbarschaft wussten zwar um das ein oder andere, aber sinnvoll raten oder helfen konnte und wollte ihr wohl auch niemand von denen. Die hatten doch alle ihre eigenen Probleme, die freilich bei den Skat-Runden in der Regel von allen kleingeredet wurden.

Helga Anton fragte sich, ob sie vielleicht Hilfe suchen konnte bei einem der Pastoren der Gemeinde, deren Gottesdienste sie immer wieder mit ihrem Ensemble bereicherte? Nein, auch dort nicht. Das ließ ihr Stolz nicht zu. Nein, wessen Predigten sie nicht hören wollte, den wollte und den konnte sie auch nicht um Rat fragen.

Was war mit den alt gewordenen Eltern? Vater Johannes war 76, Mutter Nanny 73 Jahre alt. Nein, auch die wollte sie nicht mit ihren Problemen belasten. Das hatte sie in den vergangenen Jahren oft genug getan. Außerdem hatten die beiden seit Vaters Krebsdiagnose von vor ein paar Wochen mit sich selbst genug zu tun, denn die behandelnden Ärzte gaben dem alten Herrn nicht mehr viel Zeit.

Blieb vielleicht noch Hellmuth, ein gut aussehender und sympathischer kaufmännischer Angestellter in der Leitung einer Itzehoer Firma, ihr neuer Bekannter. Ihn hatte sie vor einiger Zeit über eine Zeitungsannonce kennengelernt, nachdem sie ihren Walter endlich hatte für tot erklären lassen. Dadurch war sie für eine neue Beziehung frei geworden und hatte per Zeitung danach gesucht. Seitdem erhielt sie allerdings auch die ihr zustehende Kriegerwitwenrente, die sie dringend für ihr Haushaltsbudget brauchte.

Mit Hellmuth – ein stattlicher Mann mit Bildung und guten Manieren und ein paar Jahre älter als sie – verstand sie sich gut. Wenn sie sich mit ihm in der Stadt oder auch schon einmal hier in der Wohnung traf, wurde ihr warm um ihr ansonsten eher gequältes Herz. In den Gesprächen der beiden – zumeist bei einem guten Glas Wein – ging es auch bereits um ein mögliches gemeinsames Leben im leer gewordenen Haus.

Aber da war etwas, was für Helga Anton wie ein unsichtbares Hindernis im Raum stand, um zu dieser wichtigen Frage eine rasche Entscheidung zu fällen. Immer wieder einmal, wenn sie dem Mann gegenübersaß, hatte die Frau eine Stimme im Ohr, die sie gehört hatte oder geglaubt hatte zu hören in dem Moment, als sie seine Antwort auf die Zeitungsanzeige aus dem Briefkasten genommen hatte. Diese Stimme hatte ihr damals gesagt: «Tu's nicht! Tu's nicht!» Sie hatte die Stimme allerdings nicht beachtet und dann auch verdrängt und sich doch auf die freilich immer noch sehr lockere Beziehung eingelassen.

Das alles war Helga Anton immer noch sehr merkwürdig, wenn es ihr wie gerade jetzt wieder in den Sinn kam.

Nein, Hellmuth würde ihr vor diesem Hintergrund wohl auch nicht helfen können. – Also, was tun? Für Helga Anton war guter Rat in dieser schwierigen Lage sehr teuer.

8.
«Jesus, höchster Name ...»

Schließlich kam Helga Anton ihre Nichte Frauke in den Sinn, älteste Tochter ihrer Schwester Grete. Über Frauke hatte sie vor Jahren die Patenschaft übernommen und hatte mit ihr über die Jahre immer wieder Kontakt gehalten. Von Frauke wusste sie, dass sie eine fromme junge Frau war, die sich zu einer christlichen Jugendgruppe hielt, regelmäßig in der Bibel las, gerne geistliche Lieder sang und davon geschrieben und bei Begegnungen auch gesprochen hatte, dass sie bete und es immer wieder erlebe, dass Gott Gebete erhörte.

Mit Frauke hatte sie sich immer gut verstanden, der konnte sie ihre notvolle Situation offen schildern und sie um Rat bitten. Ganz abgesehen davon, dass die Nichte die ein oder andere Belastung ihrer Tante ohnehin bereits kannte.

Helga Anton setzte sich also hin und schrieb ihrer Nichte einen langen Brief ins ferne Rheinland, wo die seit einigen Jahren mit ihren Eltern lebte.

Fraukes Antwort ließ nicht lange auf sich warten. Die junge Frau drückte ihr Bedauern aus über die Not ihrer Tante und gab ihr den Rat, die Bibel zu lesen. Sie sei Gottes gutes, heiliges Wort und enthalte Antworten auf alle Fragen des Lebens, wenn man denn nur recht betend und hörend nach diesen Antworten suche.

Leider hatte Frauke nicht geschrieben, wo sie, ihre Tante Hella, denn zu lesen anfangen sollte und wie man denn betend aus den Texten Antworten auf Lebensfragen heraushören oder herauslesen könne.

Dennoch, Helga Anton nahm sich von einem Besuch bei den Eltern – dem Papa ging es übrigens sehr schlecht; viel Zeit hatte der wohl wirklich nicht mehr – eine Luther-Bibel mit nach Hause und begann, darin zu lesen. Hätte sie doch nur ein paar deutlichere Erinnerungen an ihre Konfirmandenzeit, ging es Helga durch den Sinn. Aber selbst wenn ihr doch eigentlich so gutes Gedächtnis ihr auch hier helfen würde, damals hatte sie die Bibel nicht wirklich kennengelernt. Da gab es also nicht viel zu erinnern.

Den Unterschied zwischen Altem und Neuem Testament kannte Helga kaum. Sie erinnerte sich nur, dass ihr Konfirmator damals das Alte Testament und auch Teile des Neuen als der arischen Rasse und dem Deutschtum nicht angemessen herabgewürdigt und madig gemacht hatte. Wo also was stand an biblischer Botschaft, das ihr vielleicht helfen konnte, wusste Helga nicht.

Also begann sie mit der Lektüre vorne im ersten Buch Mose und wunderte sich über das, was da über die Erschaffung der Welt und des Lebens zu lesen war. Auch über das, was im Folgenden berichtet wurde über den Sündenfall, den Brudermord des Kain und später über die Sintflut, konnte sie sich nur wundern. Das war alles durchaus interessant, aber für sie nicht wirklich hilfreich.

Der Bericht über den Gottesbund mit Noah beantwortete ihr zwar die Frage nach der Herkunft des Regenbogens, an dem Helga Anton sich schon in ihrer Kindheit immer wieder begeistert hatte und der sie auch heute noch bei seinem Erscheinen neu faszinieren konnte. Dass aber diese besondere siebenfarbige Naturerscheinung ein Zeichen des Segens Gottes sein sollte, begriff sie nicht. Sie erinnerte sich auch nicht, dass darüber jemals in der

Schule, im kirchlichen Unterricht oder auch am wamserschen Küchentisch gesprochen worden wäre.

Nachdem die Geschichte vom Turmbau zu Babel ihr die Frage nach der Vielfalt der Sprachen auf der Erde beantwortet hatte, gab die Leserin ihr Suchen nach Antworten auf ihre drängenden Fragen auf und stellte die Bibel zunächst einmal wieder ins Regal. Persönliche Hilfen hatten ihr die elf Kapitel der so genannten Urgeschichte nicht gegeben.

Schade! Also galt es für die in der Tiefe ihrer Seele leidende Frau, weiterhin allein mit ihren Problemen fertig zu werden.

Seit dieser ersten Lesephase im Wort Gottes hatte Helga Anton allerdings ein neues Problem, das sie so bisher nicht gekannt hatte. Sie fragte sich in einsamen Stunden immer wieder einmal, ob es denn diesen Gott der Schöpfungs- und Urgeschichte wirklich gab und ob der auch heute noch mit Leuten, die sich seinen Weisungen widersetzten, so umging wie damals mit Adam und Eva, die er aus dem Paradies und aus seiner Nähe vertrieben hatte.

Sie fragte sich, ob dieser Gott seine Augen inzwischen etwa zumachte vor den schrecklichen Dingen dieser Zeit und Welt, vor Lüge, Betrug, Mord und Totschlag, und ob nicht die schwere Sturmflut im Februar 1962 mit ihren mehr als dreihundert Toten und schlimmen Zerstörungen in Hamburg, entlang der Unterelbe und an der Nordseeküste ihrer nordfriesischen Heimat, die auch Itzehoe nicht verschont hatte, doch ein Zeichen für den erneuten Zorn Gottes über die Bosheit der Menschen war.

War es nicht tatsächlich schrecklich, in die Hände des lebendigen Gottes zu fallen? War ihr nicht diese Aussage damals bei ihrem zweiten Fronteinsatz zuletzt im Kopf gewesen als die bessere Lösung gegenüber der, in russische Gefangenschaft zu geraten?

Wenn die Aussage stimmte, die ja wohl irgendwo in der Bibel stehen musste, dann hatte sie, Helga Anton, keine gute Zukunft vor sich. Der Frau war – das war wohl doch eine Folge ihres Bibellesens – plötzlich völlig klar, dass sie nicht besser war als die beiden Menschen im Paradies und die der Urgeschichte, von denen die Bibel auf ihren ersten Seiten berichtete. Sie, Helga Anton, geborene Wamser, war wie Adam und Eva und wie die Menschen zu Zeiten Noahs eine Sünderin, eine arme Sünderin, die bei der nächsten Flut, die Gott über ihr Leben schicken mochte, elend ersaufen musste. Da gab es für sie keine Arche, die sie retten könnte.

Was für eine erschreckende und schreckliche Perspektive für ihr weiteres Leben – und auch für ihr Sterben in unbekannter Zukunft und für das, was danach kommen mochte!

In Helga Anton nistete sich Angst ein, eine tiefe Angst davor, mit ihrem Leben an seinem vielleicht plötzlichen Ende nirgendwo anzukommen, irgendwann und irgendwo in einem Nichts zu verschwinden – oder viel schlimmer: in der Hölle zu landen, zu brennen und zu braten. Diese Angst war gepaart mit einer tiefen Sehnsucht nach sinnvollen Lösungen ihrer Fragen und Probleme und nach einem Lebensziel, auf das hin es sich zu leben lohnte.

«O Gott», ging es der Frau immer wieder durch den Kopf, und sie meinte das wohl zum ersten Mal in ihrem nunmehr etwas mehr als vierzigjährigen Leben ernst: «O Gott, wenn es dich gibt, dann zeig dich irgendwie. Ich will nicht in der Hölle schmoren! Ich will leben! Ich will es endlich einmal gut haben! Ich will endlich einmal Licht sehen, Licht, nur noch Licht und nicht länger die Düsternis der Welt, die mich umgibt. O Gott, wenn es dich gibt …»

Helga Antons innere Empfindungen wurden freilich zunächst wieder überlagert von ihren eigenen Tagesgeschäften und den Dingen, die sich immer wieder durch Sohn Jürgen ergaben und durch manche Eskapaden, die der junge Ehemann und Vater angemeldet und unangemeldet veranstaltete und denen seine Mutter zumeist hilflos und sprachlos gegenüberstand.

Manches Neue und doch eher Erfreuliche ergab sich durch ihre Beziehung zu ihrem Freund Hellmuth, der dann auch bald als ihr Lebenspartner in der Brückenstraße 53 einzog, ohne dass die Verbindung der beiden Menschen rechtlich geordnet worden wäre. Den Mann im Haus zu haben, war wohltuend. Einen starken Mann zum Anlehnen zu haben in den häufigen notvollen Auseinandersetzungen um und mit Jürgen, tat gut. Hellmuths Geld zusätzlich zum eigenen in der Haushaltskasse zu haben, war zudem sehr hilfreich angesichts der doch eher bescheidenen Einnahmen Helgas durch ihren Geigenunterricht und der unberechenbaren Kosten, die der Sohn immer wieder verursachte.

Ein wenig störend war freilich Hellmuths Leidenschaft, allen möglichen Krimskrams zu sammeln und zu horten. Aber diese Neigung zum «Sammler und Jäger» mochte sich ja in seiner neuen Beziehung und an seinem neuen Wohnplatz reduzieren oder auch ganz verlieren.

Freude machten Helga Anton weiterhin die Aufgaben und Verpflichtungen, die ihr Beruf als Geigenlehrerin und ihr Spiel als Geigerin in den verschiedenen Orchestern und Ensembles mit sich brachten. Die Frage nach Gott, die Angst vor dem Verloren-Sein und die Sehnsucht nach dem Glück eines rettenden Ufers für diese Zeit und auch für die Ewigkeit, wenn es die denn gab, blieb nun wieder über lange Zeit irgendwo verborgen, wenn nicht gar völlig verschüttet.

Sie tauchte kurzzeitig an die Oberfläche des Lebens auf, als Helga im Juli 1966 mit ihrem Hellmuth an der Costa del Sol in Südspanien Urlaub machte und die beiden ausgerechnet dort der Ruf aus Krempe erreichte, Johannes Wamser liege im Sterben. Sie möge schnellstmöglich nach Hause kommen, wenn sie den schwer kranken alten Mann noch lebend antreffen wolle. Das wollte Helga Anton freilich unbedingt, stand doch zwischen ihr und dem immer noch geliebten Vater ihr – seiner Ansicht nach – ungeordnetes Verhältnis mit Hellmuth. Mit dieser Form der Liaison seiner Tochter war der Papa nämlich überhaupt nicht einverstanden gewesen.

Also wurde im Feriendomizil bei Almeria unverzüglich gepackt und die viele hundert Kilometer lange Rückreise durch Spanien, Südfrankreich und die ganze Bundesrepublik angetreten. Gut, dass Hellmuth und Helga sich beim Fahren am Steuer abwechseln konnten.

Unterwegs ereignete sich während einer Fahrpause auf einem Rastplatz in Südfrankreich dann eine merkwürdige Sache.

Hellmuth befand sich noch auf einem Toilettengang, während Helga schon wieder im Auto saß und die Weiterfahrt erwartete. Plötzlich sah sie vor der Windschutzscheibe des PKW deutlich eine Hand, die ihr zuzuwinken schien. Diese Hand erkannte sie augenblicklich als die rechte Hand ihres Vaters, die ihr als Kind so oft liebevoll über die Haare gestrichen hatte und ihr beim Lernen des Geigenspiels so oft geholfen hatte.

Eine merkwürdige Erscheinung, die die Frau erschrecken ließ. Sollte die Erscheinung ein Hinweis auf Vaters Todesstunde sein?, ging es ihr sofort durch den Sinn. Was hatte das zu bedeuten? Zeigte die Hand eine Geste des Bedauerns darüber, dass es keine Aussprache mehr geben konnte über die offenen Fragen, die es zwischen Vater und Tochter gab? Zeigte sie eine

Geste der Versöhnung und des Segens zum endgültigen Abschied?

Helga Anton schaute wie zufällig auf ihre Armbanduhr und erschrak erneut: Die Uhr zeigte 13.50 Uhr und – der Sekundenzeiger stand still. Die Uhr hatte zu laufen aufgehört und stand! Das war schon sehr eigenartig und nicht zu erklären. Aber einen Zusammenhang mit Ereignissen zu Hause in Krempe musste es geben. Darin war sich Helga Anton sicher, und auch darin, dass sich das Rätsel auflösen würde.

Das geschah dann auch wie vermutet: Johannes Wamser war tatsächlich am 7. Juli um 13.50 Uhr gestorben, und das Winken der Hand war ein Abschiedswinken gewesen. Helga deutete es für sich dann auch als ein versöhntes Segenswinken, mit dem der sterbende Mann der offenen Lebensgemeinschaft mit ihrem Hellmuth doch noch zustimmte. So konnte sie leichter damit leben, dass sie nicht mehr mit dem Vater hatte reden können.

Übrigens hatte sich mit dem Betreten des Trauerhauses am Kirchhof 30 in Krempe Helgas Armbanduhr so plötzlich wieder in Bewegung gesetzt, wie sie in Südfrankreich stehengeblieben war. Die Frau deutete diese unerklärliche Merkwürdigkeit als ein Signal dafür, dass das Leben weiterginge und eine Art neuen Anfang nahm.

Den nahm es tatsächlich dadurch, dass Helga die Mutter zunächst aus der Ferne betreute, solange sie in Krempe allein leben konnte. Als Nanny Wamser dann Anfang der siebziger Jahre kränklich wurde, holte die Tochter die alte Frau zu sich nach Itzehoe, damit sie versorgt sei. Dass die gemeinsamen Jahre zu dritt unter einem Dach nicht problemlos abliefen, erklärt sich aus dem schon immer etwas kühlen Verhältnis, das die beiden Frauen miteinander lebten. Die gemeinsame Liebe zum Skatspiel genügte nicht, um das Miteinander wesentlich zu erleichtern.

Helga Antons ohnehin schon erhebliche Lebenslast wuchs also erneut an und wurde dann auch nicht geringer, nachdem die Mama im Oktober 1974 gestorben war. Inzwischen war nämlich die Ehe ihres Sohnes zerbrochen, und Jürgen hatte bereits zum zweiten Mal geheiratet. Der Autoverkäufer hatte sich zu einem üblen Draufgänger und Schaumschläger entwickelt, der zunehmend undurchsichtige Geschäfte betrieb und offenbar nur mit Schulden leben konnte, für die er seine Mutter dann jeweils in Anspruch nahm.

Der Lebensdruck auf Helga Anton wuchs in der zweiten Hälfte der siebziger Jahre bis zum Unerträglichen an. Wenn Hellmuth doch wenigstens eine Stütze und Hilfe gewesen wäre. Er war es aber nicht.

Das Verhältnis zu diesem Mann kühlte inzwischen auch zunehmend ab, brachte Schwierigkeiten und bereitete Schmerzen. Und ein Ende war nicht abzusehen, denn der Mann war zum Auszug aus dem Haus nicht bereit. Er fühlte sich wohl in seinem fertigen Nest und inmitten seines Krams. Er war ja versorgt von einer Frau, die offenbar keinem Mann gewachsen war, die ihrem Sohn hörig zu sein schien und die ihre Musik brauchte, um entspannt sein und frei atmen zu können. Das freilich wollte er seiner Lebensgefährtin gerne gönnen.

Im Übrigen hatte er sich längst seinen eigenen Rückzugsraum geschaffen. Nachdem seine Nicht-Schwiegermutter gestorben und die obere Wohnung des Hauses wieder frei war, hatte der Mann sich mit seiner Krempel-Sammlung oben eingerichtet. Er und Helga auf räumlicher Distanz, das mochte noch eine Weile funktionieren. Und gelegentliche Besuche und Zweisamkeiten oben oder unten hatten ja auch ihre Reize.

Wenn Helga Anton aber ihre Musik nicht gehabt hätte, sie wäre wohl am Leben völlig verzweifelt und zerbrochen mit der letzten Konsequenz, die eine tiefgehende Verzweiflung und ein Zerbruch haben kann.

Als sie dann im Jahr 1977 auch noch einem Betrug aufsaß und unbedarft, wie sie zuweilen sein konnte, eine Bürgschaft über einen Betrag von 100.000,– DM unterschrieb – hatte dabei nicht auch Jürgen wieder seine Hände im Spiel? –, ohne sich der Folgen der Unterschrift bewusst zu sein, brach die Frau zusammen. An Hellmuth hatte sie in dieser Situation wenig Halt. Der hatte sie nur für einen Moment tröstend in die Arme genommen, ansonsten aber mit den Schultern gezuckt und gemeint, sie habe sich durch ihre Unterschrift ihre Lage leider selbst zuzuschreiben. Das war's gewesen.

Die Vierundfünfzigjährige rief in ihrer Verzweiflung wieder einmal ihre Nichte Frauke an, die inzwischen mit Ehemann und Kindern im Lippischen lebte und von der sie wusste, dass sie sich vor fünf Jahren bewusst zum Gottessohn und Heiland Jesus Christus bekehrt hatte und seitdem ein Leben in der entschiedenen Nachfolge lebte. So hatte Frauke es in einem Brief damals formuliert und dabei von Sündenvergebung, Heilsgewissheit und innerem Frieden geschrieben, ohne dass Helga genau verstanden hatte, was die Nichte damit gemeint hatte.

Jedenfalls schien Frauke seitdem etwas zu haben, was ihr, Tante Hella, fehlte und was sie dringend brauchte, um ihr Leben weiterleben zu können in einer Weise, die sich zu leben lohnte. So, wie sie jetzt lebte, wollte sie jedenfalls nicht weiterleben.

Bereits wenige Tage später saß die Nichte ihrer Tante in Itzehoe in deren Wohnzimmer gegenüber und hörte sich die tränenreiche, ausführliche und umfassende Lebensbeichte einer gebrochenen Frau an, die ihre Rede immer wieder unterbrechen musste, um sich neu zu sammeln und ihre Stimme wiederzufinden.

Was wurde da nicht alles in Worte gefasst, was sich bisher als schwere Gewichte in Helga Antons Gemütsschubladen eingelagert hatte. Versäumnisse, Versagen, Ungehorsam und alles Mögliche andere, das die verzweifelte Ältere der beiden Frauen als Versäumnisse, als Versagen und Ungehorsam ansah, wurden als Schuld genannt und benannt, ausgepackt und ausgebreitet, so dass Frauke bald die Ohren davon schmerzten und der Kopf brummte.

Dennoch hielt die Jüngere die Beichte der Älteren durch und machte Mut zum Weiterreden, wenn die Tante in ihrem Redefluss stockte. Alles, aber auch alles irgendwie Belastende sollte ausgesprochen werden. Die mit Schuld vermüllten Schubladen der Seele sollten bis auf ihren Grund geleert werden. Nichts sollte unausgesprochen und übrig bleiben, das den Beginn eines völlig neuen Lebens hindern konnte.

Endlich kam Helga Anton mit ihrer Lebensbeichte zu einem Ende. Dabei flossen die Tränen unvermindert weiter. Waren das Tränen der Scham über ihr bisheriges Leben, das sie als gottlos und verpfuscht ansah? Waren es Tränen der Erleichterung, ihre inneren und äußeren Nöte endlich einmal in der Summe ausgesprochen zu haben? Waren es Tränen der Hoffnung, dass alles gut werden würde?

Ob die Weinende ihre Tränen selbst deuten konnte? War das überhaupt wichtig zu wissen, welcher Art die Tränen waren?

Für Frauke war es nicht wichtig. Sie ließ ihre Tante noch eine Weile ihre Tränen vergießen und ihr nasses Taschentuch in den Händen kneten. Dann holte sie schließlich tief Luft und stellte die schlichte Frage: «Und was erwartest du jetzt von mir, Tante Hella?» – Frauke benutzte immer die Familienform von Helga.

Weil zunächst keine Antwort kam, fragte sie noch einmal: «Was soll ich jetzt für dich tun, Tante Hella? Sag es mir!»

Helga Anton wischte sich noch einmal über die Augen, setzte

ihre Brille wieder auf, die sie seit einiger Zeit brauchte und die sie neben sich auf das Tischchen gelegt hatte, schaute Frauke bittend an, atmete ein paarmal tief ein und aus und antwortete: «Ich erwarte von dir Wegweisung, wie es für mich weitergehen kann, Frauke. – Bitte, hilf mir.»

Jetzt war es wieder Frauke, die ebenfalls tief ein- und ausatmete, um dann zu antworten: «Du erwartest viel von mir, Tantchen. Dabei muss ich dich enttäuschen.»

«Nein, das darfst du nicht!», kam es wie ein spitzer Schrei und mit sehr erregter Stimme von ihrem Gegenüber. «Du musst mir helfen, Frauke!»

«Dass du mich recht verstehst, Tante Hella», versuchte die Nichte zu beruhigen und sah ihrer Tante dabei tief in die Augen. «Wer bin ich, dass ich dir helfen könnte? Dir kann nur einer helfen, Jesus, der Heiland! Seine Gnade hilft aus vielen Sünden zur Gerechtigkeit. So steht es im Römerbrief, Tante Hella.»

«Und du kannst wirklich nichts für mich …?» Helga Anton flossen erneut die Tränen über ihr blasses Gesicht.

«Doch, ich kann, Tantchen», versuchte Frauke wieder zu beruhigen. «Ich kann für dich beten. Ohne Gebet geht nichts, Tante Hella. Ich kann für dich beten, dass Jesus dich frei macht von allem, was dich belastet. Dass er den Schuldbrief zerreißt, von dem der Kolosserbrief spricht, und seine Fetzen an sein Kreuz heftet. Ich kann für dich beten, dass Jesus dir Licht gibt in deine Dunkelheit und dass er dich aus der Enge deiner Not in die Weite seiner Freiheit führt. Und dass du dort ganz neu anfangen kannst. Soll ich …?»

«Natürlich sollst du, Frauke, ja, bitte», kam es diesmal wie ein befehlender Ausruf der Hoffnung aus Helga Anton. «Du musst! Ich weiß doch gar nicht, wie Beten geht. Ich hab das doch noch nie gemacht außer ‹Müde bin ich, geh zur Ruh› und ‹Segne, Vater, diese Speise›.»

Frauke verharrte ein paar Momente in der Überlegung oder auch im inneren Gebet. Dann sagte sie: «Gut, Tantchen. Gehen wir nach alter Weise auf die Knie und beten. Ich bin sicher, Jesus wird unser Gebet hören, und er wird es erhören, und er wird antworten.»

So gingen die beiden Frauen an ihren Sesseln auf die Knie, und Frauke trug alles noch einmal dem Herrn Jesus Christus vor, was sie in der Beichte ihrer Tante gehört hatte, damit der Heiland damit umgehe, wie es für ihre Tante und auch für sie selbst gut und richtig und heilsam sei.

Nachdem Frauke schließlich ihr «Amen!» gesprochen und ihre Tante Hella es bestätigt hatte, verharrten die beiden Frauen eine Weile schweigend in ihren Sesseln. Auf dem tränenfeuchten Gesicht der Älteren lag ein Lächeln, als sie dann nach einem tiefen Schnaufer wie erleichtert sagte: «Gut. Jetzt ist es gut. Danke, Frauke, danke!»

«Fühlst du dich jetzt leichter, Tante Hella?», wollte die Nichte nun aber doch wissen.

«Ich fühle mich sehr viel leichter, Frauke», bestätigte die Tante. «Während deines Gebets war mir, als flösse die Last aus mir heraus. Ja, mir ist jetzt sehr viel leichter. Jesus sei Dank! – Aber wie geht es jetzt für mich weiter?»

«Jetzt musst du dranbleiben, Tantchen», wusste Frauke die Antwort. «Du brauchst jetzt geistliches Futter, das deinen Lebenshunger stillt.»

«Und wo kriege ich das her?»

«Aus Gottes Wort natürlich, Tante Hella. Das muss ab jetzt deine tägliche Speise werden», antwortete die Nichte. «Du darfst es nicht wieder machen wie vor ein paar Jahren. Da hast du viel zu bald mit dem Lesen wieder aufgehört.»

«Gibt es für mich denn diesmal eine Anleitung?», hakte Helga Anton nach.

«Habe ich für dich dabei, Tantchen.» Frauke griff in ihre Tasche, die neben ihr auf dem Teppich stand, und nahm ein Buch mit beigem Einband heraus.

«Was ist das?», wollte die Tante wissen.

Frauke schlug das Buch auf und erklärte, indem sie einfach las, was sie vor Augen hatte: «‹Das Neue Testament – neu übertragen mit neuen Überschriften und neuen Erklärungen zwischen den Versen von Hans Bruns›, 1960 herausgegeben vom Brunnen Verlag in Gießen.» – «Hans Bruns ist ein Bibellehrer in Marburg an der Lahn», hängte sie erklärend an.

Helga Anton ließ sich das Buch reichen, schlug es auf und las ihrerseits die beiden vorne eingedruckten Bibelverse: «‹O Land, Land, Land, höre des Herrn Wort! – Jeremia 22,29› und ‹Wahrlich, wahrlich, ich sage euch: Wer mein Wort hört und glaubt dem, der mich gesandt hat, der hat ewiges Leben und kommt nicht ins Gericht. – Johannes 5,24.›»

«Genau so ist es», bestätigte Frauke den Ausspruch Jesu. «Das ist es doch, wonach du dich sehnst, Tantchen: kein Gericht Gottes und ewiges Leben. – Also, ab morgen gehört die Lektüre dieses Buches zu deinem täglichen Speiseplan. Eine kleine Anleitung steht auf der nächsten Seite.»

Die Tante blätterte um und las die «Ratschläge für rechtes Lesen des Neuen Testaments»: «**Lies betend!** Das Neue Testament ist kein Roman … **Lies sinnend!** Das Neue Testament ist keine Zeitung … **Lies forschend!** Das Neue Testament ist kein Kinderbuch.»[1]

«Alles richtig», bestätigte Frauke wieder. «Die weiteren Ausführungen dazu musst du dir in Ruhe zu Gemüte führen. Lies jetzt noch den Schluss dieser Einführung von Pastor Bruns.»

Helga tat wie aufgefordert und las: «**Das Wichtigste ist:** um den Heiligen Geist bitten, e r möge helfen, dass wir verstehen, was G o t t selbst uns sagen will, und was es f ü r u n s e r L e b e n

160

bedeuten soll. Gut, wenn wir das treu und regelmäßig tun! Das Ziel ist: das Neue Testament wirklich zu kennen, seinen Inhalt in Kopf und Herz aufzunehmen und dann – **die Wahrheiten zu leben**.»[2]

Nach ein paar Momenten der Stille meinte Helga Anton ein wenig nachdenklich: «Da kommt ja einiges auf mich zu. Ob ich das schaffe und durchhalte? – Und wo fange ich an mit dem Lesen?»

«Erstens, Tantchen: Du schaffst das! Deine musikalische Disziplin hilft dir dabei. Aber denk immer dran: Ohne Gebet geht nichts!», gab sich Frauke überzeugt und fuhr fort: «Und zweitens liest du die tägliche Bibellese, wie viele Christen das tun. Zugegeben, die steht zurzeit im Römerbrief und ist nicht gerade einfach zu verstehen. Aber ich habe dir dazu eine Lesehilfe mitgebracht. Die solltest du mit dem jeweiligen Tagestext immer mitlesen. Außerdem hast du ja auch die Kommentare von Pastor Bruns.» Damit reichte sie der Tante die erwähnte Lesehilfe des Bibelbundes und fügte hinzu: «Wenn du irgendetwas gar nicht verstehst, wirst du jemanden finden, der es dir erklärt.»

«Ich werde suchen und sicher jemanden finden», bestätigte Helga Anton und ergänzte ihre Erwartung für die kommende Zeit: «Das wird spannend werden, Frauke. Ich halte dich über meine Fortschritte auf dem Laufenden.»

«Gerne, Tante Hella», freute sich die Nichte. «Du wirst sehen und spüren, wie Jesus dein Bemühen segnet.»

Leider musste die Nichte noch am selben Tag zurückreisen. Und so blieb die Tante mit der guten Erfahrung der Begegnung mit der jungen Christin und mit ihren Ratschlägen zum betenden, sinnenden und forschenden Lesen des Neuen Testaments allein. Dabei nahm sie sich fest vor, ihre immer wieder als Geigerin gepflegte Tugend der Disziplin beim Üben wirklich auf das Bibellesen zu erweitern.

Es gelang ihr sogar, an jedem Tag eine Zeit einzurichten, in der sie sich betend, sinnend und forschend in die Tageslesen aus dem in der Tat schwierigen Römerbrief vertiefte. Wenn sie etwas gar nicht verstand, hielt sie sich an die Worte von Pastor Hans Bruns in seiner Leseanleitung: «Es gibt vieles, von dem man nur sagen kann: ‹Ich weiß es jetzt nicht, ich werde es aber später erfahren.›»

Sechs Wochen lang kämpfte Helga Anton sich durch die vorgegebenen biblischen Texte des für sie wirklich schwierigen Paulusbriefes. Dass Hellmuth sie deshalb ab und zu belächelte oder auch mit Worten hänselte, ertrug sie. Seine Gegenwart im Haus bereitete ihr ohnehin zunehmend Unbehagen, als hätte sie seit kurzem ein neues Gespür dafür, dass ihre Beziehung zu dem Mann nicht länger verantwortbar sei.

Hatte sie nicht in Römer 2 etwas über Ehebruch gelesen? Lebte sie demnach nicht in einem ehebrecherischen Verhältnis, wo sie doch mit Hellmuth nicht verheiratet war? Oder genügte es, dass sie beide zwar unter demselben Dach, aber doch in getrennten Wohnungen lebten? Die gelegentlichen Besuche und Zärtlichkeiten mussten auf jeden Fall aufhören. Und irgendwann musste sie diese Beziehungsfrage grundsätzlich lösen. Ob Gott ihr dazu ein Zeichen gab, wie das gehen konnte? Ob sie Jesus um ein entsprechendes Zeichen bitten durfte?

Sie durfte sicher, so viel war ihr bereits bewusst, und sie tat es – um freilich lange auf eine Antwort zu warten. Die kam dann schließlich auf eine sehr denkwürdige Weise.

Sechs Wochen lang also hatte Helga Anton inzwischen treu und diszipliniert gegen manchen äußeren und inneren Widerstand ihre tägliche Aufgabe erfüllt. Parallel dazu hatte sie das Markus-

Evangelium abschnittweise gelesen und dabei eine ganze Menge über Jesus gelernt. Was war das für ein Mensch, dieser Gottessohn! Welch ein Herr! Hohe Worte, die er gesprochen hatte! Große Taten, die er vollbracht hatte! Und wie der mit den Leuten umgegangen war! Einfach bemerkenswert und großartig! Und dann sein Sterben für die Sünde der Welt und seine Auferstehung und Überwindung des Todes! Herrlich! Wunderbar! Dieser Jesus hatte auch ihre Liebe und Zuwendung verdient, die sich irgendwo bei ihr bereits eingepflanzt hatte, die ihr selbst aber noch sehr kümmerlich erschien.

Helga Anton hatte immer wieder das Empfinden, sie sei noch nicht da angekommen, wo sie eigentlich hinwollte. Ihr fehle noch etwas zu ihrem Glück und zu ihrer inneren Freiheit, nach denen sie sich sehnte. Sie war sich darüber im Klaren, dass sie noch nicht so recht begriffen hatte – zumindest noch nicht umgesetzt –, was sie in ihrem Bruns-Testament in den ersten beiden Versen von Römer 12 gelesen hatte: «… im Blick auf die Barmherzigkeit Gottes weiht eure Leiber Gott als ein lebendiges, heiliges und ihm wohlgefälliges Opfer! D a s ist der vernünftige [wörtlich: ‹logische›] Gottesdienst, den ihr halten könnt. Gestaltet euer Leben nicht nach der Weise [wörtlich: dem ‹Schema›] dieser Welt[zeit], sondern lasst euch vielmehr umwandeln und eine neue Gesinnung schenken! Dann werdet ihr auch imstande sein, zu prüfen und zu erkennen, was Gottes Wille ist, d.h. was in seinen Augen gut, schön und vollkommen ist.»[3]

Dann aber kam der Himmelfahrtstag 1977. In St. Ansgar, der Kirche im Ortsteil Sude, zu deren Gemeinde Helga Anton von ihrem Wohnplatz her gehörte, war ein Gottesdienst mit Abendmahl angesagt. Sie wusste natürlich davon. Sie war aber noch nie an einem Himmelfahrtstag zum Gottesdienst gegangen.

An diesem Feiertag gab es keine besondere Musik, die sie in eine der Kirchen der Stadt «gezwungen» hätte. Außerdem konnte sie mit diesem merkwürdigen Feiertag nicht viel anfangen. Die Hausfrau hatte für den besagten Donnerstag in ihrem Wohnzimmer die Gardinen abgehängt und war dabei, sie zu waschen. Abends sollten die Vorhänge und Übergardinen wieder vor den Fenstern hängen. Hellmuth hatte zugesagt, das Aufhängen zu übernehmen. Dieses Angebot musste sie ausnutzen.

Während der Arbeit glaubte Helga Anton plötzlich eine deutliche Stimme zu hören, die sie aufforderte: «Geh in St. Ansgar zum Gottesdienst!»

Sofort hörte sie eine andere Stimme: «Unsinn, bleib hier! Du kannst ohnehin nicht laufen.»

Helga gab dieser zweiten Stimme spontan Recht, war sie doch am Vortag tatsächlich gestürzt und hatte sich am Bein verletzt. Das Laufen fiel ihr wirklich zurzeit schwer.

Dann aber hörte sie wieder deutlich die erste Stimme: «Geh zum Abendmahl!»

«Ich kann nicht», hörte die Frau sich selbst dieser Stimme widersprechen, «nicht in diesem Waschkittel. Ich bin doch gar nicht entsprechend angezogen.»

Die erste Stimme ließ nicht locker und wiederholte: «Geh in St. Ansgar zum Gottesdienst und zum Abendmahl!»

Blitzartig ging es Helga Anton auf: Hier stritten zwei Mächte miteinander. Finsternis lag im Streit mit dem Licht. Ihr gutes Gedächtnis erinnerte sie in diesem Moment an die Stelle in Römer 13, in der es hieß: «Denn unsere Errettung [aus dieser Weltzeit heraus] ist jetzt viel näher gekommen als zu der Zeit, da ihr zum Glauben kamt. Die Nacht ist vorgerückt, der [große] Tag naht. Lasst uns darum alle Werke der Finsternis abtun und meiden, lasst uns die Waffen des Lichts anlegen! Lasst uns vorbildlich leben und uns so wie am hellen Tag benehmen.»

Helga Anton war sofort klar: Sie musste der ersten Stimme gehorchen und gehen! Sie überließ die Gardinen sich selbst, zog sich einen Mantel über ihr Waschkleid und humpelte hinüber zu ihrer Kirche. Dort kam sie gerade rechtzeitig zur Predigt an, in der ein ihr unbekannter alter Pastor eine feurige Ansprache hielt über den Herrn und Heiland Jesus, der am Kreuz für die Sünde eines jeden Menschen, also auch eines jeden Gottesdienstbesuchers, gestorben war, der auferstanden war, um für jeden Menschen, also auch für jeden Gottesdienstbesucher, das ewige Leben zu schaffen, und der gen Himmel gefahren war, um seine ewige Herrschaft anzutreten und für alle die, die an ihn glaubten und ihm als Jünger und Jüngerinnen nachfolgten, den Platz auf dem Thron zu seiner Rechten vorzubereiten. «Jesus Christus herrscht als König! …» – Jesus, welch ein Name! Jesus, welch ein Herr!

Helga Anton war tief ergriffen von dieser Predigt, und bei der Vorbereitung zum anschließenden Abendmahl saugte sie das «Für euch gegeben und vergossen zur Vergebung der Sünden» und den Satz Martin Luthers aus dem Kleinen Katechismus, den der Pastor zitierte, tief in sich hinein: «Wo Vergebung der Sünden ist, da ist auch Leben und Seligkeit.»

Die Frau glaubte dabei, die Liebe Gottes und Christi echt an und in ihrem Körper zu spüren. Das warme, wohltuende Empfinden wiederholte sich bei der Annahme von Brot und Wein: «Für euch gegeben und vergossen zur Vergebung der Sünden!»

Eine solche intensive geistliche und zugleich auch körperliche Erfahrung hatte sie nie zuvor gemacht. Wie war das so wunderbar: «Leben und Seligkeit!»

Wie gut, dass sie der Stimme des Lichts gefolgt war! Helga

Anton war glücklich, nur noch glücklich. Hatte sie jetzt und hier gefunden, was ihr noch gefehlt hatte?

Wenn noch nicht vollständig und endgültig hier und jetzt in St. Ansgar, dann aber noch am selben Tag während ihres Geigenspiels. Die Hausfrau musste natürlich zunächst ihre Gardinen fertig waschen, damit Hellmuth sie aufhängen konnte. Tropfnass musste das geschehen, damit die Stoffe auch richtig zum Hängen kamen. Als diese Arbeit erledigt war, griff die Geigerin zu ihrem Instrument, um sich auf den Unterricht am folgenden Freitag vorzubereiten.

Während sie also eine Etüde spielte, die sie am nächsten Tag ihrer Schülerin zur Übung vorlegen wollte, hatte sie plötzlich deutlich einen Schriftzug vor Augen. Zugleich hörte sie ebenso deutlich eine Stimme, die ihr sagte, was Jesus nach Markus 2 einst dem so genannten Gichtbrüchigen gesagt hatte: «Mein Kind, dir sind deine Sünden vergeben!»

Helga Anton stockte für einen Moment der Atem. Was war das? War Jesus plötzlich persönlich in ihrer Stube? Sprach Jesus sie ganz persönlich an? Zeigte er ihr ganz persönlich optisch und akustisch, was ihr an Gewissheit eines neuen Lebens noch fehlte? Ja, so musste es sein! Es konnte gar nicht anders sein!

Helga Anton nahm ihr Instrument vom Kinn, legte es mit dem Bogen beiseite und wischte sich über die Augen: Der Schriftzug blieb sichtbar. Sie rieb ihre beiden Ohren, doch die Stimme blieb. Merkwürdig – und einfach überwältigend!

Auf der Stelle ging die Geigerin auf die Knie, um sich in einem Gebet diesem Jesus ganz persönlich hinzugeben: «Herr Jesus Christus, du mein Heiland, hier bin ich! Ich danke dir für deine Zusage der Vergebung aller meiner Schuld und Sünde. Nimm mich an als dein Kind! Und mach mit mir, was du mit mir machen willst. Verändere mich in dein Bild, das du von mir hast. Ich will dir dienen mit dem, was ich kann. Gebrauche mich als

Werkzeug deiner Liebe und deines Friedens. – Und jetzt, Herr Jesus, gib mir eine weitere Bestätigung dafür, dass du für mich da bist und dass ich für dich da sein soll. Amen!»

Die letzte Bitte erschien Helga zwar als sehr mutig und vielleicht nicht angemessen oder auch unerlaubt, dennoch griff sie wieder in ihrem Sessel sitzend nach ihrem Bruns-Testament und schlug es einfach irgendwo auf – und war erneut tief bewegt über die Aussage, die Gott sie nach ihrer Bitte im zweiten Brief des Paulus an die Korinther lesen ließ: «Wenn ein Mensch in der Gemeinschaft mit Christus verwurzelt ist, ist er eine neue Schöpfung. Das Alte ist vergangen, siehe, es ist etwas ganz Neues entstanden!»

Welch eine Antwort auf ihre Bitte!

Die Tränen, die Helga Anton jetzt über die Wangen liefen, waren Tränen der Befreiung von ihren letzten Unsicherheiten, waren Tränen einer unbändigen Freude und Dankbarkeit. «Mein Kind, dir sind deine Sünden vergeben!» Und: «Das Alte ist vergangen, siehe, es ist etwas ganz Neues entstanden!» Herrlich und einfach überwältigend!

Das musste sie unbedingt sofort ihrer Nichte mitteilen. Den entsprechenden Brief würde die zur Erhöhung ihrer Sonntagsfreude sicher noch rechtzeitig erhalten.

Mit Helga Anton ging von diesem Himmelfahrtstag 1977 an eine deutliche Veränderung vor sich. Diese Veränderung machte sich schon am folgenden Pfingstsonntag im Gottesdienst von St. Laurentius bemerkbar.

«Gehst du nicht mit nach unten?», fragte ihre Kollegin an der Bratsche sie leise, während sie ihre Noten ordnete und das Instrument im Kasten verstaute, weil die kirchenmusikalische Aufgabe des Ensembles für diesen Tag erledigt war.

«Nein!», strahlte Helga Anton die Frau an und sagte ebenso

leise, aber sehr bestimmt: «Ich bleibe. Ab heute werde ich die Predigten nicht mehr boykottieren. Ich muss sie hören. Ich brauche das Wort Gottes. Seit zehn Tagen brauche ich es, wie das tägliche Brot. – Du solltest auch hierbleiben.»

Die Bratschistin glaubte wohl nicht recht zu hören. Ihr erstauntes Gesicht verriet die unausgesprochene Frage, was denn mit ihr, Helga, los sei. Flüsternd schob die noch nach: «Ich erklär's dir bei der nächsten Probe. Gottes Pfingstsegen sei mit dir!»

Einen solchen Ausspruch gegenüber einem anderen Menschen hatte Helga Anton bisher nie getan, aber er tat ihr irgendwie selbst gut. Gottes Pfingstsegen! Und die Predigt von Pastor Jens Motschmann, einem der drei Pastoren an der Stadtkirche St. Laurentius, über den besonderen Spruch an den Gottesmann Serubbabel – wer auch immer das genau war – aus Sacharia 4,6: «Es soll nicht durch Heer oder Kraft, sondern durch meinen Geist geschehen», saugte sie förmlich in sich auf.

Wunderbar wohltuend zu hören, was der junge Pastor, Jahrgang 1942, zu sagen hatte darüber, wie Gott wirkte und wie er sogar sein mächtiges Wirken durch Zahlensymbolik unterstrich: die Zahl Sieben als Hinweis auf die Fülle der Gnade, die zugleich die Fülle des Geistes Gottes bedeutet.

Schade, ging es der aufmerksamen Hörerin durch den Kopf, dass sie die Predigt nur im Gedächtnis behalten und nicht zu Hause noch einmal nachhören konnte. Helga Anton beschloss in diesen Augenblicken, künftig ihren Kassettenrekorder in den Gottesdienst mitzubringen und die Predigt aufzunehmen, damit sie sie zu Hause noch einmal hören konnte. Sie beschloss auch, ab sofort an den wöchentlichen Bibelstunden dieses Pastors der Gemeinde teilzunehmen.

So wie sie als Kind und Jugendliche ihr Geigenspiel gelernt hatte, so wollte sie künftig auch lernen, was in Gottes heiligem Wort stand und was es zu bedeuten hatte für die gegenwärtige

Zeit und für die zukünftige, für sie selbst, für die gläubigen Menschen und auch für die, die vom Glauben so wenig wussten, wie sie selbst, Helga Anton, bis vor kurzem gewusst hatte.

Und dann wollte sie aufmerksam hinhören, was sie denn selbst dazu tun konnte, damit andere Menschen von der «Fülle der Gnade» und von der «Fülle des Geistes Gottes» erfasst würden oder zumindest eine Ahnung bekamen.

9.
«Ihr sollt mein Antlitz suchen!»
(Psalm 27,8)

Ab diesem Pfingstsonntag ordnete die «junge» Christin ihre Sonntage und ihre Werktage ganz neu. Sie versäumte künftig nur dann noch den Gottesdienst, wenn sie aus wirklich triftigen Gründen keine Gelegenheit hatte, einen zu besuchen. Sie weitete die tägliche Zeit aus, in der sie die Bibel las, und intensivierte ihr Studium der Heiligen Schrift, indem sie umstieg auf die Lektüre der Luther-Bibel, die üblicherweise in den Gottesdiensten und Bibelstunden der Kirchen-Gemeinde St. Laurentius verwandt wurde.

Sie erkannte bald, dass es schwierig war, einen bestimmten Text zu hören und zugleich einen anderen zu lesen. Dieser Mühe konnte sie leicht entgehen. Die Bruns-Ausgabe las sie künftig neben anderen modernen Übersetzungen und Übertragungen nur noch zusätzlich, und zum weiteren «Forschen» besorgte sie sich Kommentare und Auslegungen namhafter bibelorientierter Theologen.

Sie kennzeichnete sich auch äußerlich als Christin, wie sie es hier und da in der Gemeinde bei anderen schon gesehen hatte: Sie besorgte sich eine goldene Brosche in der Form eines großen Fisches. Dieses Symbol war bereits vor bald 2000 Jahren das Erkennungszeichen der ersten Christen für ihre Zugehörigkeit zu Jesus gewesen und war seit einiger Zeit unter christusgläubigen Leuten immer mehr in Gebrauch gekommen.

Auch sie, die junge Christin Helga Anton, wollte dieses Zeichen künftig mit Dankbarkeit und als Hinweis nach außen tragen. Der Fisch mochte gerne Menschen an ihrem Weg dazu bewegen nachzufragen, zu welchem Angler-Verein sie denn gehöre. Das wäre dann eine gute Gelegenheit zum persönlichen Zeugnis von der Retterliebe des Herrn Jesus und von ihrer Erneuerung durch ihn.

Das Auto bekam dann auch bald einen Fisch an seinem Heck angebracht: ICHTHYS – IESOUS CHRISTOS THEOU HYIOS SOTER – Jesus Christus, Gottes Sohn, Retter!

Helga Anton las die Heilige Schrift künftig so, wie sie früher eine Partitur gelesen hatte und wie sie es heute mit neuen Noten auch noch tat. Sie las die Bibel nicht nur, sie lernte sie und arbeitete mit bunten Stiften in ihrem Text und merkte sich zu wichtigen Aussagen auch die entsprechenden Stellen. Ob sie in dieser Zeit bereits spürte, dass sie eines Tages nicht mehr lesen können und folglich auf das angewiesen sein würde, was sie in ihrem Gedächtnis gespeichert hatte?

Dass die Sehkraft ihrer Augen schleichend, aber kontinuierlich nachließ, spürte sie bereits seit einiger Zeit. Ihre Brille hatte sie schon zweimal wechseln müssen. Das entsprach ja auch der Prognose, die sie seinerzeit bei ihrer Herzerkrankung in Glückstadt bekommen hatte. Dabei war es um Nebenwirkungen des Medikaments gegangen, das sie seitdem zur Stabilisierung und Stärkung ihres Herzens nehmen musste. Dass der Prozess bis zur völligen Erblindung führen konnte und wohl auch würde, hatte ihr Augenarzt ihr mit großem Bedauern vor kurzem erst noch einmal bestätigt. Sie war also nicht unvorbereitet, wenn …

Die Vierundfünfzigjährige stellte sich innerlich darauf ein, dass sie eines Tages – hoffentlich eines noch fernen Tages – auf die Hilfe anderer Leute angewiesen sein würde. Wer diese Leute sein würden, das würde ihr Gott dann schon rechtzeitig zeigen. Er, der Herr Jesus, ihr neuer Herr, würde ihr die Hilfe selbst über den Weg schicken.

Hatte nicht der Sänger David im Psalm 68 schon festgestellt: «Gott legt uns eine Last auf, aber er hilft uns auch»? Und hatte Gott nicht selbst durch den Propheten Jesaja – in Kapitel 46 – gesagt: «Auch bis in euer Alter bin ich derselbe, und ich will euch tragen, bis ihr grau werdet. Ich habe es getan; ich will heben und tragen und erretten»?

Helga Anton konnte die Dinge, die auf sie zukommen mochten, inzwischen in großer Gelassenheit sehen. Das war auch eine positive Folge ihrer Bekehrung. Aber noch lebte sie ja im gegenwärtigen Heute, und noch war ihre Sehkraft lediglich vermindert. Und die damit verbundenen Einschränkungen waren noch gut zu ertragen.

Die geistig und geistlich völlig erneuerte Frau machte aber auch jetzt schon die Erfahrung, dass der allmächtige und dreieinige Gott manche Dinge von langer Hand vorbereitete. Im Bibelkreis der St.-Laurentius-Gemeinde traf sie auf Menschen, mit denen sie sich auf Anhieb verstand. Liebe, gläubige Leute wie die Küsterin Frau Manosch, das Ehepaar Rodefei und ein paar andere Frauen und Männer, mit denen sie bald in gute geschwisterliche und sogar freundschaftliche Verbindung kam.

Es gab da auch Schwester Senta. Die Diakonisse war von ihrem Charakter her eine etwas komplizierte Frau. Dennoch war Helga Anton mit ihr schon bald so sehr ein Herz und eine Seele, dass sie bereits nach wenigen Begegnungen eine gemeinsame Reise nach Beatenberg in der Schweiz vereinbarten.

Beatenberg, der idyllische Ferienort nördlich und oberhalb des Thuner Sees, und die Sommer-Schulungswochen an der dortigen Bibelschule würden ihr als «Glaubenssäugling» guttun, war die Überzeugung der Frau unter der weißen Haube. Dort sei es zum einen landschaftlich sehr schön mit dem weiten Blick auf das Berner Oberland und die berühmten drei Berge Eiger, Mönch und Jungfrau und viele andere Gipfel. Zum anderen – und das sei wichtiger – gebe es feste, sehr schmackhafte und äußerst nahrhafte geistliche Speise, die sie unbedingt brauche, um im Glauben zu wachsen und für die Aufgaben zubereitet zu werden, die Gott für sie vorgesehen habe. Sie möge dazu einmal Hebräer 5,11–6,3 lesen. Was Helga dann auch bald tat.

Nachdem sie gelesen hatte, war ihr klar, dass das ihr Bestreben sein musste, nicht lange bei der Milch für den «Säugling» zu bleiben, sondern möglichst bald zum Stand der «geistlichen Reife» zu kommen, um in «tiefere Wahrheiten» des göttlichen Wortes vordringen zu können – so hießen die Begriffe bei Bruns. Um dem Bestreben nachzugehen, war ihr die weite Reise in die Schweiz durchaus recht.

Dabei blieb diese Reise im Sommer 1977 längst nicht die erste und zugleich letzte. Es folgten ihr viele weitere Reisen, und jeder Aufenthalt in dem schönen Ort am Südhang des Niederhorns im fernen Alpen-Land brachte neue geistliche Erkenntnisse und weiteres Wachstum im Glauben und in der Erkenntnis der wesentlichen biblischen Aussagen. Auch dank der Vorbereitung und Begleitung durch Schwester Senta.

Dass Gott eine besondere Aufgabe vorgesehen hatte für die Frau mit der Fisch-Brosche, die so begeistert von ihrer Schweiz-Reise berichtete, ergab sich bereits am Ende der ersten Bibelstunde nach der Gemeinde-Sommerpause.

Pastor Jens Motschmann bat Helga Anton, für einen Moment zurückzubleiben, er habe noch ein Anliegen. Was sollte der Pastor wollen?, ging es der Frau durch den Kopf. Sie war richtig gespannt. Und dann hörte sie den Geistlichen fragen, ob sie sich vorstellen könne, ihn mit ihrer Geige zu einem Altengeburtstag ins «Altenheim Am langen Peter» zu begleiten. Diese Einrichtung in der ehemaligen Kaserne und die geistliche Betreuung ihrer betagten Bewohner gehörten neuerdings zu seinem Dienstbereich.

«Was ist dort meine Aufgabe?», fragte die Angesprochene nach.

«Nun, ich denke, es wird der Jubilarin Freude machen, wenn Sie ihr ein Ständchen bringen, Frau Anton», antwortete der Pastor.

«Sonst nichts?», kam die weitere Frage.

«Sonst nichts», hieß die Antwort. Und dann gab es doch noch eine Ergänzung: «Sie lernen dieses Haus kennen, für das wir von der Gemeinde uns verantwortlich wissen und auch fühlen sollten. Alte Menschen brauchen Zuwendung, auch geistliche Zuwendung, Frau Anton, und die wollen wir ihnen bieten. Sie brauchen die Zuwendung vielleicht besonders deshalb, weil sie menschlich gesprochen der Ewigkeit näher sind als wir, die wir noch jung sind.»

«Oh, danke für das Kompliment», freute sich die Frau über die Altersbeschreibung – mit ihren 54 Jahren hätte sie die Mutter des Pastors sein können – und fuhr fort: «Da muss ich Ihnen Recht geben, Herr Pastor, auch wenn niemand weiß, wie nahe er der Ewigkeit ist.» Dann hakte sie noch einmal nach: «Hatten

Sie vielleicht schon einen weiteren Gedanken dabei, dass Sie mich mitnehmen wollen?»

«Nein, Frau Anton, eigentlich nicht», gab Jens Motschmann zurück. «Aber ich weiß nicht, ob mir ein weiterer Gedanke kommen wird, wenn wir erst gemeinsam im Altenheim gewesen sind. – Also, was ist?»

«Ich komme mit», bestätigte Helga Anton den Entschluss, den sie sofort für sich gefasst hatte.

Nach dem Geburtstagsbesuch bei der alten Dame in ihrer Heim-Stube mit Liedern, Gebeten und einem kurzen geistlichen Zuspruch, der allen Beteiligten Freude gemacht hatte, ergriff die Geigerin die Initiative und fragte sehr direkt nach, ob dem Pastor inzwischen nicht doch eine Idee zur Frage der Mitarbeit gekommen sei. Sie ahnte wohl, dass der junge Mann doch bereits über diesen ersten gemeinsamen Besuch in dem Haus hinausgedacht hatte: «Haben Sie jetzt einen weiteren Gedanken, Herr Pastor?»

«Wenn Sie mich so direkt fragen, Frau Anton, dann antworte ich ebenso direkt mit Ja. Mir ist da schon eine Vorstellung im Kopf.»

«Und? Wie sieht die aus?»

«Sie könnten mich, oder wer auch immer die Andacht hält, begleiten, wenn im Haus die Andacht dran ist. Das ist in der Regel am Samstagnachmittag, kann aber auch am Sonntagvormittag sein. Die Geige zum Klavier oder die Geige solo, das wäre doch was. Den alten Menschen würde das sicher viel Freude machen, und es wäre für sie eine willkommene Abwechslung. Und für Sie, liebe Frau Anton, wäre das eine lohnende Aufgabe, Ihren jungen Glauben praktisch zu leben. – Was denken Sie?»

Die Angesprochene zögerte einen Moment mit ihrer Antwort, als ginge sie in Gedanken ihren Terminplan durch. Dann sagte sie: «Einverstanden, Herr Pastor. Allerdings möchte ich mich nicht für jeden Samstag oder Sonntag verpflichtet wissen. Es könnte für mich ja einmal etwas Privates oder irgendwo auch ein musikalischer Einsatz dran sein.»

«Kein Problem, Frau Anton», freute sich der Pastor. «Ich freue mich, dass Sie Ja gesagt haben, und Sie gehen damit um, wie es passt. Wunderbar!»

Einige Zeit später kam dann allerdings ein Samstag, an dem niemand für die Andacht im Altenheim zur Verfügung stand. Was jetzt? Die Veranstaltung ausfallen lassen? Das wäre traurig für die Bewohner im Haus Am langen Peter. Helga Anton kämpfte ein wenig mit sich. Sollte sie alleine gehen? Gab es jemanden, der sie begleiten würde? Konnte sie dort überhaupt schon ein geistliches Wort sagen? War sie schon dazu in der Lage? Oder brauchte sie zunächst weitere Zurüstung?

Der Pastor sprach in der Regel über einen der beiden Tagesverse aus dem Herrnhuter Losungsbuch für den betreffenden Tag. Wenn sie, Helga Anton, sich ein paar Tage vorher bereits mit den Texten beschäftigte, dann konnte sie doch vielleicht …

Dann kam der fragenden Frau eine Sache in den Kopf, die sie mit ihrer Antwort doch zögern ließ: Sie hatte ihre häuslichen Verhältnisse noch nicht geordnet. Hellmuth wohnte noch im Haus, auch wenn ihr Miteinander schon lange nicht mehr als ein quasi-eheliches beschrieben werden konnte. Hierin hatte sie die Beziehung schon geklärt, und es war immer wieder ihr dringendes Gebet, dass Gott eine rasche und gute Lösung des Problems zeigte, die ihr auch die letzten Bedenken nehmen würde, ihm wirklich dienen zu können.

Freiwillig zog Hellmuth nämlich nicht aus. Wo sollte er auch hin als Rentner, der er seit einiger Zeit war und der seine freundschaftlichen Beziehungen der früheren Jahre leider weitgehend aufgegeben hatte.

Helga Anton beschloss, mit ihrem Pastor diese Frage zu besprechen, ehe sie sich zu der möglichen Altenheim-Andacht äußern würde.

Gesagt, getan. Die immer noch Jung-Christin suchte das seelsorgerliche Gespräch, bekannte noch einmal alles, was sie im Zusammenleben mit dem Mann in ihrem Haus als Sünde erkannt hatte oder auch nur ansah, und brachte es unter das Blut Christi gemäß dem Lied, das sie inzwischen gelernt hatte: «Das Blut des Lammes reinigt euch und machet alles neu».

Dann ließ sie sich im Namen Jesu gemäß 1. Johannes 1,9 die Vergebung zusprechen: «Wenn wir aber unsere Sünden bekennen, so ist er treu und gerecht, dass er uns die Sünden vergibt und reinigt uns von aller Ungerechtigkeit» – und war frei für ihr Angebot, die Alten-Andacht im Haus Am langen Peter 29 zu übernehmen für den möglichen Fall, dass niemand anderes zur Verfügung war.

Übrigens bewirkte Gott eine Lösung in der Frage um Hellmuth, die Helga Anton so eigentlich nicht erbeten und erwartet hatte. Der neunundsechzigjährige Mann erkrankte im späten Herbst 1979 schwer und starb dann auch bald darauf. Am 18. Januar 1980 wurde er von Pastor Jens Motschmann auf dem Städtischen Friedhof in Itzehoe beerdigt und im Sonntags-Gottesdienst in St. Laurentius am 27. Januar der Ordnung entsprechend «abgekündigt».

Der langjährigen Lebensgefährtin des Mannes machte diese Art der «Gebetserhörung» dann doch eine Weile Mühe. Dankbar war sie allerdings dafür, dass sie Hellmuth in seinen letzten Wochen bis zu seinem Tod pflegen und versorgen konnte und in versöhnter Atmosphäre mit ihm auch noch manches gute Gespräch über die Zeit und die Ewigkeit hatte führen können.

Ob er das Heil in Jesus Christus noch ergriffen hatte, konnte Helga Anton leider nicht mit Bestimmtheit sagen. Sie befahl den Mann der Gnade und Fürsorge Gottes an, der in seinem Urteil schon in der rechten Weise mit ihm umgehen würde.

Sie selbst war freilich jetzt endgültig frei von allen Gedanken um diesen Teil ihrer Lebensgeschichte, und sie konnte künftig völlig unbelastet ihre Dienste in der Gemeinde tun.

Mit zitternden Knien und bebendem Herzen hielt Helga Anton nach einer gründlichen Vorbereitung – betend, sinnend und forschend – am besagten Samstag ihre erste Andacht für alte Menschen. Mit großem Mut und innerer Freiheit gab die Frau ihr erstes «öffentliches» Zeugnis vom Zuspruch der wahrhaftigen Liebe ihres Herrn Jesus Christus und von seinem Anspruch, der einzige Weg zum Vater zu sein.

Der Lehrtext des Tages aus Johannes 14,6 enthielt diese frohe Botschaft: «Christus spricht [zu Thomas]: Ich bin der Weg und die Wahrheit und das Leben; niemand kommt zum Vater denn durch mich.»

Der freudige Dank der alten Menschen und die Bestätigung ihres Dienstes durch die Glaubensschwester, die sie begleitet hatte, machten Helga Anton froh und dankbar und gewiss, dass Gott ihr dieses Haus und seine Menschen aufs Herz gelegt hatte. Pastor Motschmann brauchte sich künftig keine Gedanken mehr darüber zu machen, wer den Dienst im Altenheim tun würde, wenn …

Übrigens: Als Helga Anton zehn Jahre später diesen Dienst aufgab, weil ihr ein anderer aufgetragen war, konnte sie nicht sagen, wie oft sie aus dem Speiseraum des Altenheimes einen Gottesdienstraum gemacht hatte und wie viele Männer und Frauen ihrer Botschaft zugehört hatten. Sie hatte auch nicht gezählt, wie viele Lieder sie gespielt und begleitet und wie viele Liedwünsche sie erfüllt hatte. Sie hatte noch weniger gezählt, wie viele alte Menschen durch ihren treuen Verkündigungsdienst kurz vor ihrem Sterben noch den Weg in die himmlischen Wohnungen und ins ewige Leben gefunden hatten.

Es war ja auch nicht bei den Andachten im großen Raum geblieben. Besuche in den Zimmern waren bald dazugekommen bei Menschen, die krank oder bettlägerig waren, bei Menschen, die um persönliche Gespräche gebeten hatten, bei solchen, die Seelsorge gebraucht hatten und denen Helga Anton gerne zum Glauben helfen wollte. Eine wunderbare geistliche Schule ihres Herrn und Gottes! Eine Fülle gesegneter Dienste mit Frucht, die im Himmel auffindbar war! Eine wunderbare Zeit, diese zehn Jahre seit ihrer Bekehrung, die nach den Erkenntnissen des Predigers Salomo in den Anfangsversen von Kapitel 3 dieses alttestamentlichen Buches aber auch ihre Begrenzung hatte.

Sie hatte ihre Begrenzung in der Tatsache, dass Pastor Motschmann 1987 seinen Dienst in Itzehoe aufgab und der Berufung in ein Pfarramt in Bremen folgte. Schade, dass dieser christusorientierte Mann und geistliche Bruder nun nicht mehr da war. Aber das mochte wohl auch mit Prediger 3 zu erklären sein. Gott war es ja, der die Weichen im Leben seiner Leute stellte. Er würde auch dafür sorgen, dass sich in Itzehoe ein anderer Pastor fände, der ebenso christozentrisch dachte, lebte und handelte und dem es nicht nur um gemeindliche Besitzstandswahrung und erhaltende Seelenpflege ging, sondern auch um erneuernde Seelengewinnung.

Der Nachfolger in den Aufgaben für das Altenheim war leider nicht einer, mit dem Helga Anton und die Mitstreiterinnen, die sie im Laufe der Jahre gewonnen hatte, zusammenarbeiten konnten und wollten. Eine geistliche und seelsorgerliche Nähe, wie sie zu Pastor Jens Motschmann im Laufe der Jahre gewachsen war, konnte zu seinem Nachfolger an diesem besonderen Ort des Dienstes nicht entstehen.

Schade! Aber liberalen Sichtweisen in der Theologie und in den entsprechenden Auslegungen biblischer Texte, wie sie sich auch in manchen Gemeinden der Nordelbischen Evangelisch-Lutherischen Kirche bemerkbar machten, mochte die Frau nicht folgen. Die halfen niemandem zum gesegneten Leben. Und noch weniger zum seligen Sterben.

Jegliche Abstriche am heiligen Wort Gottes und jegliche so genannte moderne Neubewertungen biblischer Wahrheiten zum Beispiel durch feministische Strömungen in der Kirche, die sich auch in Norddeutschland ausbreiteten, waren der biblisch fundierten, geistlich inzwischen sehr gefestigten und in ihrem Glauben tief gegründeten Helga Anton gründlich zuwider.

Das Kreuz des Heilandes und das Blut Jesu wollte sie sich um keinen Preis madig machen lassen. Und mit einer «Mutter Gott» oder gar einer «Göttin», mit einer «göttlichen Tochter Jesa Christa» und einer «Heiligen Geistin» als der dritten Person im Bunde der göttlichen Dreifaltigkeit wollte sie schon gar nichts zu tun haben. Das war alles unbiblisches Zeug, dem der heilige Gott unbedingt seinen Zuspruch und Segen entzog und verweigerte. Folglich konnte die Stadtgemeinde künftig nicht mehr der Ort sein, an dem sie sich mit ihren Gaben und Fähigkeiten einbrachte.

Den anderen Ort aber gab es bereits. In der Gemeinde St. Jakobi im nordwestlichen Ortsteil Tegelhörn hatte vor kurzem ein junger Pastor seinen Dienst angetreten, von dem man hörte, er sei ein gläubiger, missionarisch orientierter junger Mensch, dessen besonderes Augenmerk auf den Gemeindebau gerichtet sei. Ob dieser Pastor Hinrich Bues bereits Gottes Gebetserhörung war?

Nachdem Helga Anton quasi inkognito mehrmals an seinem Gottesdienst teilgenommen hatte und von dem, was dort formal und inhaltlich ablief, sehr angetan war, beschloss sie, den Mann zu besuchen, um in der direkten Begegnung und im Gespräch zu «testen», ob für sie mit dem Mann eine segenbringende und gute Zusammenarbeit möglich und denkbar sei. Sie meldete sich also telefonisch an und vereinbarte einen für beide passenden Termin.

Bevor sie sich auf den Weg hinüber nach Tegelhörn machte, bekam Helga Anton aber noch einen besonderen Hinweis darauf, dass Jesus sie schon seit langem «im Visier» gehabt hatte und sie viel lieber schon früher auf seine Seite gezogen hätte. Der Hinweis mochte auch die Absicht haben, ihr die Sorge um die dienstlich neue Zukunft zu reduzieren oder auch ganz zu nehmen, die durch ihren Besuch bei dem Pastor möglicherweise auf sie zukam.

Die Christin saß an diesem Vormittag also wie üblich bei ihrer Bibellese, betete um Einsicht in Gottes Willen, sann über den Text nach und seine Bedeutung für sie hier und heute, forschte in ähnlichen Texten und ging dann abschließend noch einmal ins Gebet. Sie saß mit geschlossenen Augen in ihrem Sessel und kleidete ihre Erkenntnisse in Gebetsworte.

Es ging dabei um den für sie besonders denkwürdigen Text aus Lukas 12,35ff., also um das Warten auf den kommenden Christus und um den Einsatz der verliehenen Mittel und Möglichkeiten für seine Knechte mit dem Schlussvers: «Wem viel gegeben ist, bei dem wird man viel suchen; und wem viel anvertraut ist, von dem wird man umso mehr fordern.»

Da erschien vor ihren Augen plötzlich ein merkwürdiges Bild. Sie sah vor sich eine Bühne, deren Vorhang sich langsam nach zwei Seiten öffnete und eine Schnur freigab, die von der Decke herunterhing. An dieser Schnur waren in einem gewissen Abstand übereinander zwei Kugeln befestigt. Der «Seherin» war sofort klar, dass die Schnur ihren Lebensfaden darstellen und die beiden Kugeln zwei besondere Situationen ihres Lebens bezeichnen sollten. In ihrem Inneren hörte sie eine Stimme, die ihr genau erklärte, worum es in diesem Bild ging.

Die obere Kugel sollte den Moment deutlich machen, in dem sie die Möglichkeit gehabt hatte, auf den ersten Fronteinsatz zu verzichten. Sie war damals wider besseres Wissen gereist und war dem Tod am Wolchow gnädig entkommen, weil der Volltreffer der Russen den leeren Bunker getroffen hatte.

Die zweite Kugel sollte den Moment deutlich machen, in dem die nach einem Lebenspartner suchende Witwe diesen Brief aus dem Briefkasten gezogen und die Stimme ihr deutlich zugerufen hatte: «Tu's nicht! Tu's nicht!»

Hätte sie damals auf diese Stimme gehört, wäre ihr manche leidvolle Stunde erspart geblieben, denn ihre Beziehung zu Hellmuth war nun einmal nicht nach dem Willen Gottes gewesen, hatte ihr mehr Kummer und Leid gebracht als Freude und Zufriedenheit, auch weil Hellmuth sich mit Jürgen überhaupt nicht verstanden hatte und der sich beinahe völlig aus dem Haus ferngehalten hatte. Schließlich hatte die Geschichte das bekannte denkwürdige Ende gefunden.

Den Sohn hatte es ihr zu ihrem Leidwesen bisher aber nicht wieder zurückgebracht.

Trotz aller dieser Dinge aber, die Helga Anton als Verhalten ihres Ungehorsams deutete, und auch trotz manchen Verhaltens, das zwischen den beiden Kugeln anzubringen wäre, hatte

Jesus sie in den vergangenen Jahren und in vielen besonderen Situationen gehalten und getragen. Zuletzt hatte er auch ihren Glauben geschützt und sie auf ihrem begonnenen Weg der Nachfolge bewahrt, und das auch in den vielen leidigen Auseinandersetzungen mit Jürgen und um Jürgen und um die Dinge, die der Sohn auch in seinen jeweiligen Umgebungen immer wieder ausheckte und verbockte.

Helga Anton hatte den tiefen Eindruck, Jesus wolle ihr mit diesem Bild sagen, was im Propheten Jeremia nachzulesen war: «Auf der Bühne deines Lebens war ich immer dabei, und ich habe dich immer in meinem Blick gehabt. ‹Ich habe dich je und je geliebt, darum habe ich dich zu mir gezogen aus lauter Güte.› Und wie ich bisher getan habe, so werde ich auch künftig tun in allem, was kommt.»

Welch eine herrliche Zusage vor dem Hintergrund des Wortes der heutigen Bibellese und vor dem Hintergrund ihres bevorstehenden Besuchs in Tegelhörn, ging es Helga Anton immer noch durch den Kopf, während sie bereits ihre Geige gegriffen hatte und mit großer innerer Freude das Lied spielte, das zu einem ihrer Lieblingslieder geworden war:

«Jesus, höchster Name,
teurer Erlöser, siegreicher Herr.
Immanuel, Gott ist mit uns,
herrlicher Heiland, lebendiges Wort.

Er ist der Friedefürst und der allmächt'ge Gott,
Ratgeber wunderbar, ewiger Vater,
und die Herrschaft ruht auf seiner Schulter,
und seines Friedensreichs wird kein Ende sein.»[4]

Dankbar und mit guten inneren Empfindungen machte sich Helga Anton dann auf den Weg hinüber in den anderen Stadtteil, um in der Kirche St. Jakobi, dem schmucken weißen Gebäude mit dem hohen, gen Himmel weisenden Turm, Pastor Bues zu treffen.

Der junge Mann mit offenem Gesicht und freundlichen Augen unter einem dunkelblonden krolligen Lockenkopf begrüßte seine Besucherin sehr zuvorkommend: «Sie sind mir im Gottesdienst schon aufgefallen, Frau …»

«Anton, Herr Pastor, Helga Anton», stellte die Frau sich vor. «Ich wohne drüben in der Brückenstraße in Itzehoe und gehöre eigentlich nach Sude und St. Ansgar.»

«Was führt Sie zu mir, Frau Anton? Was kann ich für Sie tun?», wollte der Pastor natürlich wissen. Ob er die folgende Antwort erwartet hatte? Wohl eher nicht, denn er wirkte sehr erstaunt, als er hörte: «Wir sollten zunächst einmal zusammen beten, Herr Pastor, und dann reden.»

«Gut. Gerne», meinte er nur. «Zugegeben, das ist mir so noch nie passiert, dass ein Besucher sein Gespräch auf diese Weise beginnen möchte. Also, beten wir. Erst Sie, dann ich.»

Bei dem, was er jetzt als Gebet hörte, geriet der Pastor wieder ins innerliche Staunen. So hatte er selten einen Menschen beten gehört. «Jesus, Herr und Heiland, jetzt sind wir zu zweit vor dir und unter deinen Augen. Uns gilt deine Verheißung: Wo zwei oder drei in deinem Namen zusammen sind, da bist du dabei. Wir beide begeben uns jetzt unter die Deckung deines heiligen Blutes. Danke für die Vergebung, von der wir leben. Du hast diese Begegnung ermöglicht. Nun begleite sie auch mit deinem guten Heiligen Geist und lass uns nur das reden, was deinem Willen entspricht. Wehre du allem Unguten, das uns umgeben mag. Banne alles, was dir zuwider ist, und lass uns jetzt einfach deine

Nähe und deinen Segen spüren. Danke, Jesus, Heiland, dass dein Wort gilt und du hier jetzt unter uns bist. Amen!»

Nach diesen Worten schloss der Pastor nur noch ein kurzes Gebet an um Gottes Gegenwart und seinen Segen und beendete es ebenso mit einem kräftigen: «Amen!» Dann forderte er seinen Gast auf, sein Anliegen loszuwerden.

Helga Anton kam dem gerne nach und erzählte zunächst einige Sätze von sich selbst: Sie sei gelernte Geigenlehrerin und Geigenspielerin. Sie unterrichte einige Schüler und Schülerinnen, spiele ab und an in verschiedenen Orchestern und leite auch noch ein eigenes Streichensemble. Aller Einsatz in diesen Bereichen geschehe allerdings mit abnehmender Tendenz. Aber sie sei immerhin ja auch bereits 64 Jahre alt.

Sie sei 1977 zum lebendigen Glauben an Jesus Christus gekommen, habe seitdem zum Kreis um Pastor Jens Motschmann gehört und nach Vermögen in der Gemeinde mitgearbeitet, vor allem im Altenheim Am langen Peter. Jetzt, wo Pastor Jens Motschmann nicht mehr in Itzehoe sei, fühle sie sich leider ein wenig verwaist. Das pluralistisch-geistliche Gehabe in der Stadtgemeinde sei ihr zuwider. Das gehe ja wohl am Wesentlichen vorbei.

Deshalb sei sie auf der Suche nach einem Ort, an dem sie sich im Sinne des wahren biblischen Wortes in die Arbeit einbringen könne. Sie habe übrigens für heute zwei Worte heiliger Schrift bekommen aus Jeremia 31,3 und Lukas 12,48, zweiter Teil. Für das eine könne sie nur danken, und dem anderen könne und wolle sie sich nicht entziehen.

Die Besucherin schloss ihren Vortrag mit der lapidaren Aufforderung: «Und jetzt sind Sie dran.» Sie unterstellte dabei wohl, dass der Pastor wusste, was an den angegebenen Stellen zu lesen war.

Hinrich Bues schaute seinem Gast mit einem Lächeln in die Augen. «Eine wunderbare Geschichte, Frau Anton. Gott sei die

Ehre dafür. Und interessante Worte für Ihren Tag und auf den Weg hierher. – Dass Gott sie liebt, ist gar keine Frage. Dass ich Arbeit für Sie habe, ist auch keine. Im Reich Gottes gibt es immer Arbeit, und für die Mitarbeit in seinem Weinberg ist niemand zu alt.»

«Was haben Sie denn für mich zu tun?», drängte Helga Anton auf die Antwort, die sie eigentlich hören wollte.

«Zunächst einmal Ihre Geige als Instrument im Lobpreis-Team. – Könnten Sie sich das vorstellen?»

«Ich kann mir vorstellen, meine Geige in diesem Gotteshaus wieder zu verwenden», bestätigte die Frau in knapper Art, wie sie das zuweilen tat.

«Was heißt ‹wieder›?», hakte der Pastor nach.

Gerne gab Helga Anton Auskunft: «Ich habe in dieser Kirche schon konzertiert zusammen mit Organist Ernst-Erich Stender und dem Kirchenchor. Dietrich Buxtehudes ‹Alles, was ihr tut›. Herrlich! Ich erinnere mich an Christine Neumann, die damals dabei war, eine junge gläubige Schülerin mit vorzüglicher Geigentechnik und wunderschöner Stimme. Ich habe den Glauben und das freimütige Bekenntnis dieses Mädchens damals sehr bewundert. Beides hat damals leider nicht auf mich abgefärbt. Frau Neumann arbeitet heute irgendwo im Lehramt. Sie würde sich sicher freuen, wenn sie wüsste … Aber jetzt nicht weiter abgeschweift: Was noch außer Lobpreis-Team?»

«Sie scheinen das Wort Gottes zu lieben und auch eine Beterin zu sein, Frau Anton. Ich habe einen kleinen Bibel-, Gesprächs- und Gebetskreis angefangen, in dem sind noch Stühle frei», kam die Antwort.

«Dann ist demnächst einer mehr besetzt», gab Helga Anton wieder knapp zurück. «Gibt es noch etwas für mich …?»

«Reicht das nicht für den Anfang?», fragte der Pastor. «Wir müssen uns doch erst einmal ein wenig näher kennenlernen.

Wenn wir festgestellt haben, dass wir auf einer Wellenlänge sind und dass die Chemie stimmt, wie man so schön sagt, können wir immer noch weitersehen.»

«Können wir, Herr Pastor», bestätigte der Gast und fügte an: «Dann beten wir jetzt um die gemeinsame Wellenlänge und um die richtige Chemie. Danach überlasse ich Sie Ihrer Arbeit.»

Gesagt, getan. Die neue Mitarbeiterin von St. Jakobi verabschiedete sich nach dem Gebet von dem jungen Pastor mit dem Satz: «Gehen wir also gemeinsam zu seinen Toren ein mit Danken und zu seinen Vorhöfen mit Loben.»

Hinrich Bues schaute ein wenig fragend bei diesem besonderen Abschiedswort.

«So steht es in Ihrem Eingangsbereich, lieber Pastor Bues. Also setzen wir es um», lächelte die Frau ihn an.

«Entschuldigung, Frau Anton. Daran hatte ich jetzt gar nicht gedacht. Meine Gedanken waren noch bei unserem Gespräch. Aber Sie haben Recht. Der Pastor sollte im Kopf und vor Augen haben, was an den Wänden seiner Kirche steht. Gehen wir's also an mit Danken und mit Loben.»

Damit war der Anfang eines ganz neuen Lebensabschnitts und einer neuen Arbeitsperiode der Helga Anton gemacht. Es sollte eine bemerkenswerte und sehr gesegnete Zeit werden.

10.
«Ich will beten, Gott wird hören»

Sie tat sich recht gut an, diese neue Zeit. Helga Anton brachte sich ein mit den Gaben, die ihr bewusst waren, fand in St. Jakobi eine gute geistliche Heimat und schaute, ob es da nicht noch einen Platz gab, an dem Besonderes möglich war.

Was, wusste sie selbst noch nicht. Aber ihr ging immer wieder die alte Prophetin Hanna, die Tochter Phanuëls aus dem Stamm Asser, durch den Sinn, die der Evangelist Lukas ins zweite Kapitel seines Buches aufgenommen hatte. Von dieser Hanna, einer vierundachtzigjährigen langjährigen Witwe, war gesagt, dass sie Tag und Nacht nicht vom Tempel wich, sondern ihrem Gott rund um die Uhr mit Fasten und Beten diente. Dabei war das Beten wohl ihre eigentliche Tätigkeit.

Wie die das gemacht hatte, stand leider nicht da. Es musste irgendwie gegangen sein. Wofür mochte die Frau alles gebetet haben? Für ihr Land, das Gottes verheißenes Land war? Für ihr Volk, das Gottes auserwähltes Volk war? Für das Kommen des Messias, das sie ja tatsächlich erleben durfte? Für einzelne Menschen, damit sie Gott nicht aus den Augen verloren, sondern bereit wurden, den Messias zu empfangen? Für …

Immer, wenn Helga Anton die Hanna im Kopf hatte, rotierte gleichzeitig das Lied von einem Johannes Roos im Hintergrund ihrer Gedanken, das sie einmal gehört und inzwischen selbst gelernt hatte:

«1. Beter sind Wundervollbringer,
einsam in finsterer Nacht.
Beter sind Weltenbezwinger,
wartend auf stiller Wacht.

2. Beter sind sterbende Krieger,
trotzend dem König zugut.
Beter sind Satansbesieger,
Priester aus edlem Blut.

3. Beter sind bettelnde Fürsten,
haben viel Güter sie gleich,
glüht doch in ihnen ein Dürsten:
Seelen für Gottes Reich.

4. Stehen die Beter zusammen
glaubend mit Vollmacht am Thron,
mächtig dann lodern die Flammen,
königlich ist ihr Lohn.

5. Toben auch teuflische Kräfte,
kennst du den nächtlichen Schrei?
Beter tun Siegesgeschäfte,
beten den Tag herbei.»[5]

Gott dienen mit dem Gebet rund um die Uhr? Sie, Helga Anton,
als bettelnde Fürstin? Gerne! Ob so etwas auch im letzten Jahr-
zehnt des zwanzigsten Jahrhunderts möglich war? Beterin als
Wundervollbringerin? Oder zumindest als so etwas Ähnliches?

War das nicht vermessen? Mit Vollmacht am Thron Seelen für
Gottes Reich gewinnen? Das wollte sie schon gerne. Solchen
königlichen Lohn ernten, das wär's doch!

Helga Anton kam von diesem Gedanken nicht mehr los. Er beschäftigte sie ständig und irgendwie immer drängender, bis sie schließlich in der Adventszeit 1988 beschloss, mit Pastor Bues darüber zu reden und zu hören, was der von diesem Gedanken hielt.

Und der hielt sehr viel davon, hatte er doch ausgerechnet an diesem Morgen in seiner Stillen Zeit den Text nach Lukas 2,36–38 gelesen und bedacht und deshalb ebenfalls die Hanna vor Augen und die Frage im Sinn, ob es nicht möglich sein könnte, einen solchen Hanna-Dienst in St. Jakobi einzurichten.

Bevor Helga Anton ihr Anliegen vortragen konnte, fragte sie der Pastor: «Könnten Sie sich vorstellen, Frau Anton, dass Sie in unserer Gemeinde einen hauptamtlichen Gebetsdienst aufnehmen, quasi einen Hanna-Dienst nach Lukas 2 und nach dem Motto ‹Beter sind Wundervollbringer›? Sie kennen das Lied. Sie haben es schon gespielt. Mir ist aufgefallen, Ihre Gebete sind so anders, irgendwie besonders im Vergleich zu den Gebeten, die sonst gesprochen werden. Viel konkreter, viel direkter, viel …, na ja, vielleicht ahnen Sie, was ich sagen will.»

Der Frau stockte für einen Moment der Atem. Das war es doch, weshalb sie hier war! Und der Pastor kam ihr mit ihrem eigenen Anliegen zuvor und hatte auch bereits eine besondere Einschätzung ihrer Art zu beten. Und er hatte offenkundig auch dasselbe Lied im Kopf wie sie!

Da hatte Gott wohl sehr deutlich seine Hände im Spiel. Hatte er die Weichen in seine Richtung bereits gestellt? Die Antwort auf die Frage fiel der Frau deshalb sehr leicht: «Zu beten scheint meine Berufung zu sein, Herr Pastor. Ich bete liebend gerne, und ich bete viel. Ohne Gebet geht bei mir nichts mehr. Ich würde gerne noch mehr beten, quasi offiziell und amtlich. Ich weiß nicht, wie ich ausdrücken soll, was ich meine. Aber wegen dieses Gedankens bin ich hier.»

Jetzt war das Erstaunen auf der Seite des Pastors. Freudig erregt antwortete er: «Dann brauchen wir ja nur noch zu prüfen, ob Sie den Ruf in einen vollzeitlichen Gebetsdienst haben, Frau Anton, quasi wie die Hanna Tag und Nacht im Tempel zu beten.»

«Haben wir die Prüfung nicht bereits hinter uns?», glaubte die Frau sagen zu können. «Die Schrift weiß keinen Widerspruch zu einer solchen Aufgabe. Im Gegenteil, sie bestätigt ihn vielfach in den Worten Jesu, in den Aussagen der Apostel und früher schon in den Psalmen und überhaupt an vielen Stellen der Bibel.»

«Richtig», bestätigte der Pastor. «Menschen dürften dem Auftrag auch nicht entgegenstehen, um das als zweiten Prüfstein zu nennen. Und die Freude an dem Dienst, sagen wir als drittes Kriterium, ist bei Ihnen offenkundig vorhanden.»

«Fehlt vielleicht noch als Viertes der Segen Gottes als Bestätigung?», ergänzte Helga Anton den Prüfungskatalog.

«Den haben wir doch wohl schon vielfach gespürt, Frau Anton», bemerkte der Pastor. «Denken Sie nur daran, dass auf Ihre Fürbitte hin sich meine eigene Unterrichtssituation in der Schule wesentlich verbessert hat. Ich fühle keine innere Lähmung mehr während meines Religionsunterrichts an dieser anthroposophischen Schule, und ich kann biblisches Evangelium weitergeben. Das ist wunderbar. Denken Sie auch daran, dass sich der Gottesdienstbesuch in unserer Kirche deutlich verbessert hat. Denken Sie auch an die Kranken, denen wir nach Jakobus 5 mit Gebet und Salbung gedient haben und denen es danach rasch besser gegangen ist. Ist das nicht deutlicher Segen Gottes, Frau Anton?»

«Sie haben Recht, Herr Pastor», bestätigte Helga Anton. «Ich bin ja selbst auch ein Beispiel dafür.»

Hinrich Bues blickte sein Gegenüber fragend an. Die Bemerkung verstand er nicht. «Sagen Sie mir …?»

«Gerne, Herr Pastor, und gerne zur Ehre Gottes», antwortete Helga Anton und erzählte in einigen Sätzen von dem wundersamen Verlauf ihrer Krebskrankheit, von der notwendigen Operation und davon, dass der anschließende Heilungsprozess ohne die ernsten Gebete ihrer Freunde nicht so abgelaufen wäre, wie er abgelaufen war. Die bereits gestreuten Metastasen waren nicht mehr auffindbar, was bedeutete, dass der Krebs vollständig ausgeheilt war. «Des Gerechten Gebet vermag viel, wenn es ernstlich ist – Jakobus 5,16b, Herr Pastor», beschloss die Frau ihren Bericht und fügte an: «Was lernen wir aus den Beispielen und auch aus meinem eigenen? Gott hat die Gebete bestätigt, und er hat gesegnet! – Und er wird weiter segnen! Ich bin zutiefst davon überzeugt.»

«Gut», der junge Pastor Bues wollte wohl das Gespräch zusammenfassen, «sehr gut, Frau Anton. Wunderbar! Wenn Sie in meiner Frage Ihre Berufung zu einer Art hauptamtlichen Gebetsdienst sehen können, dann kann uns nichts daran hindern, diese Berufung gottesdienstöffentlich auszusprechen und von der Gemeinde bestätigen zu lassen. Wir möchten ja keinen Geheimbund gründen.»

Pastor Bues unterbrach sich, um wohl ein Echo zu bekommen. Helga Anton signalisierte ihre Zustimmung allerdings nur mit ihrem offenen Blick. Deshalb fuhr der Mann fort: «Ich schlage dafür den Gottesdienst am 1. Januar vor. Dann gehen Sie mit einer ganz neuen Aufgabe ins neue Jahr. Die Modalitäten Ihres Dienstes müssen wir noch absprechen.»

«Über eine Modalität bin ich mir bereits im Klaren», griff Helga Anton das letzte Stichwort auf.

«Über welche?», wollte der Pastor natürlich wissen.

«Ich werde meinen Beruf aufgeben. Ich lasse meine letzten Unterrichtsvereinbarungen auslaufen und räume meine Plätze in den Musikensembles, damit ich frei werde für das Gebet.»

«Aber Sie wollen Ihre Geige doch nicht …?»

«Nein, nicht gänzlich im Koffer verschwinden lassen», beruhigte die Noch-Berufsmusikerin. «Zum Lobpreis kann ich sie gerne weiterhin auspacken, solange es die jungen Leute ertragen, dass ich alte Frau mich dazustelle. Und das ein oder andere Ständchen werde ich bei Alten- und Krankenbesuchen auch noch spielen. Aber Geld möchte ich mit dem Instrument nicht mehr verdienen. Mit dem, was mir an Mitteln bleibt, wenn ich dann meine Rente bekomme, werde ich schon hinkommen.»

«Wir werden Ihre Rente ein wenig aufstocken, Frau Anton», nahm der Pastor dieser Sache die mögliche Bedeutung. «Ob das über die Gemeindekasse gehen kann, wird sich zeigen. Ich muss es erkunden. Wenn es gehen sollte, wird es allerdings nicht viel mehr als eine kleine Hilfe sein können.»

«An so etwas hatte ich allerdings nicht gedacht», wies die Frau diesen Hinweis ein wenig verlegen zurück. «Die Gemeinde braucht ihr Geld für andere Dinge.»

«Das ist schon richtig», bestätigte der Pastor. «Aber denken Sie daran: Jede Arbeit ist ihres Lohnes wert.»

«Lukas 10,7», bestätigte die Frau und fuhr fort: «Es heißt aber auch in Matthäus 10,8: ‹Umsonst habt ihr's empfangen, umsonst gebt es auch.›»

Pastor Bues musste schmunzeln über die Schlagfertigkeit seines Gegenübers. «Auch richtig, liebe Frau Anton. Wir werden sehen, wie es letztlich gehen wird. Darben sollen und werden Sie nicht.»

«Nein, das werde ich nicht, Herr Pastor», gab die Frau mit Nachdruck zurück und fuhr fort: «Ich hatte noch nie Mangel, seit ich im Glauben und in der Nachfolge stehe. Mir ist wichtig, was Paulus den Römern in Kapitel 8,32 schreibt: ‹Der auch seinen eigenen Sohn nicht verschont hat, sondern hat ihn für uns alle

dahingegeben – wie sollte er uns mit ihm nicht alles schenken?›
Da steht ‹alles›!»

Nach einer kurzen Pause ergänzte sie: «Mir ist auch sehr wichtig, was Jesus selbst seinen Jüngern in der Bergpredigt gesagt hat, siehe Matthäus 6,33: ‹Trachtet zuerst nach dem Reich Gottes und nach seiner Gerechtigkeit, so wird euch das alles zufallen.› Und vorher ist von Essen und Trinken und Kleidung die Rede.»

«Sie sind ein erstaunlicher Mensch, Frau Anton», gab der junge Mann seiner Bewunderung dieser Haltung seines Gastes Ausdruck, «ein offenbar besonders begnadeter und begabter. Ich wiederhole mich. Meine besondere Wertschätzung! Ich bin gespannt, was Gott durch Sie noch alles tun wird.»

«Ich bin selbst auch sehr gespannt, Herr Pastor», gab Helga Anton zu. «Und ich bete schon jetzt darum, dass Gott mich demütig hält und ich nicht dem Hochmut verfalle, wenn mein Gebetsdienst Folgen hat. Sie wissen es wie ich: ‹… den Demütigen gibt Gott Gnade› – Von Petrus und Jakobus den Sprüchen Salomos entnommen. – Aber jetzt lassen Sie uns unser Gespräch und meine neue Aufgabe wieder von Jesus absegnen.»

«Vorher noch eins, Frau Anton», bremste der Pastor Helga Antons Gebetseifer zunächst noch einmal aus. «Sie denken bei Ihrem Auftrag doch auch an das biblische Zweier-Prinzip?»

«Keine Bange, Herr Pastor», musste die Frau jetzt lachen. «Das Zweier-Prinzip ist das Prinzip Jesu. Wie könnte ich es missachten?! Ich weiß schon ein paar Leute, die ich mir jeweils dazuholen kann.»

«Gut, Frau Anton, dann wird jetzt gebetet», beschloss Hinrich Bues das Gespräch, «und dann mutig ans Werk!»

Zurück in ihrer Wohnung, setzte sich die gerade frisch zur hauptamtlichen Beterin berufene Frau hin und schrieb für sich selbst einen Katalog von Kriterien, die sie für ihre neue Aufgabe beachten wollte, weil sie von ihrer unbedingten Notwendigkeit und Wichtigkeit überzeugt war.

Dabei musste sie sich beim Schreiben schon gehörig anstrengen, denn ihre Sehfähigkeit war inzwischen nicht mehr sehr gut. Vor allem die Mitte ihres Blicks zeigte ihr nur noch ganz schwache und verschwommene Bilder. An den Rändern des Blickfeldes, aus den Augenwinkeln, sah sie noch das, was sie sehen musste, um sich frei bewegen und ihren Alltag bewältigen zu können. Folglich hielt sie den Kopf schief, wenn sie schrieb. Und sie schrieb groß. Aber warum auch nicht? Was früher auf eine Postkarte passte, musste jetzt eben auf ein DIN-A4-Blatt. Aber noch ging das. Gut so!

Am Schluss ihrer Überlegungen stand eine Liste von zehn Stichwörtern auf ihrem Blatt, nach denen sie handeln wollte, wenn sie ihre Gebetszeiten hatte oder wenn sie auch Leute vor sich oder um sich hatte, für die sie oder mit denen sie beten sollte. Einige Positionen versah sie mit Bibelstellen, die ihr gerade dazu einfielen.

Notwendig zu beachten im Dienst des Gebetes

1. Bei und von Jesus lernen! ER muss es machen! – Johannes 15,5.
2. Im Namen Jesu und unter der Deckung seines Blutes beten und von vornherein den Dank einplanen – Kolosser 3,17 / Römer 5,8–9 / 1. Timotheus 2,1.
3. Das Heil geht immer vor das Wohl – Matthäus 9,1–8.
4. Nie an der Wirkung des Gebetes zweifeln, dabei aber wissen, dass Gott zu den Dingen seine eigene Gedanken hat – Jesaja 55,8–9 / Jeremia 29,11 / Jakobus 1,6–8.
5. Auf Verheißungen bauen und verweisen und selbst an ihnen festhalten – Hebräer 10,22–23.35–36.

6. Immer zugleich ein Ohr bei den Menschen und ein Ohr bei Gott haben – Stille und Hören – Psalm 62,1–2.
7. Nach dem Glauben fragen – gegebenenfalls zunächst das Evangelium verkünden – Johannes 3,16 / Apostelgeschichte 28,23.
8. Immer direkt beten – nicht allgemein formulieren und an der Oberfläche bleiben – dem Gebetsanliegen zunächst auf den Grund gehen – Hintergründe erkunden – Ursachen erforschen – Klagelieder 3,39–40.
9. Immer konkret beten – die jeweilige Sache beim Namen nennen – Lukas 4,31–32.39 / Apostelgeschichte 16,18.
10. Mächten der Finsternis gebieten nach Jesu Vorbild – Matthäus 4,10 / 1. Petrus 5,8 / Jakobus 4,7 / Apostelgeschichte 16,18.

Nachdem im Neujahrsgottesdienst von St. Jakobi Helga Anton der Gemeinde als hauptamtliche Beterin vorgestellt und sie für dieses Amt gesegnet worden war, konnte ihre Arbeit offiziell beginnen. Jeder aus der Gemeinde konnte sich bei Bedarf an die Beterin wenden, und dann brachte die das Anliegen – immer begleitet von einer zweiten Person – vor Gott.

Mit diesem Tag war die Nachfrage geweckt. Zunächst wurde das Angebot freilich nur zögerlich von einigen wenigen in der neuen Sache mutigen Leuten genutzt, dann aber zunehmend von mehr und mehr Gemeindegliedern.

Bald zeigte der neue Gebetsdienst auch bereits Wirkung. Menschen wurde in ihren Fragen und Problemen geholfen, Verhältnisse wurden geklärt, Wege wurden geebnet. Die Gemeinde wurde geistlich gefestigt und wuchs deutlich. Das wurde sichtbar auch an der Anzahl der Pkws, die – mit einem Fisch am Heck versehen – sonntags in den Straßen um die Kirche herum geparkt wurden. Gott bekannte sich deutlich zu dem neuen Dienst der Fürbitte und segnete ihn spürbar und sichtbar.

Mit der Zeit sprach sich der Gebetsdienst der Frau Anton in ganz Itzehoe und im Umland herum, und es wagten auch Leute aus anderen Stadtteilen und Orten, die mit St. Jakobi oder einer anderen Gemeinde nichts zu tun hatten und die überhaupt dem Glauben und der Kirche weniger nahe standen, mit ihren Anliegen zu ihr zu kommen.

Da ging es dann um die unterschiedlichsten Dinge, die die Menschen bewegten, um persönliche und wirtschaftliche Nöte, um solche der örtlichen Gemeinde und solche der Gesamtkirche – besonders der nordelbischen, in der es heiße Diskussionen und Auseinandersetzungen gab um biblische Orientierung und theologische Standpunkte.

Es ging aber auch um Anliegen der kleinen und großen Politik im Sinne von Jeremia 29,7: «Suchet der Stadt Bestes … und betet für sie zum Herrn; denn wenn's ihr wohlgeht, so geht's euch auch wohl», und so weiter und so fort. Einen breiten Raum nahmen auch die Missionsbemühungen der vielen christlichen Werke und Organisationen ein und auch Fragen, wie denn das missionarische Bemühen der eigenen Gemeinde auszusehen habe, ganz nach der Bitte des Paulus in seinem Brief an die Kolosser, Kapitel 4, Vers 3: «Betet zugleich auch für uns, dass Gott uns eine Tür für das Wort auftue und wir das Geheimnis Christi sagen können.»

Dabei hielt sich Helga Anton so gut wie möglich an ihr eigenes Thesen-Schema. Das bedeutete für sie, dass sie in der Regel zunächst nach dem Glauben des Bittstellers fragte. Wenn der keinen hatte, aber offen war für das Evangelium, dann hat sie ihm zunächst erklärt, wie man zum Glauben an den Heiland und Erlöser Jesus Christus kommt, bevor sie das Anliegen des betreffenden Menschen vor ihren Herrn brachte.

Das brachte es dann aber auch gelegentlich mit sich, dass sie sich einem Bittsteller verweigern musste. Wer sich grundsätzlich der frohen Botschaft verschloss und von einem Christusbekenntnis nichts wissen wollte, der musste leider unverrichteter Dinge wieder gehen.

Hier war es der Beterin wichtig, was Paulus im 2. Korintherbrief 6,14ff. geschrieben hatte: «Zieht nicht am fremden Joch mit den Ungläubigen. Denn was hat die Gerechtigkeit zu schaffen mit der Ungerechtigkeit? Was hat das Licht für Gemeinschaft mit der Finsternis? Wie stimmt Christus überein mit Beliar? Oder was für ein Teil hat der Gläubige mit dem Ungläubigen? …»

Das Anliegen eines solchen Menschen ließ Helga Anton allerdings nicht unter den Tisch fallen. Sie war ja am Heil dieses Menschen interessiert. Sie orientierte sich dann darauf, für diesen Menschen und seine Glaubensoffenheit zu beten. Damit sie das dann eine Weile tun konnte, legte sie sich eine Liste an mit Namen oder auch nur mit Hinweisen auf die Leute, die sie hatte «abweisen» müssen, überzeugt davon, dass Gott auch mit diesen Personen seinen Weg hatte.

Helga Antons Gebete richteten sich immer auch nach dem, was Paulus in seinem ersten Brief an Timotheus über das Beten geschrieben hatte: «Bitte, Gebet, Fürbitte und Danksagung für alle Menschen, für die Könige und für alle Obrigkeit … Dies ist gut und wohlgefällig vor Gott, unserm Heiland, welcher will, dass allen Menschen geholfen werde und sie zur Erkenntnis der Wahrheit kommen.»

Um gerade diesen letzten Gedanken, der ja ein tief missionarischer ist, besser umsetzen zu können, gründete die Gemeinde in Tegelhörn eine Missionsstation in der juristischen Form eines

Vereins, der offiziellen Status bekam und somit um spenden-freundliche Mitglieder und Freunde werben konnte. Und um gläubige Menschen, die auch praktisch mitarbeiten wollten.

Mitarbeit war gerne erwünscht und unbedingt erforderlich im «Gebetsdienst» – dem Aufgabenbereich von Helga Anton – und in den missionarischen Kreisen, die sich «Weggemeinschaften» nannten und sich in Privathäusern trafen, um gemeinsam die Bibel zu lesen, zu beten sowie Traktat-Verteilaktionen und Straßen- und Hauseinsätze vorzubereiten und durchzuführen zur Einladung in die so genannten ‹offenen Gottesdienste›, denen sich besonders Pastor Bues verschrieben hatte.

Die neue «Evangelische Missionsstation e.V.» bot auch «Christliche Lebensberatung» an und kümmerte sich zudem allgemein um «Mission nah und fern». Der Verein hatte seinen Sitz in Tegelhörn und war an die Gemeinde St. Jakobi angeschlossen. Die Mitglieder und Freunde des Vereins kamen zunächst aus dem Gemeindebereich, dann aus ganz Itzehoe, bald aber, nachdem die «Missionsstation» über die Gemeinde- und Stadtgrenzen hinaus bekannt geworden war, auch aus der näheren und weiteren Umgebung.

Es waren durchweg erweckte und christusorientierte missionarisch gesinnte Männer und Frauen unterschiedlichen Alters, die die Anliegen des Vereins zu ihren eigenen machten. Eine gute Sache, die allen rasch aufkommenden Widerständen von außen zum Trotz – sie kamen leider auch aus manchen kirchlichen Kreisen, denen die Vereinsaktivitäten wohl zu fromm, zu übertrieben und zu ‹aggressiv› erschienen – im Laufe der Zeit mehr und mehr sichtbar von Gott bestätigt und gesegnet wurde.

Der Verein wurde übrigens auch dafür gebraucht, dass Helga Anton als hauptamtliche Beterin eine richtige Anstellung bekommen und der Betrag, der ihr zugestanden wurde, auch ordentlich verbucht werden konnte. Und die Spenden und Kollekten, die sie später von ihren Vortragsreisen für den Verein mitbrachte, brauchten auch ihr ordentliches Konto und ihre nachvollziehbare Verwaltung.

Eine andere Sache wurde ebenfalls von Gott bestätigt und von ihm deutlich gesegnet. Pastor Bues zeigte Helga Anton einmal ein paar Anzeigen in der örtlichen Tageszeitung, in denen es um Wahrsagerei, um Pendeln, um Kartenlegen, um Geistheilen und Ähnliches ging.

«Was halten Sie davon, Frau Anton?», fragte er seine leitende Beterin, «wenn wir einmal an Leute denken von außerhalb unserer oder anderer Gemeinden, also an Leute von draußen aus der so genannten ‹Welt›, und eine ähnliche Anzeige schalten mit dem Angebot ‹Gebetsdienst für Volk und Land› oder ‹Gebet und Seelsorge auch für Sie› oder so ähnlich?»

«Warum nicht?», gab Helga Anton sofort zustimmend zurück. «Warum sollten wir den Mächten der Finsternis das Feld überlassen, die auf diese Weise um Kunden werben, besser gesagt: um Opfer, die sie mit diesen Anzeigen ködern, um sie anschließend in die Unfreiheit und ins Verderben zu führen oder führen zu lassen? Wir sollten dann aber beides anbieten: Gebet und Seelsorge.»

«Und Sie wären bereit, so eine Art Gebets-Sprechstunde einzurichten? Auch wenn ein solches Angebot öffentliches Aufsehen erregt und verschärften Widerspruch herausfordert?»

«Ein per Zeitung angekündigter öffentlicher Gebets- und Seelsorgedienst im Umfeld esoterischer Angebote wird zwangsläufig Widerspruch herausfordern, Herr Pastor», war Helga Anton sich sicher. «Der Teufel lässt sich doch nicht einfach in sein Handwerk pfuschen. Das erfahren wir doch bisher auch schon. – Aber wir sind auf der Seite des Siegers, Herr Bues. Christus ist doch dazu gekommen, dass er die Werke des Teufels zerstöre. Also mal keine Bange vor Aufsehen und Widerspruch – und auch nicht vor der Größe einer solchen Aufgabe.»

«Siehe 1. Johannes 3,8», bestätigte der Pastor diese Aussage und überlegte dann weiter: «Wie machen wir es also? Unsere Sache müsste ja eine regelmäßige sein.»

«Das müsste sie in der Tat», bestätigte die Beterin diesen Gedanken. «Wie die Sprechstunde eines Arztes. Jesus, der Arzt des Leibes und der Seele. Ich schlage vor, wir legen die Zeit zunächst einmal auf samstags 18 bis 19 Uhr. Dann haben die interessierten Leute Zeit und können kommen, wenn sie wollen.»

«Sollen wir auch eine Telefonnummer zur Anmeldung angeben, wie das in den anderen Anzeigen gemacht wird?»

«Das wäre wohl sinnvoll, dann könnte ich mich besser auf die Stunde einstellen. – Ich würde allerdings das Wörtchen ‹möglichst› in die Anzeige einbauen», meinte Helga Anton. «Nicht jeder hat Telefon, und manch einer möchte vielleicht spontan kommen.»

«Also gut», beschloss Hinrich Bues das kurze Gespräch. «Wir besprechen die Sache noch einmal im Missionsstations-Vorstand. Wir beide sind uns ja bereits einig. Wenn die andern keine Einwände haben, was ich sicher annehme, kümmere ich mich um die Anzeige. Ich glaube, ich schreibe: ‹Gebet für Kranke und Hilfesuchende – sonnabends 18.00 Uhr›. Sie stellen sich auf die neue Sprechstunde ein, sagen wir am übernächsten Samstag im Gesprächszimmer bei mir im Pfarrhaus. Ein paar Tage Vorlaufzeit brauchen wir bis dahin. Neben der Tür hängt bis dahin auch eine Tafel: ‹Haus des Gebets›. In Ordnung, Frau Beterin? – Ich bin gespannt, ob da jemand kommt.»

«Einverstanden, Herr Pastor!», gab Helga Anton schmunzelnd zurück. «‹Haus des Gebets› – sehr gut! Ich teile übrigens Ihre gespannte Erwartung», gab die Frau zurück. «Wenn die Sache in Jesu Sinn ist, werden Leute von draußen kommen. Wenn nicht, werden sie ausbleiben. Dann ist das Kind gestorben, ehe es geboren wird.»

«Ein drastischer Satz, Frau Anton», bemerkte der Pastor. «Aber falsch ist er wohl nicht. An Gottes Zustimmung, sprich Segen, ist alles gelegen.»

Das öffentliche Angebot der St.-Jakobi-Gemeinde zu Gebet und zur Seelsorge erregte wie erwartet erhebliches Aufsehen. Die fromme «helle» Anzeige zwischen den weltlichen, vielleicht gar heidnischen «dunklen» wurde gelesen. Und sie wurde wie erwartet öffentlich kommentiert.

Was war den Tegelhörnern da in den Sinn gekommen? Hoben die denn jetzt völlig ab? Verloren die Frommen dieser Gemeinde jetzt jeden Bodenkontakt? Für ein paar Tage gab es einen kontroversen und zum Teil bissigen Meinungsaustausch in der Leserbriefsparte der Zeitung. Dazu gab es auch ein paar zumeist anonyme Anrufe an die angegebene Telefonnummer, die ebenfalls eine breite Palette möglicher Meinungen zu dem besonderen frommen Angebot deutlich machten.

Das Erstaunliche aber war, dass das Angebot offenbar doch eine Art Marktlücke traf und tatsächlich angenommen wurde. Schon zum ersten Termin wagten sich ein paar Leute nach Tegelhörn in die Twietbergstraße, um Helga Anton ihre Anliegen vorzutragen und die Frau für sich oder für andere beten zu lassen.

Dabei ging es in dieser «öffentlichen» Sache wie in der bisherigen eher «gemeindeinternen» immer auch um beides: um das Heil und um das Wohl der Leute, allerdings mit dem kleinen Unterschied, dass die Beterin und Seelsorgerin mit Leuten von «draußen» nicht so «streng» umging wie mit solchen, die einen Glaubenshintergrund mitbrachten. Um die Wahrheiten des

Evangeliums ging es ihr dabei immer. Aber Helga Anton übte keinen Druck aus auf die, die von einem persönlichen Jesus-Glauben wenig wussten. Jesus selbst hatte auch nicht alle seine Gegenüber zunächst ein Zeugnis ihres Glaubens ablegen lassen. Ihm war es wichtig gewesen, dass die Menschen mit dem Vertrauen zu ihm kamen, dass er die Macht habe, ihnen helfen zu können nach der Aussage des Vaters: «Ich glaube; hilf meinem Unglauben!» aus der Geschichte von der Heilung des besessenen Knaben nach Markus 9,14ff.

Die Frage nach dem Vertrauen in die Macht Jesu spielte deshalb für Helga Anton immer eine wichtige Rolle. Wenn jemand sich selbst als nicht oder noch nicht gläubig bezeichnete, aber deutlich machte, dass er Vertrauen in das Gebet zu Jesus hatte, dann betete die Frau mit der Vollmacht, von der sie sich beschenkt wusste. Und dieses Gebet blieb zumeist nicht unerhört.

In die Gebets- und Seelsorge-Sprechstunde kam dann auch einmal ein junger Mann auf hohen Krücken, die den Körper unter den Achseln hielten. Ein elender Mensch, der sich sehr mühsam in den Raum schleppte, 24 Jahre alt und ohne jede Perspektive für sein junges Leben. Ein Bild des Jammers! Was hatte der Mann nicht schon alles unternommen, um Linderung seines Leidens zu erfahren, um Kraft in seine armen Beine zu bekommen, damit sie ihn trugen und er sich leichter fortbewegen konnte. Jede Bewegung war mit Schmerzen verbunden, die überall in den Muskeln und Sehnen und im Nervensystem dieses armen Körpers steckten. Keine Operation und keine Reha-Maßnahme hatte ihm helfen können. Den Orthopäden war der Mann ein Rätsel, und anderen Ärzten auch. Nachdem er die Anzeige in der Zeitung gelesen hatte, hatte er allen Mut zusammengefasst und sich von Freunden nach Tegelhörn bringen lassen, um von dem dortigen Gebetsdienst vielleicht Hilfe zu erfahren.

«Sie erinnern mich an den Menschen am Teich Bethesda», sagte Helga Anton, nachdem der junge Mann ihr seine Geschichte in einigen Sätzen erzählt hatte. «Die Geschichte steht im Johannes-Evangelium im 5. Kapitel.»

«Ich erinnere mich, in meiner Konfirmandenzeit davon gehört zu haben», antwortete er. «Ich erinnere mich auch daran, dass Jesus den Mann gefragt hat, ob er gesund werden wolle. Das war für mich damals eine saublöde Frage. Jeder Kranke will doch gesund werden.»

Hier hakte Helga Anton ein: «Also wollen Sie auch gesund werden?»

«Jetzt stellen Sie mir dieselbe blöde Frage, gute Frau», mokierte sich der Mann. «Weshalb habe ich mich wohl hierher fahren lassen und in diesen Raum geschleppt?»

«Verzeihen Sie, Herr …», gab die Beterin zu, vielleicht wirklich falsch reagiert zu haben.

«Sagen Sie Hanns zu mir, Frau Anton», gab der Mann sich versöhnlich. «Nehmen Sie mir meinen barschen Ton bitte nicht übel. Der ist eine Folge meiner ständigen Beschwerden.»

Die Beterin ließ den Satz stehen, wie er gesagt war, und fragte: «Und wie reagieren Sie, wenn ich Ihnen sage, dass ich Ihnen genauso wenig helfen kann wie die medizinische Fachwelt, die Ihnen nicht helfen konnte?»

Hanns holte ein paarmal tief Luft. Es arbeitete deutlich in seinem Kopf. Dann sagte er: «Dann verstehe ich Ihre Anzeige nicht, gnädige Frau. Ich denke, Sie heilen durch Gebet oder geistlichen Zuspruch oder so.»

«Vorsicht, Hanns. Die Anzeige ist nicht meine, sie ist von der Missionsstation beziehungsweise von der Kirche. Wir in unserem Verein und in der Gemeinde sind der festen Überzeugung, dass der Gott der Bibel auch heute noch heilt und dass Jesus Christus für alle Schuld und für alle Krankheit stellvertretend für alle Men-

schen am Kreuz bezahlt hat. Wir entnehmen das Jesaja 53. –
Also, nicht ich, lieber Hanns, nicht ich kann heilen», wies die
«gnädige Frau» den Einwand zurück, hängte aber sofort noch einmal mit deutlicher Überzeugung an: «Aber Jesus kann! Erinnern
Sie sich an unsere Geschichte?»

«Dieser Jesus hat dem Mann am Teich gesagt, er solle sein
Bett nehmen und nach Hause gehen.»

«Richtig», bestätigte Helga Anton. «Das kann ich zu Ihnen aber
so nun nicht sagen, Hanns. Aber ich will gerne darum beten,
dass Jesus es zu Ihnen sagt. Wahrscheinlich nicht hier und heute,
aber vielleicht doch so nach und nach. Trauen Sie Jesus das zu?»

Für einige Momente herrschte Schweigen im Raum. Die Frau
sah den Mann liebevoll an, zumindest musste das für ihn so aussehen. Hanns blickte deutlich bekümmert aus seinen traurigen
Augen. Schließlich atmete er tief durch und sagte leise und ein
wenig zaghaft: «Wenn Jesus der Herr ist, wie die Geschichte von
damals ihn beschreibt, dann kann er das auch heute. Ich glaube
sicher, dann kann er das auch heute.»

«Eine gute Antwort, Hanns», bestätigte Helga Anton. «Aber
ich muss Sie auch vor dem Hintergrund der Geschichte noch etwas fragen.»

«Fragen Sie, gnädige Frau», gestand der Mann zu.

«Jesus sagt diesem Mann nach seiner Heilung, als er ihn später
im Tempel wiedertrifft: ‹Siehe, du bist gesund geworden; sündige
hinfort nicht mehr, dass dir nicht etwas Schlimmeres widerfahre›.
Was denken Sie dazu?»

«Keine Ahnung, Frau Anton. Weiß ich, was das jetzt für mich
heißt?», fragte Hanns sichtlich erschrocken, wobei er wohl wegen seiner Schmerzen kurz aufstöhnte. «Sagen Sie mir: Was
heißt das, ich soll nicht mehr sündigen? Sagen Sie's mir! Bin ich
denn ein so schlimmer Mensch?»

«Was für ein schlimmer Mensch Sie sind, kann und will ich

nicht beurteilen, Hanns. Dafür kenne ich Sie doch viel zu wenig. Aber ich sag's Ihnen, was das heißen könnte, auch von der Geschichte her. Also, wie der Mann sich nach seiner Heilung verhalten hat, erzählt die Geschichte nicht genau. Sie erzählt aber, dass der Mann hingegangen ist und den Leuten erzählt hat, dass Jesus ihn gesund gemacht hat. Das heißt für mich, dass er sich zu Jesus bekannt hat und ihn einen – besser: *seinen* – Herrn genannt hat. Das von Jesus angedeutete Risiko, dass ihm Schlimmeres widerfahren könnte, wollte er nicht eingehen.

Das müssten Sie, lieber Hanns, in unserer gegenwärtigen Geschichte heute in Ihrem Kopf haben und bedenken. Und wenn Jesus Sie gesund macht, worum ich mit Ihnen und für Sie beten werde, sollten Sie heute reagieren wie der Mann damals.

Können wir vor diesem Hintergrund beten, Hanns?

Lassen Sie sich ruhig einen Moment Zeit mit Ihrer Antwort.»

Hanns ließ sich einen Moment Zeit. Dann sagte er mit fester Stimme: «Wenn Jesus mich gesund machen sollte, dann wird er mir auch sicher dazu helfen, dass ich … dass ich … dass ich lerne, an ihn zu glauben. – Beten Sie bitte für mich, Frau Anton, bitte beten Sie!»

Die Beterin gab sich mit dieser Antwort zufrieden. Sie stellte sich und Hanns unter das Blut Jesu und betete darum, dass der Herr sich der Probleme dieses jungen Mannes vor ihr annähme und ihn heile, wie er den Mann am Teich Bethesda geheilt hatte. Und wenn er es täte, dass er ihm auch zum Glauben und zum Zeugnis verhelfe.

Nach dem Gebet saßen die beiden ungleichen Menschen noch ein paar Momente schweigend beieinander. Dann quälte sich der Mann nach einem knappen «Danke, Frau Anton, und Tschüs!» aus seinem Sessel und aus dem Raum hinaus, wie er sich vor einer halben Stunde hineingequält hatte.

«Kommen Sie in zwei Wochen wieder, Hanns!», rief Helga Anton ihm noch nach, um sich dann für ein paar Momente in der Stube zu sammeln. Vor der Tür wartete nämlich bereits eine andere Person und wollte auch für sich oder irgendetwas gebetet wissen. Irgendwie war es der Beterin merkwürdig wohl nach dem Besuch des jungen Mannes, und sie war jetzt schon gespannt, ob der wirklich in zwei Wochen wiederkam.

Hanns kam nach vierzehn Tagen wieder – mit strahlenden Augen und deutlich heiteren Gemüts. Und er kam nicht mehr mit seinen beiden Krücken, sondern mit zwei Stöcken. Seine Bewegungen waren zwar immer noch von Schmerzen begleitet, aber seine Beine trugen seinen Körper. Wunderbar!

«Schauen Sie, Frau Anton», strahlte der junge Mann die Beterin an, «Jesus hat geholfen. Ich kann mich viel besser bewegen als noch vor zwei Wochen. Ich muss Ihnen danken.»

«Ich freue mich für Sie, Hanns, aber danken Sie unserem Gott dafür, nicht mir. Er hat es gemacht durch Jesus, den Heiland und Arzt für Leib und Seele, und er wird sie, da bin ich mir sicher, völlig gesund machen. – Kennen Sie auch die Geschichte von dem Blinden, den Jesus geheilt hat und der wieder sehen konnte?»

«Es gibt mehrere Blinde in der Bibel, die wieder sehen konnten», wusste Hanns.

«Richtig», bestätigte die Beterin. «Ich denke jetzt an den aus Markus 8. Nachdem Jesus zum ersten Mal an dem Mann gehandelt hatte, konnte dieser die Leute sehen, als wären sie wandelnde Bäume. Nach Jesu zweitem Eingriff konnte er alles scharf sehen.»

«Ich erinnere mich, Frau Anton», bestätigte Hanns und fragte ein wenig zögerlich: «Glauben Sie, dass Jesus auch bei mir ein zweites Mal …?»

«Ich kann es nicht mit Bestimmtheit sagen, aber ich bete darum, dass er's tut», gab die Frau zurück. «Und Sie denken weiter an den Fortgang der Geschichte vom Teich Bethesda.»

Auch diesmal betete Helga Anton wie schon bei der ersten Begegnung mit dem jungen Mann. Besonders betete sie dafür, dass Hanns in seinem Glauben an die heilenden Kräfte Jesu wachse, dass die Sehnen an seinen Beinen sich strafften und dass so viel Kraft in die Beinmuskulatur käme, dass Hanns auch die Stöcke noch weglegen könne. «Und das alles, Jesus, Heiland, nicht so, wie ich will und wie wir wollen, sondern wie du es willst und wie es dir die Ehre gibt.»

Nach ihrem Gebet fragte Helga Anton den jungen Mann: «Sind Sie schon einmal gesegnet worden?»

Der dachte einen Moment nach und antwortete dann: «Bei meiner Konfirmation vielleicht. Das wäre vor etwa zehn Jahren gewesen. Ich kann mich nicht besonders erinnern.»

«Möchten Sie gesegnet werden?», fragte Helga Anton nach. «Auf Wunsch unserer Besucher sprechen wir über Ihnen den Segen Gottes aus, wie Jesus ihn auch ausgesprochen hat, zum Beispiel über die Kinder nach Markus 10.»

«Also», zierte sich Hanns zunächst ein wenig, um dann frei und offen zu bitten: «Ja, Frau Anton, ich bitte Sie um den Segen Gottes und Jesu Christi.»

Helga Anton tat also nach dem Wunsch des jungen Mannes und legte ihm die Hände auf seinen Kopf: «Der Herr segne Sie und mache Sie völlig gesund an Seele, Geist und Leib. Amen!»

Mit der Einladung, nach weiteren zwei Wochen noch einmal nach Tegelhörn herauszukommen, entließ die Beterin den jetzt doch recht fröhlich wirkenden jungen Mann, inzwischen sehr gespannt, wie Jesus weiter handeln würde.

Hanns erwähnte beim Hinausgehen noch, dass er am Tag vor jenem Samstag wieder einen Termin beim Orthopäden hätte. Er

Helga Anton, geborene Wamser, 1939.

Margarete, Erich und Helga Wamser, 1926.

Margarete, Helga und Erich, ein paar Jahre später.

Oben und unten: Das war damals die Stimmung bei den
Jugendlichen in Krempe! Sie wurden «Kremper Gilde» genannt. Die
Aufnahmen entstanden beim «Schützenfest» und beim
«Handwerkerfest» in Krempe.

Oben: Helga (Mitte) und ihre Mutter Nanny (links) sowie ein
weiterer Bekannter.

Unten: Die Schwestern Margarete (links) und Helga Wamser.

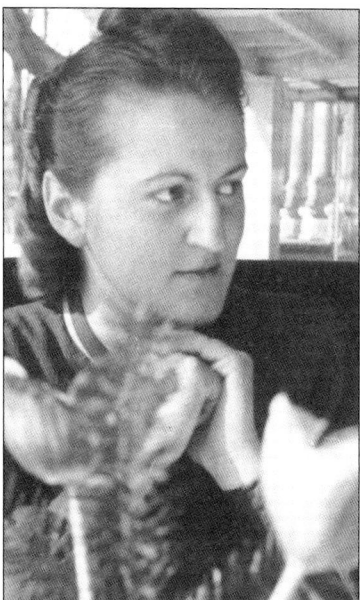

Oben links: Helga und ihre Mutter Nanny.

Oben rechts: Ein schönes Porträt von Helga.

Unten: Johannes und Nanny Wamser, die Eltern von Helga, 1961.

Oben links: Helga und ihre Eltern, ca. 1930.

Oben rechts: Margarete und Hella mit ihren Eltern und einer Oma.

Unten: Jürgen Anton mit Gerd und mit Frauke, Helgas Nichte.

Oben links: Helga Wamser.

Oben rechts: Helga, ca. 1940.

Unten: Helga – und ein Sonnenstrahl auf der Linse.

Oben links: Ein Fahnenschwinger in Krempe vor großem Publikum (die Fahne meterhoch in der Luft).

Oben rechts: Festvorbereitungen in Krempe.

Unten: Die Stadt Krempe in Holstein – der Marktplatz mit der Kirche.

Oben: Von links: Margarete, Erich, Helga, Dieta, Johannes
und Nanny Wamser.

Unten: Helga Wamser (die zweite von links) mit Freundinnen.

Der Grabstein der Familie Wamser nach dem Tode von Helgas
Mutter Nanny.

Helgas Bruder Erich heiratet seine Dieta.

Oben und unten: Die blonde Helga als Geigerin in Orchestern.

Helga und Walter Anton, ca. 1942.

Walter Anton in Uniform, 1942.

Walter Anton (Zweiter von rechts) mit seinen Eltern, links außen
Nanny Wamser, 1942.

Helga und Walter Anton, 1942.

Helga Anton und ihr Sohn Jürgen im Frühjahr 1944.

Helgas in Russland verschollener Mann, Walter Anton.

Helga Anton mit ihrem Sohn Jürgen, kurz nach dem Krieg.

Helga mit ihrer geliebten Geige.

Helga als Teil des ganzen Orchesters.

Helga (links) braucht eine Brille für die Noten!

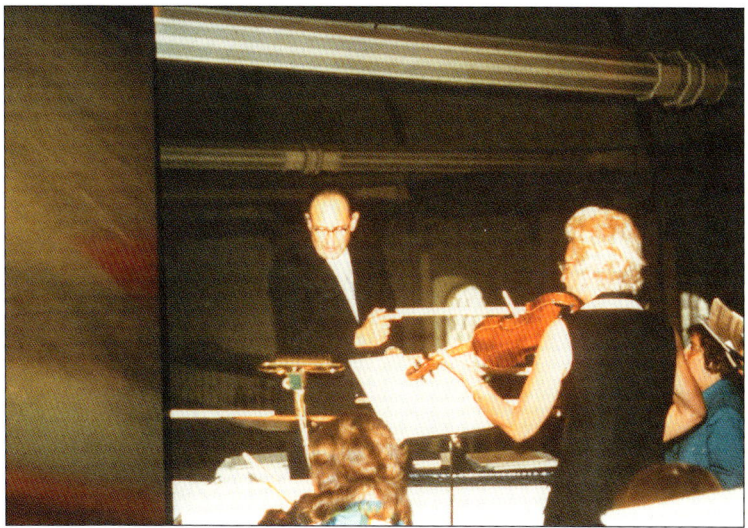

Oben: Helga spielt 1974 in der Kirche Hademarschen bei Itzehoe.

Unten: Zusammenspiel mit dem Dirigenten, 1973.

Helga beim missionarischen Straßeneinsatz in den 90er-Jahren.
Lotto-Teilnahme war früher mal!

Oben: Die Schwestern Margarete und Helga, ca. 1954.

Unten: Eine nachdenkliche Helga Anton wird von tiefen
Lebensfragen aufgewühlt.

Oben: Die Geige bleibt Helga lieb. Hier kommt sie bei einer Abdankungsfeier zum Einsatz.

Unten: Musizieren vor einem Bild von Oskar Kokoschka.

Oben links: Helga hält sich an ihrer Geige fest …

Oben rechts: Aber Jahre später ist die Geige nicht mehr das Allerwichtigste in ihrem Leben.

Unten: Hella (Mitte) an ihrem 50. Geburtstag, links Schwester Margarete, rechts eine Tante.

Tiefe Gespräche zwischen Helga und ihrer Nichte Frauke
im Garten, ca. 1988.

Oben links: Helga und ihr Freund
Hellmuth, 1977.

Oben rechts: Helga von der Seite, ca. im Jahr 2000.

Unten links: Helgas Freund Hellmuth.

Unten rechts: Helga Anton, professionell fotografiert!

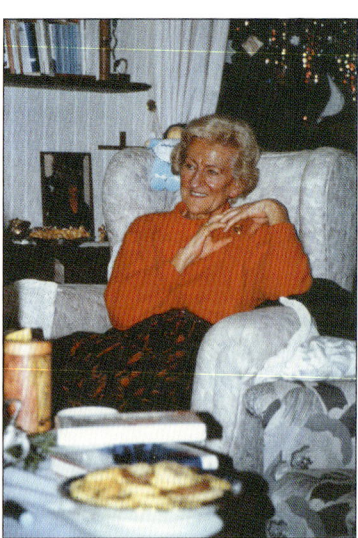

Oben links: Pastor Hinrich Bues, der für Helga entscheidend
wichtig war.

Die drei anderen Bilder: Porträts von Helga Anton.

Oben: Helga Anton bei einem Vortrag in der christlichen
Buchhandlung in Basel.

Unten: Vor dem Vortrag wird bei Helga gebetet.

Oben: Helga Anton und Andreas Walter, der Geschäftsführer des Basler Brunnen Verlags, der sie bei Vortragstourneen oft begleitete und das Auto steuerte.

Unten: Helga Anton und Andreas Walter.

Oben: Andreas Walter und Helga Anton vor einer Wand voller
Helga-Anton-Bücher.

Unten: Andreas Walters Frau Brunhilde mit Helga Anton.

Viele Leute schätzten den persönlichen, nahen und unkomplizierten Kontakt mit der Autorin. Hier beim Signieren von Helgas Büchern.

Andreas Walter stellt die «Referentin» Helga Anton vor.

Oben: Nichte Frauke mit Helga Anton, ca. 2006.

Unten: Nach einem Unfall benötigt Helga Anton Krücken.
Und die Kräfte lassen langsam nach. Jürgen Anton, ihr Sohn, holt sie
mit dem Auto ab.

Helga bei einem Interview mit «Campus für Christus», 1998.

(Sämtliche Fotos stammen aus dem Privatbesitz von Helgas Nichte
Frauke und von Helgas Sohn Jürgen Anton. Abdruck nur mit
Genehmigung des Verlags.)

überlege schon jetzt dauernd, was der Arzt zu seinem Zustand sagen würde.

Hanns kam nach zwei Wochen zum dritten Mal, und er kam – ohne Gehhilfen. Ein bisschen wackelig und unsicher auf seinen Beinen, aber ohne seine Krücken und auch ohne seine Stöcke. «Die brauche ich nicht mehr, Frau Anton, die stehen jetzt im Schrank», freute sich Hanns.

«Und was hat Ihr Facharzt gestern gesagt?», wollte die Beterin natürlich wissen.

Hanns musste lachen. «Er hat zuerst gemeint, er hätte die falschen Röntgenbilder gegriffen. Und dann hat er Bauklötze gestaunt und gefragt, was ich denn gemacht hätte seit der letzten Untersuchung.»

«Und was haben Sie ihm gesagt?»

«Ich habe ihm gesagt, es sei für mich gebetet worden.»

«Da hat der Arzt wohl …»

«… nicht gewusst, was er sagen sollte», bestätigte Hanns die Vermutung, die Helga Anton aussprechen wollte. «Er hat gesagt: ‹Das begreife, wer will›, oder so ähnlich. Und dann hat er bestätigt, dass die Röntgenbilder überhaupt nicht mehr passen würden, und hat neue gemacht.»

«Hat er sie miteinander verglichen?»

«Natürlich hat er das und hat dabei ständig mit dem Kopf geschüttelt. ‹Merkwürdig›, hat er vor sich hin gemurmelt, und ‹Nicht zu begreifen›.»

«Was da offenbar mit Ihnen geschehen ist, ist ja auch mit menschlichen Gedanken nicht zu begreifen, Hanns», bestätigte die Beterin die Reaktion des Orthopäden. «Gott hat an Ihnen ein Wunder getan. Und wer von Wundern Jesu nichts weiß, kann sich eben nur wundern.»

«Also heute kein Bittgebet mehr, Frau Anton?!»

«Nein, Hanns, wozu auch? Jetzt hat der Dank Vorrang, und dann ist natürlich die Bitte nötig, dass Jesus auch die letzten Reste der Krankheit aus dem Körper nimmt und dass Sie Ihre Dankbarkeit für die wunderbare Heilung auch öffentlich machen können.»

«Wie meinen Sie das, Frau Anton?»

«Wir planen für St. Jakobi einen Zeugnisgottesdienst für Menschen, die ihre besonderen Erfahrungen mit Jesus gemacht haben …»

«Da bin ich dabei», kam es sofort von dem jungen Mann, und er fügte an: «Ich komme demnächst immer nach Tegelhörn rüber. Ich will in der Nähe von Jesus bleiben und unter Leuten wie Ihnen sein, Frau Anton.»

«Das ist gut so, Hanns», freute sich die Frau mit dem Fisch an der Bluse, «aber denken Sie immer daran: nicht Helga Anton hat … Jesus hat! Ich bin nur Werkzeug, nicht mehr!»

«Genau das erzähle ich meiner Familie und meinen Freunden und allen Leuten, die sich wundern, wieso ich plötzlich wieder laufen kann. Helga Anton hat gebetet, andere haben es wohl im Hintergrund auch getan. Und Jesus hat mich geheilt. So ist es! Halleluja!»

Helga Anton konnte sich ein Schmunzeln über dieses «Halleluja!» nicht verkneifen, und sie bestätigte es mit einer Formulierung, die sie gerne gebrauchte, wenn sie wieder eine Gebetserhörung erleben durfte: «Gelobt sei Jesus Christus!» Dann drückte sie dem glücklichen jungen Mann noch eine Karte in die Hand. Der begann gleich laut zu lesen:

«Groß ist dein Name, Herr, wir loben dich!
Heilig ist dein Name, Herr, wir preisen dich!

1. Er selber, Gottes Sohn, verließ des Vaters Thron,
litt Schande, Spott und Not, ging für uns in den Tod.

2. Der Sieger Jesus Christ vom Tod erstanden ist.
Zu Ende ist die Nacht, vorbei der Sünde Macht.

3. Nun schämen wir uns nicht und treten frei ans Licht.
Wir nehmen staunend an, was er für uns getan.

4. Wir wollen unser Leben aus Dankbarkeit dir geben.
Nur darin liegt Gewinn. Du bist des Lebens Sinn.»[6]

«Ein guter Text», meinte Hanns und steckte das Blatt in die Tasche seiner Jacke.

«Lernen Sie ihn schon einmal. Das Lied singen wir im Zeugnis-Gottesdienst. Die Melodie lernen Sie dann dazu, und ich spiele dann wieder einmal auf meiner Geige.»

Hanns war nur einer von vielen, die die Erfahrung der heilenden Macht Jesu nach dem vollmächtigen Gebet der offenbar besonders begabten und begnadeten Christin und Beterin Helga Anton erleben durften.

Die Namen der anderen füllten im Laufe der Zeit eine lange Liste. In jedem neuen Zeugnisgottesdienst, der einmal im Quartal in St. Jakobi gefeiert wurde, traten Männer und Frauen jeden Alters und jeden Standes auf, um Jesus Christus zu ehren und seinen Namen zu rühmen darüber, dass sie seine Hilfe erfahren hatten in Gefahren unterschiedlichster Krankheiten, in Bedrängnissen von Anfechtungen des Glaubens, in schwierigen Beziehungsnöten, in

Berufsfragen, in sonstigen Beschwerlichkeiten und auch in Bindungen okkulter Art.

Die zu lösen kostete freilich immer einen sehr schweren und harten Kampf. Satan gab sehr ungern aus seinen Klauen, wen er darin gefangen hatte. Aber es bestätigte sich auch immer wieder, was die Bibel in Jakobus 4,7–8 sagt: «Widersteht dem Teufel, so flieht er von euch. Naht euch zu Gott, so naht er sich zu euch.» Wie oft der Teufel vor dem sich nahenden Gott fliehen musste, hat niemand aufgeschrieben. Die Menschen, die von seinen dunklen Machenschaften frei wurden, haben es auch in St. Jakobi bezeugt, mit eigenen Worten und auch mit dem Lied, das immer wieder gerne gesungen wurde:

«1. Sag, kennst du wohl den wunderbaren Namen,
uns zum Heil von Gott gesandt?
Sein Lob erklingt hinaus in alle Welten,
über Meer und jedes Land.

2. Der Name wie ein Morgenstern erstrahlet
über Not und Nacht der Welt.
Er schenket Mut und neue Hoffnungsflamme,
die dann unsern Weg erhellt.

3. Den Müden und Verzagenden hienieden,
rings vom Untergang bedroht,
bringt er den lang ersehnten Himmelsfrieden
und erlöst von Sünd und Tod.

4. Wenn alle andern Namen einst verbleichen,
Jesu Name ewig bleibt.
Sein Purpurglanz so wunderbar wird strahlen
bis in alle Ewigkeit.

Refrain:
Name über alle Namen, Jesus,
kein schöneren auf Erden gibt's,
in keinem andern Namen ist Erlösung,
nur in diesem Nam' ist Heil, in ihm ist Heil!»[7]

11.
«Gott, wie groß bist du!»

In einem der Dank- und Zeugnisgottesdienste hatte Helga Anton plötzlich das Bild einer Perlenkette vor Augen, die für die Gemeinde deutlich sichtbar vorne auf dem Altar lag und offenbar zeigen sollte, wie oft Jesus im Gebetsdienst der Gemeinde geholfen und gesegnet hatte. Jede Perle entsprach einer Gebetserhörung.

Wie Jesus häufig mit ihr durch innere Stimmen und Zurufe sprach, so sprach er immer wieder auch durch Bilder und Eindrücke, die ihr plötzlich vor Augen standen oder die sich ihr deutlich und mächtig innerlich aufdrängten.

Die «Berufsbeterin» sprach ihren Pastor auf die Perlenkette an. Dem gefiel dieser neue Gedanke, und er stimmte seiner Umsetzung zu, bat allerdings darum, nicht allzu großzügig mit dem ‹Schmuckstück› umzugehen. Jede neue öffentlich gemachte Perle führe zu Fragen der Gottesdienstbesucher und mache den Beweis notwendig, dass Gott tatsächlich geholfen habe.

Helga Anton versprach, vorsichtig und mit gebotener Nüchternheit mit «neuen Perlen» umzugehen. Sie sei sich dessen bewusst, dass jede Erweiterung der Perlenkette jederzeit einer Überprüfung standhalten müsse. Es solle auch auf keinen Fall den Eindruck erweckt werden, sie, die Beterin, wolle mit neuen Perlen an dem Teil auf dem Altar den «Erfolg» ihrer Arbeit öffentlich dokumentieren. Die Kette solle allein der Ehre Gottes dienen und ihre Betrachter zum Lob Gottes und zum Dank für seine Hilfe einladen.

Seit die bunte Perlenkette dann ihren Platz auf dem Altar gefunden hatte, konnte jeder Besucher der Kirche St. Jakobi an dem wachsenden «Schmuckstück» das Wirken Jesu mitverfolgen und für sich selbst in den Dank und den Lobpreis für die großen Taten Gottes einstimmen. Auf diese Weise konnte er auch mithelfen, dass die Gebetsarbeit in Tegelhörn im norddeutschen Land immer bekannter wurde.

Auch dadurch bildeten sich nach und nach an vielen Orten Schleswig-Holsteins neue Gebetskreise nach dem Vorbild der Tegelhörner Arbeit. Helga Anton war für viele der Kreise «Geburtshelferin» und ständige Begleiterin. Trotz ihrer gewachsenen Behinderung durch ihre zunehmende Erblindung war sie ständig in ihrer schleswig-holsteinischen Heimat und bald auch in allen möglichen anderen Gegenden der Bundesrepublik unterwegs, wo man auf sie aufmerksam geworden war und wohin sie eingeladen wurde. Das Auto selbst zu steuern ging schon lange nicht mehr. Aber es fanden sich Freunde, die sie in ihre Autos nahmen und dahin fuhren, wo ihr Dienst gewünscht wurde.

Helga Anton hielt dann immer wieder Vorträge und Seminare, in denen sie ihr eigenes 10-Punkte-Thesenpapier ausführlich theoretisch – und bis in kleinste Ausführungsbestimmungen auch praktisch – erläuterte und ihren Zuhörern das Gebet dadurch ans Herz legte und ihnen das Vertrauen in die Verheißungen Gottes zum Gebet lieb machte. Sie konnte die Theorie ja auch durch unendlich viele praktische Beispiele und Einzelerfahrungen belegen. Dank ihres immer noch ausgezeichneten Gedächtnisses und dank moderner Technik mit Diktiergeräten und Rekordern war ihr das möglich. Geschriebene Manuskripte hätte sie ja gar nicht lesen können. Ihr Blickfeld hatte sich inzwischen auf einen lediglich schmalen seitlichen Sichtbereich reduziert.

Viele Menschen ihrer jeweiligen Umgebung wunderten sich

darüber, dass die Blinde – als eine solche galt sie inzwischen auch «amtlich» – für sich selbst nicht um Heilung von diesem Gebrechen betete und auch nicht dafür beten ließ. Nein, sagte sie, wenn sie wieder einmal darauf angesprochen wurde, dieses «Geschlagen-Werden mit den Fäusten von Satans Engel», dieses Gebrechen sei ihr «Pfahl im Fleisch» nach 2. Korinther 12,7, damit sie sich nicht ihrer Fähigkeiten und Leistungen als Beterin und Seelsorgerin überhebe.

Sie habe sehr wohl wie seinerzeit der Apostel Paulus mehrfach darum gebetet, dass Jesus ihr dies Gebrechen nehme, dem Prozess der Erblindung zumindest Einhalt gebiete. Er habe es aber nicht getan, und sie müsse folglich mit ihrem «Pfahl» leben wie damals Paulus mit seinem. Sie könne seit langem freimütig und ohne jegliche Bitterkeit wie der Apostel sagen, und diese Aussage sei ihr wichtig: «Jesus hat zu mir gesagt: Lass dir an meiner Gnade genügen; denn meine Kraft ist in den Schwachen mächtig. Darum will ich mich am allerliebsten rühmen meiner Schwachheit, damit die Kraft Christi bei mir wohne. Darum bin ich guten Mutes in Schwachheit, in Misshandlungen, in Nöten, in Verfolgungen und Ängsten, um Christi willen. Denn wenn ich schwach bin, so bin ich stark. – 2. Korinter 12,9–10.»

Eine beachtenswerte Haltung, die der Frau zusätzlich hohe Bewunderung einbrachte.

In Tegelhörn zeichnete sich Mitte der 90er Jahre dann eine Veränderung ab, mit der Helga Anton und viele ihrer Freunde aus der Gemeinde und den verschiedenen Weggemeinschaften ihre Probleme bekamen. Hatte da plötzlich der Teufel seine Hände im Spiel? Wollte der Widersacher Jesu das Gute, das entstanden war, untergraben oder gar zerstören?

Der Gottesdienstbesuch in St. Jakobi war immens gewachsen. Viele Menschen hatte es hierher gezogen, die in ihren heimischen Gemeinden in und um Itzehoe keine rechte geistliche Speise mehr bekamen, die ihren Glauben genährt hätte. Der theologische Pluralismus hatte sich breitgemacht und drohte, manchem gläubigen Christen den Boden unter den Füßen wegzuziehen.

Die christozentrische Gemeindearbeit und die Aktionen der Gruppen der Missionsstation blieben auf Dauer nicht unwidersprochen. So fromm wie die Leute in St. Jakobi müsse man nicht sein. So wörtlich und direkt dürfe man das Wort Gottes nicht nehmen. So eng müsse man es nicht auslegen.

So entstanden im Umfeld der Gemeinde und auch mittendrin zunehmend Diskussionen um zentrale Dinge des Evangeliums und um den Auftrag Jesu an seine Leute, die bis zum offenen Streit der Positionen führten. Dem Gemeindepastor und seinen treusten Leuten – zu denen gehörte immer noch und unverbrüchlich Helga Anton, seine hauptamtliche Beterin – blies bald ein scharfer Wind ins Gesicht.

Dieser Wind wurde zum Sturm und schaffte es dann auch, echte Keile zu treiben und die Gemeinde zu spalten. So kam es dazu, dass Pastor Hinrich Bues Tegelhörn verließ, um sich künftig andernorts wissenschaftlichen und publizistischen Tätigkeiten für das Evangelium zu widmen. Infolgedessen wurde das «Haus des Gebets» geschlossen, und Helga Anton verlor zum zweiten Mal ihre geistliche Heimat innerhalb der Nordelbischen Evangelisch-Lutherischen Kirche.

Die Missionsstation wurde aufgelöst. Helga Anton setzte ihre Gebetsarbeit unter dem Dach des bisherigen Vereins fort, der aber den neuen Namen «Mission für Jesus» bekam. Die verbleibenden Kreise der treuen Mitglieder, Beter und missionarischen Akteure trafen sich zunächst in verschiedenen Privatwohnungen, bis ein neues Domizil gefunden wäre. Schade, sehr schade! Der

Teufel, den es nach modern-theologischen Erkenntnissen gar nicht gab, hatte an dieser Entwicklung wohl sein großes Frohlocken. Und das liberale Kirchenvolk hatte es auch.

Aber die Frauen und Männer, die übrig blieben und an ihrer christusorientierten Frömmigkeit festhielten, ließen sich nicht beirren. Sie lasen halt für sich selbst das Wort Gottes und ließen es sich von bibeltreuen Leuten auslegen.

Sie trafen sich dann bald immer wieder in der alt-ehrwürdigen Kapelle St. Jürgen am Itzehoer Sandberg, einem schmucken Klinker-Fachwerkbau aus dem 14. Jahrhundert mit historischer Einrichtung und sehenswerten Deckengemälden. Das Gebäude mit dem hübschen kleinen Glockentürmchen war aus finanziellen Gründen von der St.-Laurentius-Gemeinde abgegeben worden und diente den Itzehoer Bürgerstiften als Hochzeits- und Taufkapelle.

Für die regelmäßigen Gebetstreffen unter dem veröffentlichten Motto «Gebet und Seelsorge für Suchende» wurde die Kapelle kostenlos zur Verfügung gestellt. Für größere Veranstaltungen musste sie freilich gemietet werden. Später wurde dies für die kleiner gewordene Schar der treuen Gebets- und Missionsfreunde zu teuer, und sie trafen sich dann wieder nur noch in ihren Häusern und Wohnungen in Itzehoe, in Husum, in Heide oder auch in anderen Orten des Umlandes.

Die älter werdende blinde Helga Anton war und blieb so etwas wie der Kopf und die Seele dieser Bewegung, und nicht nur sie, sondern die treue Schar als Ganzes blieb spürbar unter dem Segen ihres Herrn und erlebte weiterhin Gebetserhörungen und Lebenserneuerungen, sprich Bekehrungen, von Menschen, die sich zum Glauben und in die Nachfolge rufen ließen. Niemand anderem wollte die Schar der Unentwegten dienen als dem Sohn Gottes, der für sie vom Vater ins irdische Leben gekommen war, der für sie am Kreuz sein heiliges Blut vergossen hatte, der leibhaftig auferstanden und hernach gen Himmel gefahren war, um dort seine Herrschaft anzutreten und sich auf seine Wiederkunft vorzubereiten.

Dass der theologische Widerpart der Weggemeinschafts-Leute sich auch öffentlich über solche Positionen lustig machte, bekümmerte sie zwar, trieb sie aber umso mehr ins Gebet und dazu, ihrem Herrn noch mehr zuzutrauen. Nur der konnte die Irrtümer der Lehre und der Verkündigung aufdecken und die Irrenden zurückführen zu seinem Wort und zu dem lutherischen Vierklang «*sola scriptura*», «*sola fide*», «*sola gratia*» und «*solus christus*», was bedeutet: «allein das Wort», «allein der Glaube», «allein die Gnade» und «allein Christus».

Dass sie diesem Vierklang eigentlich per Amtseid verpflichtet waren, hatten manche Geistliche und andere hauptamtliche Kirchenbedienstete offenbar vergessen. Kyrie eleison! Herr, erbarme dich!

Mittlerweile war die Berufsbeterin Helga Anton – die sie inzwischen offiziell natürlich nicht mehr war, weil ihre Anstellung bei der evangelischen Missionsstation leider hatte aufgehoben werden müssen und es die ja auch inzwischen gar nicht mehr gab – längst in ganz Deutschland bekannt geworden, und auch in der benachbarten Schweiz hatte sie einen Namen. Irgendwann war der Leiter des Brunnen Verlags Basel auf die Frau aufmerksam geworden und hatte sie aufgefordert, ihre zahlreichen Erlebnisse und Erfahrungen als hauptamtliche Beterin aufzuschreiben. Er wolle diese gerne in seinem Verlag als Buch veröffentlichen.

Das war ja nun ein Ansinnen des Bruders aus Steinen im südlichen Schwarzwald! Wie sollte denn sie, Helga Anton, als blinder Mensch ein Manuskript über ihre Arbeit erstellen?

Aber Andreas Walter, der sich geistlich seelenverwandt fühlte mit der norddeutschen Frau und dem das Gebet selbst ein großes Anliegen ist, ließ nicht locker. Er riet der Bisher-noch-nicht-Schriftstellerin, ihre Gedanken zum Gebet und ihre Erfahrungen mit dem Gebet auf Tonträger zu sprechen, so als hielte sie vor Leuten einen Vortrag. Den gesprochenen Text aufs Papier zu bringen, das wolle der Verlag dann gerne übernehmen.

Helga Anton holte sich Rat bei ihren Freunden. Der fiel dann allerdings so aus, wie sie es nicht gedacht hatte. Denn jeder, den sie fragte, riet ihr dazu, es genau so zu machen, wie der Verlagsleiter es vorgeschlagen hatte.

Die inzwischen fünfundsiebzigjährige Frau deutete die vielen positiven Ratschläge als den Willen Gottes und begann, erste Erlebnisse auf Kassette zu sprechen. So entstand ihr erstes Buch, das 1999 unter dem herausfordernden Titel erschien: «Beten wirkt Wunder – Erfahrungen einer hauptberuflichen Beterin», und das in wenigen Jahren mehrere Auflagen erlebte.

Auf diese Weise und auf diesem Weg erfuhr bald eine große internationale Lesergemeinde eine Menge von dem vielfältigen Wirken des allmächtigen Gottes durch das hauptamtliche Gebet seiner besonders dazu berufenen Dienerin. Dabei widerstand die Autorin der möglichen Versuchung, den Boden der Nüchternheit zu verlassen und über den Gebetserhörungen ihres Herrn Jesus euphorisch zu werden.

Sie machte an vielen erfahrenen und erlebten Beispielen deutlich, dass ihr Gebet lediglich Vehikel sei zum Wirken Gottes. Sie sei nicht die eigentlich Handelnde und sei es auch nie gewesen. Handeln könne nur der Herr, der dabei freilich seine eigenen Maßstäbe anlege und sich seine Entscheidungen in jedem einzelnen Fall vorbehalte.

Dabei sei eins unbestritten: Jesus erfülle nicht alle menschlichen Wünsche, aber er erfülle alle seine Verheißungen. Er heile auch nicht immer so, wie die Beter es gerne hätten. Er sei ein souveräner Herr über alle Dinge und greife ein, wann und wie er es wolle und wie es für jeden am besten sei.

Das erste Bestreben Jesu sei immer, dass die Menschen ihn als den Herrn des Universums und auch als Herrn jedes einzelnen Lebens erkennten und anerkennten. Sein großes Ziel sei die ewige Rettung der Leute, nicht in erster Linie ihre Gesundheit und ihr Wohlergehen.

Die Neu-Schriftstellerin machte in ihrem literarischen «Erstling» deutlich – übrigens in allen späteren Büchern ebenso –, dass vor diesem Hintergrund Beten ein wunderbares Privileg sei und eine äußerst sinnvolle, gute und nützliche Tätigkeit, zu der jeder Leser des Buches eingeladen sei.

Als Entscheidungshilfe für den christlichen Glauben bot Helga Anton ihren Lesern an, ihr eigenes «Lebensübergabegebet» zu verwenden und damit in den Glauben und in die Nachfolge Jesu Christi einzutreten oder beides neu festzumachen:

«Jesus Christus,

ich habe erkannt und glaube,
dass du der Sohn Gottes bist,
unser Retter.

Ich vertraue mich dir jetzt ganz an
und bitte dich, in mein Leben zu kommen.
Bitte übernimm du die Leitung in meinem Leben
als mein Herr.

Ich will dir vertrauen, folgen und gehorchen.
Ich sage uneingeschränkt *ja* zu dir,
denn du bist gut.

Danke, lieber Vater, dass du mich jetzt
als dein Kind annimmst.

Verändere mich so, wie du mich haben möchtest.
Erfülle mich bitte jetzt
mit der Kraft deines Heiligen Geistes,
und gebrauche mich in deiner Gemeinde.

Danke, dass du mein Gebet gehört hast.

Amen!»

Wie viele Menschen das am Schluss des Buches gedruckte Gebet
zu ihrem eigenen gemacht haben, weiß wohl allein der Himmel.

Helga Anton war damit als Autorin auf einen neuen Weg der
Verkündigung gestellt, auf dem Gott sie im Laufe der folgenden
Jahre noch zu weiteren Manuskripten führte. Andreas Walter
wollte nämlich mehr, nachdem das erste Buch von einer großen
Leserschaft sehr gut aufgenommen wurde. So gab es im Jahr
2000 schon das zweite Buch und 2002 bereits das dritte. Die
blinde Autorin diktierte ihre Gedanken, Erlebnisse und Erfahrungen auf Band, Freunde aus ihrer Umgebung – und auch ihr Sohn
Jürgen! – schrieben die gesprochenen Texte auf viele Seiten Papier, und der Verlag kümmerte sich dann um die weitere Bearbei-
tung, um eine ansprechende Herausgabe und um einen erfolgreichen Vertrieb über den eigenen angeschlossenen und auch
über den freien Buchhandel.

Dass ihre schriftstellerische Tätigkeit für Helga Anton Folgen
hatte, ergab sich wie von selbst. Für die Fachfrau in Sachen Ge-

bet vermehrten sich die auswärtigen Dienste. Manche kirchliche oder auch nicht-kirchlich gebundene Gemeinde, manche freikirchlich orientierte christliche Gemeinschaft im deutschsprachigen Bereich wurde auf sie aufmerksam und lud sie zu kleineren und größeren Veranstaltungen ein. Die gingen dann manchmal über ein Wochenende mit mehreren Vorträgen und/oder Seminaren nacheinander. Zuweilen gingen sie auch über eine ganze Woche. Eine segensreiche Tätigkeit der Seniorin, an die sie in ihrem Leben als Christin zuvor wohl so nie gedacht hatte.

Es lag dann wohl auch in der Natur ihrer Thematik, dass die Referentin nach ihren Vorträgen mancher Zuhörerin und manchem Zuhörer zur Seelsorgerin wurde. Die Gespräche um erhörte Gebete und auch solche um unerhörte Gebete, dazu solche um Heil und Heilsgewissheit und um andere Fragen, die sich aus den Vorträgen ergaben, gingen zuweilen bis in die Nacht. Ihre Zahl und die Zahl der persönlichen Gebete, die von ihr gewünscht wurden, waren groß. Und sie hatten wie immer zugleich das Wohl und das Heil der Leute im Blick.

Zunehmend gingen solche intensiven Dienste an die Kräfte der älter werdenden Frau. Die Kraftreserven musste Jesus ihr ständig erneuern, damit die Reisende in Sachen Gebet ihren zahlreichen Anfragen auch nachkommen konnte.

Im Juni 2002 traf es Helga Anton dann sehr hart und bis an die Grenze des Erträglichen. Der Krug war voll und lief über. Oder deutlicher gesagt: Der Akku ihrer Lebenskraft war leer bis auf die letzten Energietropfen und verweigerte jeden weiteren Dienst. Die Seniorin brach ausgebrannt zusammen.

Bisher hatte sich Helga Anton in den normalen Dingen ihres Alltags immer selbst versorgt. Trotz ihrer Blindheit kam sie in ihrer Wohnung noch gut zurecht, wusste sie doch, wo welcher Gegenstand des täglichen Gebrauchs seinen Platz hatte. Wenn sie den selbst bestimmt hatte, kannte sie ihn auch, und sie vergriff sich sehr selten in den Dingen, die sie gerade in die Hände nehmen musste zur Körperpflege, zur Vorbereitung von Mahlzeiten oder zum Hören von Musik und zum Diktieren von Texten.

Warum sie sich an diesem Morgen doch vergriffen hatte, blieb ihr lange Zeit ein großes Rätsel.

Am Freitag, dem 14. Juni 2002 fühlte sich die Seniorin schon beim Aufstehen nicht wohl, sondern eher elend, müde und abgespannt, unausgeschlafen. Ihr Kopf brummte, auf ihren Ohren saß ein merkwürdiger Druck. Die Glieder schmerzten, und ihr Magen drohte zu rebellieren. Dennoch, wenigstens ein kleines Frühstück und ein Kaffee mussten sein. Danach mochte sich die üble Befindlichkeit ja bessern.

Helga Anton richtete sich ein Müsli und – vergriff sich dabei in einer Zutatenschachtel. Dadurch geriet etwas in ihr Müsli, was besser nicht zwischen Haferflocken und Cornflakes gemischt worden wäre. Die alte Dame verschluckte sich an irgendeinem größeren Teil, das sie sich mit dem Löffel in den Mund geschoben hatte.

Sie musste plötzlich heftig husten. Das Ding, das sie in ihrer Luftröhre als Fremdkörper spürte, kam aber nicht heraus. Die Frau hustete weiter und hustete, ohne dass sich das Empfinden im Hals veränderte. Das übel peinigende Ding – es mochte eine Nuss oder eine Mandel sein – kam nicht hervor, sondern quälte heftiger und machte steigende Mühe.

Die nahm auch nicht ab nach Helga Antons dringendem und flehendem Gebet, Jesus möge ihr doch helfen, dieses Ding aus der Luftröhre zu kriegen. Sie hatte doch abends einen Dienst in der Husumer Gebetsgruppe und vorher ein bereits zugesagtes

Seelsorge-Gespräch. Da wollte sie doch unbedingt hin. Da wollte sie doch nicht absagen. Für den Vormittag hatte sie sich zudem mit ihrer besten Freundin, einer Ärztin, ihrer persönlichen Gebets-Partnerin, zum Gebet verabredet. Aber Jesus hörte ihr dringendes Flehen offenbar nicht, zumindest reagierte er nicht.

Der bald achtzigjährigen Frau, die aus dem Husten nicht herauskam, wurde es abwechselnd heiß und kalt und immer enger um die Brust. Sie griff mit beinahe letzter Kraft zum Telefon und meldete sich in Husum ab, wobei sie sich vor Husten und Würgen kaum verständlich machen konnte.

Dann wählte sie ein zweites Mal, um ihren Sohn Jürgen in Hamburg zu erreichen. Mit ihm hatte sie seit seiner dritten Heirat wieder einen lockeren Kontakt, auch Besuchskontakt. Der Mann lebte zwar weiterhin auf arg großem Fuß und nahm den Mund zuweilen etwas voll, schien sich aber doch endlich für sein weiteres Leben gefangen und innerlich gefestigt zu haben.

Jürgen musste möglichst bald herkommen! Aber Jürgen Anton war nicht erreichbar. Eins seiner Kinder anrufen? Das hatte keinen Sinn. Die waren in der Schule und an ihren Arbeitsplätzen.

Die alte Dame geriet in einen panischen Zustand. Sollte sie etwa ersticken? War das Gottes Weise, sie aus dem Dienst und aus dem Leben zu nehmen? Hätte Jesus sich nicht einen sanfteren Weg aussuchen können, sie zu sich zu rufen?

Helga Anton wurde von einer Art Schüttelfrost gepackt und musste erbrechen – gerade in dem Moment, als ihre Freundin hereinkam. Hatte Gott ihr Gebet auf diese Weise erhört, dass er die Gebets-Partnerin früher kommen ließ als vereinbart?

Als Ärztin erkannte die Freundin sofort, dass hier schnellste Hilfe nötig war, wenn Helga nicht jämmerlich ersticken sollte. Sie griff als Erstes zum Telefon, alarmierte den Notdienst und organisierte mit einem zweiten Anruf die Notaufnahme im Krankenhaus Itzehoe. Dann kümmerte sie sich, laut vor sich hin betend, um ihre immer noch hustende und würgende Freundin, die teilnahmslos in einem jämmerlichen Zustand in ihrem Sessel lag und alle Gliedmaßen von sich streckte.

Keine halbe Stunde später befand sich Helga Anton bereits auf dem Untersuchungstisch des Klinik-Internisten und eine weitere Stunde später nach gründlicher Untersuchung in einem Bett auf seiner Station, mit verschiedenen Kontroll- und Messgeräten verkabelt und angeschlossen an eine Infusion. Auf der Intensiv-Station war leider kein Platz frei, deshalb die Notlösung.

Dass ihre Gebets-Partnerin immer noch bei ihr war, registrierte sie nicht. Auch dass ihr Sohn inzwischen aus Hamburg angekommen war, nahm sie offenbar nur aus großer Entfernung wahr. Auf Ansprachen reagierte sie lediglich mit schwachem Seufzen und mit kaum sichtbaren Kopfbewegungen.

Die Patientin befand sich in einem bejammernswerten Zustand und war offenbar dem Tod näher als dem Leben. Die festgestellte Lungenembolie und die vorhandene begleitende Lungenentzündung zeigten deutliche Wirkung und raubten der Kranken jegliche Kraft. Gut war nur, dass der Fremdkörper aus der Luftröhre hatte entfernt werden können, so dass die Atmung wieder einigermaßen störungsfrei funktionierte.

Zwei Wochen lang war Helga Anton mehr in anderen Welten präsent als in der gegenwärtigen. Wenn sie kurzzeitig geistig anwesend war, freute sie sich an dem Besuch, der gerade an ihrem Bett saß, und ordnete ein paar Termine und Dinge, die ihr in diesen Minuten in den Kopf kamen, allerdings ohne dass sie sich später daran erinnern konnte. Ein merkwürdiger Zustand und zugleich ein sehr besorgniserregender. Nachts wurde die Beterin von üblen dunklen Erscheinungen gequält, tagsüber war sie davon so geschwächt, dass sie kaum wach und ansprechbar war.

Irgendwie bekam sie es dann aber doch mit, dass ihre Gebetsfreunde und Glaubensgeschwister landauf, landab im In- und Ausland Gebetsketten gebildet und Gebetsnächte vereinbart hatten. Frucht meiner Schulung und meines Vorbilds, ging es der Kranken durch den Kopf, und dann war sie auch schon wieder weggetreten. Ihre körperliche Kraft ließ von Tag zu Tag nach, ihre geistige Kraft war schwach; wenn überhaupt vorhanden, dann immer nur für kurze Zeit.

Dann gab es eine Nacht, in der sich das düstere Bild der vorigen Nächte plötzlich in ein helles verwandelte. Helga Anton gewann den Eindruck, die Gebete ihrer Freunde zeigten Wirkung, und ihr Herr und Gott öffne ihr einen Weg nach vorn und ins Licht. Ihr kamen die ersten Sätze von Psalm 90 in den Sinn: «Herr, du bist unsre Zuflucht für und für. Ehe denn die Berge wurden und die Erde und die Welt geschaffen wurden, bist du, Gott, von Ewigkeit zu Ewigkeit.»

War das nicht ein Psalm, der üblicherweise bei Beerdigungen gesprochen wurde? «Der du die Menschen lässest sterben und sprichst: Kommt wieder, Menschenkinder!» Enthielt der Psalm des alten Gottesmannes Mose nicht den Appell an die Lebenden: «Lehre uns bedenken, dass wir sterben müssen, auf dass wir klug werden»?

In dieser Sache war Helga Anton ganz ruhig. Diese biblische Klugheit kannte sie, die hatte ihr Gott, der Herr über Leben und Tod, längst geschenkt. Zu sterben war sie bereit. Es konnte doch damit alles nur besser und schöner werden. Wenn sie die von ihrem Heiland versprochene himmlische Wohnung jetzt einnehmen sollte, dann wollte sie gerne die irdische drangeben.

Die alte Dame lehnte sich innerlich sehr beruhigt zurück und harrte der Dinge, die ihr der Vater im Himmel mit diesem Psalm hatte sagen wollen. Aber ihr Heiland Jesus wollte die Beterin wohl doch noch im irdischen Leben behalten. Er schien sie hier noch gebrauchen zu wollen. Nach einer Abendmahlsfeier in ihrem Krankenzimmer mit dem Wort aus Jesaja 43,1: «Fürchte dich nicht, denn ich habe dich erlöst; ich habe dich bei deinem Namen gerufen; du bist mein!», an der ihre engsten Freunde und auch ihr Sohn teilnahmen, ging es zum Erstaunen der Ärzte und zur Freude ihrer Glaubensgeschwister mit der Gesundheit der Patientin plötzlich wieder aufwärts. Ihr Kopf wurde wieder dauerhaft klar, die geistige und die geistliche Orientierung kamen zurück und die körperlichen Kräfte nach und nach auch.

Nach sechs langen Wochen im Krankenhaus wurde Helga Anton nach Hause entlassen, um in der weiteren Genesungszeit in der eigenen Wohnung von ihrer Nichte Frauke, die eigens zu diesem Dienst angereist war, und von ihren Freundinnen umsorgt und weiter gepflegt zu werden.

Zwei Wochen später lag Helga Anton freilich wieder im selben Krankenhaus. Diesmal auf der chirurgischen Station. Die immer noch körperlich eher schwache Frau hatte sich nicht an die Anweisungen ihres heimischen «Pflegepersonals» gehalten, war in der Wohnung umhergegangen und war in ihrer Wohnstube über eine Teppichkante gestolpert und gestürzt. Dabei hatte sie sich einen komplizierten Ellenbogenbruch zugezogen, der operativ behandelt werden musste.

Mit der Gesamtbefindlichkeit der alten Dame ging es danach erneut rapide abwärts. Sie lag elend und hilflos in ihrem Krankenhausbett und war zeitweise wieder völlig desorientiert.

Bei allem äußeren Elend der Patientin ähnelten ihre Tage denen von neulich. Tagsüber war immer jemand aus ihrem großen Freundeskreis bei ihr zu Bibellesen und Gebet, zur Ablenkung und Unterhaltung. Nachts tobten wieder die dunklen Bilder, die die Patientin als Angriffe des Teufels verstand, dem sie nach

Kräften den Namen «Jesus!» entgegenrief, um danach für den Rest der Nacht wieder Ruhe vor diesen Attacken zu haben.

Die Operation des kompliziert gebrochenen Arms gelang, der Heilungs- und Genesungsprozess aber gestaltete sich für Helga Anton schwierig. Ihre Nieren spielten zusätzlich verrückt. Die kranke Frau sammelte in ihrem Körper Mengen von Wasser an, die mit keiner medizinischen Maßnahme abgeleitet werden konnten und die ihr Atemvermögen zunehmend und bald beängstigend eingrenzten und dem ohnehin schwachen Herzen äußerst zusetzten.

Die Patientin musste auf die Intensivstation der Inneren Abteilung verlegt werden, wo es diesmal ein Bett für sie gab. Dort war es der Patientin allerdings überhaupt nicht geheuer. Die ständigen leisen Geräusche der Apparaturen störten sie erheblich – ihr schon immer äußerst feines musikalisches Gehör hatte noch nicht nachgelassen –, und die kalte Atmosphäre dieses Raumes machte ihr übel zu schaffen.

Helga Anton war plötzlich lebenssatt. Sie wollte nicht mehr leben. Jetzt sterben zu können, wäre ihr die Erlösung gewesen, nach der sie sich sehnte. Immer wieder betete sie wie seinerzeit Elia in der Wüste auf der Flucht vor seiner bösen Widersacherin Isebel nach 1. Könige 19,4: «Es ist genug, so nimm nun, Herr, meine Seele.» Die kranke Seniorin geriet in diesen Tagen wirklich an die Grenze ihres Lebens, so dass sie auch ihre Freunde dazu aufforderte, nicht mehr um ihre Heilung und Genesung zu beten, sondern darum, dass ihr körperliches Leiden ein rasches Ende nähme.

Derweil entzog man ihrer Lunge literweise Wasser und musste dabei feststellen, dass die Patientin sich wohl wirklich auf ihrer letzten irdischen Wegstrecke befand.

Als ihr Zustand extrem bedenklich wurde, rief man den Sohn aus Hamburg und informierte die engsten Freunde. Die kamen alle herbei und nahmen am Bett ihrer langjährigen Wegbegleiterin Abschied mit Liedern, biblischen Lesungen und mit viel Gebet. Auf dem Flur vor dem Krankenzimmer besprachen sie danach noch miteinander die Modalitäten der Beerdigung, von denen sie wussten, dass Helga Anton sie in ihren wesentlichen Dingen vor Jahren bereits festgelegt hatte. Sie hatte bestimmt, dass es nur eine schlichte Feier geben solle, in der es nicht um sie, sondern einzig und allein um die Ehre Gottes zu gehen habe. Anstelle von Blumen und Kränzen möge um eine Zuwendung für den Verein «Mission für Jesus» gebeten werden, und auch ihre Grabstätte solle lediglich ein schlichter Gedenkstein zieren.

Nachdem diese Dinge noch einmal besprochen waren, ging die kleine Menschenschar auf dem Flur des Krankenhauses traurig auseinander in der festen Überzeugung, die sterbende Frau im Zimmer hinter ihnen werde den nächsten Tag nicht mehr erleben und man werde sich bei der besprochenen Beisetzung in ein paar Tagen wiedersehen.

Aber Gott hatte es auch diesmal anders beschlossen. Am späten Abend dieses schmerzlichen Abschiedstages ereignete sich eine merkwürdige Sache. Helga Anton lag für die Nacht, von der man angenommen hatte, es sei ihre letzte, fertig gemacht in ihren Kissen, als sie sich plötzlich in ihrem Bett aufrichtete und laut ausrief: «Jürgen, wo bist du?» Die Patientin war hellwach und völlig orientiert. Sie war so wach, dass sie der sofort herbeigeeilten Schwester aus dem Kopf die zwölfstellige Handy-Nummer ihres Sohnes aufsagte, damit sie ihn umgehend anrufe und ins Krankenhaus kommen lasse.

Jürgen Anton befand sich zum Glück noch in Itzehoe. Er saß mit einer der Weggefährtinnen seiner Mutter beim Essen in einem Restaurant in der Stadtmitte. Wenige Minuten nach dem Anruf standen die beiden am Bett der Patientin – und trauten ihren Augen nicht. Die Mutter und Freundin lebte, schien quick-lebendig und wusste auch die Erklärung für die plötzliche Wende ihres Zustands. «Jesus hat mich angerührt, ihr Lieben», sagte sie. «Ich weiß es genau. Ich habe es deutlich gespürt. Er hat mich aus dem Nichts auferweckt. Ich fühle neue Kraft in meinem Körper und völlige geistige Klarheit in meinem Kopf. Gelobt sei Jesus Christus!»

Am folgenden Morgen bereits machte Helga Anton am Arm ei-nes Pflegers einen ersten Gang über den Flur, nachmittags wurde sie auf die Normal-Station verlegt und drei Tage später aus der Klinik entlassen. Welch eine wundersame Geschichte!

Die hatte dann freilich auch noch eine Fortsetzung: Helga An-ton wurde zur weiteren Genesung und zu ihrer eigenen Entlas-tung – sie konnte ihren operierten und eingegipsten Arm ja nicht verwenden, folglich auch nicht in ihrer Wohnung allein leben – im christlichen Alten- und Pflegeheim «Sievershof» in Vaale auf-genommen. Die Leiterin dieses Hauses gehörte zu einer der externen Weggemeinschaften der Missionsstation. Von daher kannten sich die Frauen.

Helga Anton war es recht, hier richtig auf die Beine zu kommen und zugleich geistliche Gemeinschaft zu haben mit Menschen des-selben Glaubens. Sie konnte sonntags die Gottesdienste der Ein-richtung miterleben und in der Woche die Bibelstunden. Sie konnte auch wieder ihren Gebetsdienst aufnehmen.

In diesem Haus gab es viele alte Menschen, die sich gerne in ihren Zimmern besuchen ließen, die Zuwendung und Gebet brauchten und die es gerne von ihrer neuen Mitbewohnerin an-nahmen, dass die mit ihnen und für sie die Hände faltete. Mit dem Pflegepersonal verstand sich die Bewohnerin auf Zeit gut, und dem Arzt des Hauses gewöhnte sie bald sein ständiges «Toi, toi, toi» ab.

«Sie lassen sich doch nicht etwa mit dem Teufel ein, Herr Doktor», fragte sie den Mann im weißen Kittel, als sie diese Redensart ein weiteres Mal von ihm hörte.

«Nein, Frau Anton, natürlich nicht», wies der den Verdacht deutlich zurück. «Das sagt man doch nur so dahin. Viele Leute reden doch so.»

«Die wissen aber nicht, was sie da reden, Herr Doktor. Und Sie wissen es offenbar auch nicht», gab Helga Anton in deutlich kritischem Ton zurück. «Die Leute rufen den Teufel an, auch wenn sie das ‹Toi› anders schreiben. Sie, Herr Doktor, sind doch ein gebildeter Mensch. Sie sollten unbedingt auf diese dumme Rede verzichten. Lesen Sie einmal Johannes 8,44. Dort erfahren Sie, wer der Teufel ist.»

«Danke für die Belehrung, gnädige Frau. Ich werde die Stelle nachlesen», gab der Arzt zurück und vermied bei den nächsten Begegnungen tatsächlich die beanstandete gefährliche Redeweise. Jesus hatte wohl in dem Mann sein Werk getan, ging es Helga Anton durch den Kopf.

In ihrem Körper hatte er bald auch ein besonderes Werk getan, denn die immensen Wasseransammlungen in ihrem Körper lösten sich auf, ohne dass eine spezielle medizinische Therapie durchgeführt worden wäre. Die verordneten Medikamente gegen die Wasserbildung, die doch nur das ohnehin schwache Herz weiter angegriffen hätten, konnten in ihrer Packung bleiben. Gott sei Dank!

Merkwürdige Dinge um diese besondere Frau!

Nach sechs Monaten Abwesenheit aus ihrem Haus in der Itzehoer Brückenstraße kehrte Helga Anton wieder in ihren Alltag zurück. Ihr Arm war inzwischen ausgeheilt, Nägel und Schrauben waren wieder entfernt, und das wichtige Körperglied war wieder voll funktionsfähig. Die Seniorin war äußerlich und innerlich noch einmal bei guten Kräften. Sie kam wieder allein zurecht und begrenzte von sich aus die Hilfe ihrer Freunde auf die Dinge, die sie wegen ihrer Blindheit und wegen ihres hohen Alters nun wirklich nicht mehr leisten konnte.

Die Bibel- und Gebetstreffen, die zuletzt draußen in Vaale stattgefunden hatten, kehrten ebenfalls zurück in das zweite «Haus des Gebets», das seit den späten 90er Jahren an der Außenwand zur Straße hin die Tafel trug, die zuvor am damaligen Haus der Missionsstation in der Twietbergstraße angebracht gewesen war.

Helga Antons Arbeit ging also zunächst noch einmal weiter. Trotz ihrer bald achtzig Lebensjahre war sie unermüdlich unterwegs in Sachen Gebet und Seelsorge und als Autorin ihrer inzwischen zahlreichen Bücher in den nahen Regionen Schleswig-Holsteins und in den ferneren beinahe aller anderer deutschen Bundesländer alter und neuer Zugehörigkeit zur Bundesrepublik Deutschland. Und auch immer noch wurde sie zu einer jährlichen mehrtägigen Vortrags-Rundreise durch die deutschsprachige Schweiz eingeladen. Der Brunnen Verlag Basel hatte es bewirkt, dass die vormals «hauptberufliche Beterin» unter den Christen des Alpenlandes einen hohen Bekanntheitsgrad erreicht hatte. Freunde beiderlei Geschlechts gab es immer, die sie in ihren Pkws von Ort zu Ort beförderten, sie in ihren Aktivitäten begleiteten und sie um alle Veranstaltungen herum umsorgten. Vereinzelt gab es auch Bahnfahrten, für die es dann auch Begleitpersonen gab.

Mehrmals im Jahr ließ sich die Seniorin auch jetzt wieder wie schon vor den Krankheitszeiten mit dem Pkw hinauf nach Sylt fahren. In Westerland, dem Hauptort der Insel, hatte sie Freunde, die ein kleines Geschäft für Damenbekleidung betrieben, eine Butike, wie das hier hieß. Hier ließ sich die Seniorin immer wieder mit schicker Kleidung versorgen und aktuell einkleiden, wobei sie jedes Mal bedauerte, dass sie sich selbst nicht sehen konnte.

Eine gewisse Eitelkeit ihre äußere Erscheinung betreffend hatte Helga Anton schon immer begleitet. Ein Christ müsse auch in seinem Äußeren seinem Herrn Ehre machen, war ihre feste Überzeugung. Die Garderobe musste also stimmen.

Das war schon so gewesen in ihren Jahren als Geigerin und Musiklehrerin. In den «vorchristlichen» Zeiten hieß das bei Helga Anton, dass eine Frau sich fraulich anständig und adrett zu kleiden und in ihrer Gesamterscheinung hübsch und gepflegt zu sein habe – wie auch in den späteren Zeiten als Beterin und Seelsorgerin. Jetzt im Alter sollte ihr niemand nachsagen können, dass sie durch ihre Sehbehinderung und gar Blindheit äußerlich verlottert sei.

Deshalb gehörte schon seit langem eine Frage regelmäßig zum Ritual vor einem Auftritt vor Publikum: «Habe ich auch keinen Flecken an der Bluse, am Rock, an der Hose, am Mantel ... Sind meine Schuhe in Ordnung? Ist mein Mund, mein Gesicht sauber?», was auch immer sie als Kleidung trug und was auch immer sie vor einem Auftritt gegessen und getrunken hatte. Wegen dieser kleinen «Eitelkeiten» war Helga Anton auch schon immer eine gute Kundin jeweils örtlicher Frisöre gewesen. Auch ihre Frisur musste immer stimmen. «Liegen meine Haare gut? Hat sich auch kein Blatt oder sonst etwas darin verfangen?» ...

Auf den Fahrten nach Sylt machte Helga Anton regelmäßig nach einem kleinen Umweg Halt an einem Gasthof bei Halebüll an der

Straße von Husum zur Insel Nordstrand. Dort im Gasthof «Strandkieker» kehrte sie liebend gerne ein. Hier gab es einen ausgezeichneten Tee und nicht weniger gute Kekse. Besonders die Vanille-Kipferln dieses Hauses hatten es ihr angetan. Die lohnten einen Umweg und eine Fahrtunterbrechung allemal.

Vom «Strandkieker» aus machte die Seniorin auch immer noch gerne einen Spaziergang hinüber an die Nordsee. Das Rauschen des Meeres – wenn das Wasser sich denn nicht zur Zeit der Ebbe weit zurückgezogen hatte und folglich vom Land her kaum zu hören war – und das Geschrei der großen und kleinen Möwen zu hören, vermischt mit dem vielfältigen Fiepen, Piepen, Zwitschern und Singen von See-Tauchern, Strandläufern, Seeschwalben, Enten und anderer See- und Strandvögel, das hatte ihr schon als Kind gefallen, wenn sie mit dem Vater und den Geschwistern von Krempe aus an die Elbe oder ans Meer gefahren war. Seitdem liebte sie auch den Wind, der die Gesichtshaut sanft oder auch zuweilen heftig und scharf streichelte, und sie liebte den Salzgeschmack, der immer bald auf den Lippen zu spüren war.

Von dieser Liebe zur Natur hatte sich bisher nichts verloren. Deshalb war eine Fahrt irgendwohin an die Nordsee-Küste immer wieder gerne im Programm. Ganz besonders der Spaziergang auf dem Holz- und Sandweg von diesem bestimmten Lokal aus.

Einmal ergab es sich, dass Helga Anton mit ihrer Nichte Frauke nach Westerland gefahren war und auf dem Rückweg wieder einmal am «Strandkieker» Halt gemacht hatte. Das Wetter war angenehm und schön und lud zum Sitzen auf der Terrasse ein. Die warmen Sonnenstrahlen und der sanfte Westwind streichelten die Haut, das Gezwitscher und der Gesang von Meisen und Finken und anderem gefiedertem Getier erfreuten das Herz. Tee und Kekse schmeckten gut wie immer und umschmeichelten den Gaumen. Es saß sich einfach gut auf der Terrasse des «Strandkiekers».

Gott musste es wohl so geführt haben, dass unerwartet eine Freundin und Beterin von Helga Anton aus der Nähe von Husum um die Hausecke des Lokals bog, um ebenfalls das schöne Wetter und einen Imbiss zu genießen. Die Begegnungsfreude war groß auf allen Seiten, bei der Seniorin mit der dunklen Brille wohl am größten. Die alte Dame hatte mitten im angeregten Gespräch nämlich plötzlich eine Idee. «Wie wär's, wenn wir noch einmal einen gemeinsamen Spaziergang hinüber ans Meer machen? Ich möchte gerne noch einmal vorne auf der Aussichtsplattform das Meer hören. Tut ihr mir den Gefallen und bringt mich hin? Ihr seid zu zweit und könnt mich unterhaken. Dann wird es gehen.»

«Übernimmst du dich auch nicht, Helga?», sorgte sich die Husumer Freundin. «Du hast zuweilen Vorsätze, als wärest du vierzig und nicht über achtzig.»

«Ach was», wies die Seniorin die besorgte Frage ein wenig barsch zurück, wie sie das manchmal tun konnte. «Ich fühle mich nicht wie über achtzig. Meine vier gesunden Sinne sind noch völlig in Ordnung. Ich fühle mich stark in den Beinen, und ihr seid stark in den Armen. Ich muss mich außerdem trainieren für die Schiffsreise im Juli. Also, was ist jetzt?»

Jetzt sorgte sich allerdings auch Frauke. «Mein liebes Tantchen, steht nicht in der Bibel: ‹Ihr sollt den Herrn, euren Gott, nicht versuchen›?»

«Steht in 5. Mose 6,16. Hat Jesus nach Matthäus 4 in seiner Versuchung zitiert, meine liebe Frauke, weiß ich doch», gab die Tante wieder recht schroff zurück und ergänzte: «Aber das steht dort in einem ganz anderen Zusammenhang und hat was zu tun mit dem Halten der Gebote. Das hat aber nichts zu tun mit dem Wunsch einer alten Frau, das Meer spüren, hören und riechen zu dürfen und demnächst an einer großen Schiffsreise teilzunehmen.»

«Ist ja schon gut», gab Frauke klein bei und zog ein wenig ihre Schultern ein. «Wir gehen nach dem Bezahlen, Tante Hella», stimmte sie dem Wunsch der alten Dame zu und winkte der Bedienung, auch um die freundliche Frau nach dem aktuellen Tide-Stand der Nordsee zu fragen.

«Wir gehen erst nach dem Gebet um Kraft für meine Beine», korrigierte die Seniorin, als sei sie sich ihrer Sache doch nicht ganz so sicher.

Bald darauf waren die drei Frauen auf dem Sandweg und hernach auf dem Holzsteg unterwegs hinüber zum Meer, das zurzeit Hochstand hatte, also das Watt völlig bedeckte und bis dicht an die bekannte Plattform herankam. Nach zuletzt recht mühsamen Schritten dort angekommen, ließ sich Helga Anton doch ein wenig erschöpft auf eine Bank fallen, streckte ihre Beine weit von sich und atmete tief ein und aus.

«Gott sei Dank! Das wäre geschafft. Bänke sind doch nützliche Teile», sagte sie mehr für sich selbst als für ihre beiden Begleiterinnen. Für einen Moment schloss sie ihre blinden Augen. Dann war die kurze Schwäche, die die Seniorin nach dem anstrengenden Weg überfallen hatte, offenbar schon vorbei, und ihr Gesicht hellte sich wieder auf.

Frauke hatte den Satz wohl gehört, kommentierte ihn aber nicht, sondern genoss lieber den Ausblick auf das Meer, das bis weit hinaus an den Horizont einigermaßen ruhig vor ihnen lag. Herrlich, diese sommerliche Stimmung mit ihrer stillen Geräuschkulisse und den sanften Empfindungen auf Haut und Haaren und denen, die sich im Gemüt Raum schafften.

«Sagt mir, was ihr seht», bat die Blinde, erhob sich von ihrer Bank und trat ans Geländer der Plattform. «Gibt es im Nordstrander Watt Segler? Gibt es irgendetwas Besonderes auf der Insel? Kann man bis nach England schauen?»

Die beiden Frauen nahmen ihre Tante und Freundin zwischen sich und dann auch selbstverständlich mit in die Bilder, die sie vor ihren Augen hatten. Sie mussten ja für die Blinde mitsehen. Und auch heute musste die hören, dass man leider nicht bis nach England schauen konnte. – Die Frage gehörte an diesem Platz übrigens zum Gesprächs-Standard und löste vor allem bei ortsfremden Menschen immer wieder überraschtes Erstaunen aus. Welcher Unkundige wusste denn schon, dass es auf Nordstrand ein Dörfchen dieses Namens gab, das man freilich von hier aus nie sehen konnte?

Nach einigen Minuten des schweigenden «Schauens» begann Helga Anton plötzlich zu singen:

«Du großer Gott, wenn ich die Welt betrachte,
die du geschaffen durch dein Allmachtswort,
wenn ich auf alle jene Wesen achte,
die du regierst und nährest fort und fort,
‖:dann jauchzt mein Herz dir, großer Herrscher, zu:
Wie groß bist du! Wie groß bist du!:‖

Blick ich empor zu jenen lichten Welten
und seh der Sterne unzählbare Schar,
wie Sonn und Mond im lichten Äther zelten,
gleich goldnen Schiffen hehr und wunderbar,
‖:dann jauchzt mein Herz dir, großer Herrscher, zu:
Wie groß bist du! Wie groß bist du!:‖

Wenn mir der Herr in seinem Wort begegnet,
wenn ich die großen Gnadentaten seh,
wie er das Volk des Eigentums gesegnet,
wie er's geliebt, begnadigt je und je,
||:dann jauchzt mein Herz dir, großer Herrscher, zu:
Wie groß bist du! Wie groß bist du!:||

Und seh ich Jesus auf der Erde wandeln
in Knechtsgestalt, voll Lieb und großer Huld,
wenn ich im Geiste seh sein göttlich Handeln,
am Kreuz bezahlen vieler Sünder Schuld,
||:dann jauchzt mein Herz dir, großer Herrscher, zu:
Wie groß bist du! Wie groß bist du!:||»[8]

Es war bewegend, die Frau dieses Lied singen zu hören und sie dabei begleiten zu dürfen, die Frau, die mit ihren blinden Augen nicht sehen konnte, die aber wohl mit ihren inneren Augen eine viel tiefere und weitere Sicht hatte als die meisten Sehenden.

Plötzlich ging es der Nichte durch den Sinn, wie oft und an welchen Orten ihre geliebte Tante dieses schöne Anbetungslied wohl noch singen würde. Irgendwie hatte Frauke das starke Empfinden, dass die Lebensuhr der inzwischen Dreiundachtzigjährigen bald ablaufen würde. Sie behielt den Gedanken allerdings für sich, mahnte nur nach einer Weile des weiteren stillen Schauens und Genießens zum Aufbruch. «Wir müssen zurück, ihr Lieben.»

Dann folgte allerdings das, was sie im Stillen befürchtet und erwartet hatte. Helga Anton wandte ihrer Nichte das Gesicht zu und bat ein wenig kleinlaut: «Kannst du bitte das Auto holen, Frauke? Ich schaffe den Rückweg nicht.»

«Ich hatte damit gerechnet, mein liebes Tantchen. Aber du warst ja nicht zu bremsen.» Frauke atmete dabei tief auf und fügte an: «Ich gehe und schaue, wie ich mit dem Wagen herkomme. Betet ihr drum, dass ich nicht irgendwo stecken bleibe. – Vielleicht hört unser Herr ja dieses Gebet, und er erhört es auch. Das um die Kraft für die Beine scheint er nicht gehört zu haben.»

Ihr Tantchen war immer noch sehr kleinlaut. «Es war wohl doch eher mein eigener Wille, hierher zu kommen», gab sie zu. «Aber wir beten, liebe Nichte. Gegen dieses Gebet wird Jesus keine Einwände haben. Geh und hol das Auto. Der Herr behüte deine Fahrt über die Wiesen.»

Am Ende dieses Abenteuers war dann doch noch einmal alles gutgegangen. Frauke stand nach schwieriger Aktion und einer sehr holprigen Fahrt mit ihrem Wagen und seinen Insassen heil auf der Landstraße. Nach dem Abschied von der Husumer Freundin konnten Nichte und Tante die Rückkehr nach Itzehoe fortsetzen. Die Seniorin machte dabei einen sehr glücklichen und dankbaren Eindruck.

Die Überzeugung, der Christ müsse auch durch sein Äußeres seinem Gott die Ehre geben, bekam für Helga Anton im Jahr 2006 noch einmal eine besondere Bedeutung. Sie erhielt zu ihrer großen Überraschung die Einladung, als Referentin zum Thema «Gebet» an einer christlichen Kreuzfahrt des Schweizer Veranstalters KULTOUR aus Winterthur teilzunehmen. Die See-Reise «Faszination Skandinavien» sollte von Amsterdam durch die Nordsee, den Skagerrak und die Ostsee bis nach St. Petersburg führen und zurück über Rostock wieder nach Amsterdam. Unterwegs sollten die Metropolen Oslo, Kopenhagen, Stockholm, Helsinki und St. Petersburg besucht werden.

Die alte Dame aus dem Itzehoer «Haus des Gebets» war sofort begeistert von der Möglichkeit, in ihrem Alter noch eine zweiwöchige Kreuzfahrt machen zu können. Helga Anton hätte eine solche Reise für sich selbst und zusätzlich für eine Begleitperson, ohne die sie ja gar nicht reisen konnte, nie selbst finanzieren können. Von welchem Geld auch?

Umso dankbarer war sie für die ausgesprochene Großzügigkeit des Reiseunternehmens, das sie im Auftrag des Brunnen Verlags Basel zur Mitreise eingeladen hatte, ohne dass sie einen eigenen Kostenbeitrag aufbringen musste. Als Gegenleistung erwartete man lediglich, dass sie einige Vorträge und Gebetsseminare anböte, Gebetstreffen veranstaltete und nach Bedarf zu persönlicher Seelsorge zur Verfügung stünde.

Diese «leichten» Reisebedingungen wollte die Seniorin mit ihren inzwischen dreiundachtzig Jahren gerne auf sich nehmen, war sie doch in dieser Zeit auch mit ihrem geistlichen Bruder, Freund und Verehrer Andreas Walter zusammen und konnte etwas für den Absatz seiner – und ihrer eigenen – Bücher tun.

Eine Begleitperson zu finden war für Helga Anton nicht schwer. Ihre Freundin Renate aus der Friedrich-Hebbel-Stadt Wesselburen war gerne bereit, mit ihr die erforderlichen Reisevorbereitungen zu treffen, die Reise selbst mitzumachen und ihr bei allen notwendigen Dingen zur Seite zu stehen.

Dazu gehörte dann auch, dass die Garderobe für diese besondere Reise auf Vordermann gebracht wurde. Solche Kreuzfahrten buchten in der Regel doch nur Leute, die sich die hohen Kosten leisten konnten, weil sie besser betucht waren – im doppelten Sinn dieses Wortes. Für Helga Anton war es also wichtig, dass ihr «Tuch» einem solchen Ereignis angemessen war. Eine erneute Fahrt nach Westerland wenige Tage vor Reisebeginn machte es möglich, dass sich die Seniorin und Referentin später auf dem Schiff auch beim Kapitäns-Dinner sehen lassen konnte.

Auf der Rückfahrt der Einkaufstour vom Sylter Westerland

nach Itzehoe fragte Renate die um einiges ältere Freundin: «Hast du eigentlich keine Angst vor der hohen See oder auch vor dem weiten Meer?»

«Warum sollte ich?», gab die ein wenig empört zurück.

«Nun ja, meine Liebe», wandte Renate ein, «Wasser hat keine Balken. Und sich auf der Ostsee bei Windstärke 10 auf einem Schiff zu befinden, soll nicht gerade sehr vergnüglich sein.»

«Hast du etwa kein Gottvertrauen, Renate?», gab Helga Anton zurück. Das klang beinahe wie eine Zurechtweisung.

«Mit Gottvertrauen habe ich kein Problem, meine Liebe», wies Renate den vermeintlichen Vorwurf zurück. «Ich möchte trotzdem nicht bei Windstärke 10 von Stockholm nach Helsinki hinüberfahren oder von St. Petersburg nach Rostock.»

«Dann geh rechtzeitig ins Gebet, meine liebe Renate», gab die Ältere immer noch ein wenig barsch zurück. «Bete um eine höchstens sanfte Brise und um glatte See. Dann bleibt der Wind ruhig und der Seegang gering. Punktum.»

«Hast ja Recht, Helga», gab die Jüngere jetzt klein bei. «Gott kann tatsächlich die See ruhig halten oder im andern Fall auch auf sein Wort hin ruhig stellen. – Also ziehen wir unsere Anmeldung nicht zurück?»

«Mitnichten, meine Liebe. Siehe Matthäus 8,23–27», wies Helga Anton die Frage energisch zurück und ergänzte die Bibelstelle zum Hinweis ihrer Freundin. «Wo so viele Christen auf einem Schiff sind, ist Jesus mittendrin. Und jetzt vergiss deine Bedenken! Wenn ich alte Frau schon zu einer solchen Reise eingeladen werde, will ich sie auch machen und genießen. Was dazu alles nötig ist, liegt in den Händen Jesu.»

«Und ein bisschen ja wohl auch in meinen, liebe Helga!», wandte Renate ein. «Ich muss schließlich deine Koffer packen und meine Koffer packen und für meinen Jens sorgen, damit der mir in den beiden Wochen nicht vom Fleisch fällt.»

«Ist ja schon gut, Renate», stimmte die Demnächst-Schiffsreisende dem Argument ihrer Freundin zu. «Auch in diesen Dingen ist alles am Segen unseres Gottes gelegen.»

Am 22. Juli 2006 stach die MSC Rhapsody von Amsterdam aus in See und steuerte zunächst auf Bergen in Norwegen zu. An Bord befanden sich einige hundert Passagiere im Alter zwischen Kind und Greis. Die weitaus meisten von ihnen waren Christen aus der Schweiz mit unterschiedlichen Gemeindezugehörigkeiten: Einzelpersonen, Ehepaare, ganze Familien, die auf dem Schiff ihre Sommerferien verbrachten. Versorgt wurden die vielen Kreuzfahrer von etwa dreihundert Besatzungsmitgliedern aus aller Herren Länder.

Für das Programm der Reise war eine Mitarbeitergruppe des Veranstalters von etwa dreißig Leuten verantwortlich, zu der Helga Anton und ihre Begleiterin auch gehörten. Täglich wurden Gottesdienste angeboten, dazu Vorträge mit geistlichen Themen und solchen der Lebenshilfe, Konzerte, Gymnastik und sonstige Events, an denen die Reisenden teilnehmen konnten oder auch nicht. Die Freiheit dazu wurde jedem gelassen.

Das war sehr großzügig gedacht von den Veranstaltern, musste aber wohl auch sein. Die Leute auf dem Schiff sollten sich in ihrem Urlaub ja nicht von einem vorgeschriebenen Programm bestimmen und einengen lassen.

Wenn Helga Anton, die Fachfrau für Fragen des Gebetes und der Seelsorge, allerdings geglaubt hatte, sie brauche wirklich nur ihre drei vorgesehenen Vorträge zu halten, dann hatte sie ihr persönliches Programm ohne ihren Gott gemacht. Dafür war sie in der Schweiz viel zu bekannt. Nach wenigen Reisetagen musste sie für jeden Tag Gebetszeiten anbieten und auch Zeiten, in denen Seelsorge dran war. Am häufigsten und intensivsten wurde nach ihren Vorträgen danach gefragt, und sie stellte sich gerne den Hilfe und Rat suchenden Menschen zur Verfügung.

Auch in der Schiffs-Buchhandlung ihres Verlags blieb sie nie lange allein. Irgendjemand sprach sie immer an, wenn sie sich mit Andreas Walter um ihre Bücher kümmerte und sie auf Wunsch auch gerne signierte. Das war ihr trotz der Blindheit möglich, wenn ihr das entsprechende Buch richtig hingelegt und aufgeschlagen wurde.

Aber das war alles ganz in Ordnung so. Sie war ja nicht zu ihrem Vergnügen auf dem Schiff, auf dem sie sich übrigens sehr rasch bestens zurechtfand. Renate hatte nur ein paarmal mit ihr die wichtigsten Flure und Treppenaufgänge erkundet, da fand sie ihre Wege auch schon allein. Sie verfügte eben nicht nur über ein immer noch sehr gutes Gedächtnis für alles, was ihr Leben ausmachte, sondern seit ihrer Erblindung auch über einen ausgeprägten Orientierungssinn. Ihr gutes Gehör half ihr auch immer noch, Menschen zu erkennen und voneinander zu unterscheiden, was bei den vielen, die sich auf dem Schiff tummelten, sehr hilfreich war.

Allerdings: Hätten die Schweizer doch nur eine einfachere und verständlichere Sprache gehabt. Die weitaus meisten von ihnen sprachen untereinander Schwyzerdütsch, selbst der Pastor und Reiseleiter schien kein Hochdeutsch zu können. Das machte wohl jedem Nicht-Schweizer und besonders jedem Norddeutschen Mühe.

Manchmal revanchierte sich die holsteinische Seniorin damit, dass sie Plattdütsch sprach, das sie als Ureinwohnerin Schleswig-Holsteins seit ihrer frühen Kindheit beherrschte und im persönlichen Umfeld auch immer verwendet hatte. Hier auf dem Schiff löste Plattdütsch gegen Schwyzerdütsch in der Regel einiges an Erheiterung auf beiden Seiten aus.

Ein wenig schade war, dass die Seniorin von den einzelnen

Tages-Reisezielen zuweilen ausgeschlossen blieb. Bei den Landgängen, denen sie sich mit Renate anschloss, bekam sie auch nicht viel mit von den Schönheiten der Natur und von den kulturellen Dingen des jeweiligen Ortes. Renate beschrieb ihr zwar immer wieder, was sie selbst zu sehen bekam. Aber davon hatte Freundin Helga nicht wirklich Bilder vor Augen. Aber nun, zum Sightseeing hatte Gott sie ja auch nicht auf die Reise mit der MSC Rhapsody beordert. Ihre eigentliche Aufgabe konnte sie deshalb auch mit entsprechend großem Einsatz erledigen – und sie selbst und viele der großen und auch kleinen Mitreisenden wurden durch ihren Dienst reich gesegnet.

Helga Anton bekam später eine ganze Menge dankbarer Post, in der ihr bestätigt wurde, dass das Asthma verschwunden war, dass die allergischen Reaktionen nachgelassen und schließlich ganz aufgehört hatten, dass die okkulten Attacken nicht mehr aufträten, dass die Seele während der Reise gesund geworden sei, dass …

Die Seniorin wertete diese Echos als besondere Bestätigung dafür, dass Gott ihren Dienst an Bord des Kreuzfahrt-Schiffes wirklich gerne und reich gesegnet hatte.

Als das Schiff am 6. August den Hafen von Rostock erreicht hatte, gingen für Helga Anton – für ihre Freundin Renate war das sehr ähnlich – ein Erlebnis und eine Erfahrung zu Ende, von denen sie in ihrem langen Leben nicht einmal geträumt hatte, von denen sie aber noch lange zehren konnte. Die für die Ewigkeit bleibende Frucht dieser Kreuzfahrt war ohnehin nur im Himmel registriert.

Den Transportdienst nach Amsterdam ans Schiff und von Rostock zurück nach Hause hatte übrigens Sohn Jürgen übernommen, mit dem sich Helga Anton immer besser verstand, je älter sie wurde und je älter er wurde. Jürgen war wesentlich ruhiger geworden, gesitteter und bescheidener – und offener für das Evangelium und seinen Anspruch und Zuspruch auch für einen Menschen wie ihn, der manches in seinem bunten Leben verpfuscht hatte.

Er hatte es freilich vom Tag seiner Geburt an und eigentlich schon zuvor im Mutterleib alles andere als einfach gehabt. Unter dem Herzen einer leidenden, weinenden, tief deprimierten Mutter getragen zu werden, täglich deren Sorgen zu spüren und im Mutterleib die Kämpfe an der russischen Front zu vernehmen – das war keine leichte Hypothek für ein folgendes langes Leben. Mit der Mutter gemeinsam jahrelang auf den Vater zu warten, der aber nie mehr nach Hause kam und schließlich als «im Krieg gefallen» gelten musste, und folglich dann vaterlos aufzuwachsen, das war bestimmt auch eine hohe Anforderung, wenn nicht gar eine Überforderung für die zarte Seele. Das musste im Leben des Kindes und späteren Mannes seine Folgen haben.

Dass Jürgen Anton, inzwischen ja auch schon mehr als sechzig Jahre alt, noch zum Glauben käme, war das tägliche Gebet seiner Mutter.

12.

«O Welt, ich muss dich lassen ...»

Helga Anton erlebte dann noch ein sehr intensives letztes Jahr ihrer irdischen Zeit; eins, das ihr gar nicht gefallen wollte und das sie auch ein Stückweit nicht verstand. Nun hatte sie doch ihrem Herrn und Gott dreißig Jahre lang in großer Treue gedient, hatte ihm ungezählte Menschen zugeführt, war ungezählten Menschen durch ihr Gebet zur Hilfe und zum Segen geworden. Und dann das?!

Noch im Jahr 2006 stürzte die Seniorin erneut in ihrer Wohnung und brach sich dabei einen Oberschenkel. Eine üble und lästige Sache, musste sie doch eine ganze Weile mit einem eingegipsten und geschienten Bein leben. Dabei hatte sie doch wieder eine Reise in die Schweiz im Terminkalender stehen. Es konnte doch nicht sein, dass Gott ihr diese Reise vom Plan strich.

«Nein, Herr, das kannst du nicht machen! Lass diesen Knochen wieder zusammenwachsen! Stärke die Muskulatur! Straffe die Sehnen! Halte mein Herz aktiv! Ich möchte noch einmal für dich in die Schweiz. Wenigstens noch einmal! Du weißt doch um das Erscheinen meiner beiden neuen Bücher und darum, dass Andreas möchte, dass ich sie in seinen Verlags-Buchhandlungen selbst vorstelle. Es sind doch meine letzten, Herr. Und das eine ist ein so wunderbarer Bildband. Bitte, Herr Jesus, richte mich auf und mach es möglich, dass ich reisen kann.»

Mit solchen und ähnlichen Worten bedrängte Helga Anton ihren Herrn Jesus, und mit ähnlichen Worten ließ sie andere Jesus bedrängen. Doch der schien lange nicht zu hören. Hatte er mit ihr, seiner alten Dienerin, seiner Hanna von den Anfängen, andere Pläne?

Die alte und an sich selbst und ihrem Gebrechen leidende Frau begab sich wieder ins Alten- und Pflegeheim nach Vaale, natürlich nur für eine überschaubare Zeit, bis der Gips entfernt, das Bein wieder in Ordnung und sie wieder bei Kräften war. Im «Sievershof» war gerade – wie auf Bestellung – ein Zimmer frei geworden, das erst in ein paar Wochen neu belegt werden sollte. War das nicht ein göttliches Signal dafür, dass sie, die gesegnete Schriftstellerin, Beterin und Seelsorgerin, noch einmal so weit hergestellt werden sollte, dass sie die Reise riskieren konnte?

Die Leiterin und das Pflegepersonal in dieser christlich-sozialen Einrichtung taten ihr Möglichstes, um den Heilungsprozess zu beschleunigen. Ihre vielen Freunde im In- und Ausland beteten wie die Weltmeister, beinahe rund um die Uhr. Ihr Sohn Jürgen sorgte sich rührend darum, die Genesung seiner Mutter durch seine häufigen Besuche von Hamburg her zu fördern, soweit ihm das überhaupt möglich war.

Und dann erlebte Helga Anton wieder einmal, dass Gott sich zu seiner Botin bekannte. Die Seniorin wurde im Pflegeheim hochgepäppelt und nach innen und außen so stabilisiert, dass sie die weite Reise nach Süden zum Verlag in Basel tatsächlich riskieren konnte. Der Verlagsleiter und Freund Andreas Walter war nicht weniger glücklich darüber als seine erfolgreiche Buchautorin im fernen Norddeutschland. Die alte Dame war tatsächlich rechtzeitig so weit hergestellt, dass Sohn Jürgen sie wiederum in Begleitung einer ihrer Freundinnen in die Schweiz fahren – und nach einer Woche dort auch wieder abholen konnte.

Zwischen den Fahrten lag eine Woche schöner Dienste und Auftritte der Hauptperson dieser Veranstaltungsreihe in den

Buchläden des Verlags, die alle den Namen «Bibelpanorama» tragen. – Der Name war übrigens inzwischen auch von der neu eröffneten Husumer christlichen Buchhandlung ihrer beiden Freunde Jens und Renate übernommen worden.

Die Veranstaltungen in einigen Gemeindekreisen an Orten ohne Buchhandlung verliefen ebenso erfolgreich und gesegnet. Erstaunlich, wie Gott die besonders begnadete Frau Helga Anton für diese Woche mit Kraftreserven ausgestattet hatte und ihr jeweils die Energie zufließen ließ, die sie für ihre Aufgaben benötigte. Erstaunlich, wie die sich auf den Beinen hielt und hinter dem Katheder stehen konnte.

Na ja, es gab auch Stunden, in denen brauchte sie den Stuhl, weil ihre alten Beine doch nach längerem Stehen bald ins Zittern gerieten und das Sitzen dann sehr hilfreich und erleichternd war.

Als sie nach Hause zurückkam, brach die Gesundheit der alten Dame dann allerdings wieder zusammen. Vor allem ihr Herz wollte nicht mehr, wie es sollte. Ihre Beine trugen den Körper kaum noch, und es kam, wie es kommen musste: Helga Anton stürzte erneut und musste, nachdem sie ein paar Stunden hilflos auf dem Boden ihrer Wohnstube gelegen hatte, erneut ins Krankenhaus gebracht werden.

Dort bemühte man sich sehr um ihre Stabilisierung, musste aber bald feststellen, dass bei der blinden Patientin nicht mehr sehr viel zu stabilisieren war. Die inzwischen vierundachtzigjährige alte Dame wurde nun doch zum Pflegefall. Folglich wurde sie aus der Klinik nicht mehr nach Hause entlassen, sondern sofort ins Alten- und Pflegeheim «Sievershof» in Vaale verlegt. Die Leiterin dieses Hauses hatte sich bereits auf diesen Fall eingestellt und ein inzwischen frei gewordenes Zimmer auch frei gehalten.

Eine gute Weile konnte Helga Anton sich in diesem Haus noch bewegen. Sie kannte es ja bereits und fand sich auch noch in den Fluren und Zimmern zurecht. Sie saß häufig in den Aufenthaltsräumen und Sitzecken im Gespräch mit anderen Bewohnerinnen und auch mit Bewohnern des Hauses. Sie besuchte mit ihrem Rollator bettlägerige Menschen in ihren Zimmern und konnte so ihrem Gebets- und Seelsorgedienst nachkommen. Wenn sie selbst Besuch hatte und dieser sie an den Arm nehmen konnte oder ihr zusätzliche Sicherheit vermittelte, wenn sie an ihrem Rollator ging, dann konnte sie bei gutem Wetter auch ein paar Schritte nach draußen machen und gelegentlich auch kurze Zeit in ihrem Strandkorb verbringen, den Jürgen ihr von Itzehoe herübergebracht hatte.

Bald aber ließen die Kräfte der Seniorin so weit nach, dass diese Dinge nicht mehr möglich waren. Helga Anton konnte noch eine Weile im Rollstuhl hier- und dorthin gefahren werden, dann aber ging auch das nicht mehr, und sie wurde bettlägerig.

Eine Zeitlang konnte sie ihre Außenkontakte mit Freunden, die sie nicht besuchen konnten, noch per Telefon pflegen. Gespräch und Gebet per Telefon gehörten ja schon seit langem zu ihrer Fürsorge für Menschen, deren Heil und Wohl ihr am Herzen lagen. Aber bald hörte auch das auf. Der Arm, der den Hörer halten musste, wurde zu rasch müde, und auch der alte Kopf vermochte sich nicht mehr über längere Phasen auf eine bestimmte Sache zu konzentrieren. Die körperlichen und geistigen Kräfte der Seniorin nahmen rapide und deutlich ab.

Als Helga Anton ihr Ende nahen fühlte, bat sie darum, ihre Nichte Frauke anzurufen. Sie möge doch noch einmal herkommen und sie besuchen. Es bliebe ihr wohl dazu nicht mehr viel Zeit.

Schon am nächsten Tag saß Frauke am Bett ihrer geliebten Tante Hella, die still und irgendwie traurig in ihren Kissen lag.

Die Nichte hielt ihr die Hand und streichelte ihre fahlen einge-fallenen Wangen. Dabei spürte sie, dass die Tante ein Anliegen hatte.

«Dich beschäftigt etwas, Tante Hella.»

Die fragte dann auch mit schwacher Stimme: «Kannst du mich nicht nach Hause mitnehmen, Frauke, ins Haus des Gebets? Ich möchte lieber in meinem Haus sterben als hier.»

«Das geht leider nicht, liebes Tantchen», antwortete die Nichte liebevoll. «In deine Wohnung kannst du nicht zurück. Wer soll dich da pflegen und versorgen, und das rund um die Uhr?»

Nach einem Moment Pause sagte sie: «Du bist hier doch auch in einem Haus des Gebets. Auch hier wird viel gebetet. Und du wirst doch auch bald ganz zu Hause sein, Tante Hella.»

«Glaubst du, dass Jesus auf mich wartet?», kam nach einer Weile die besorgte Frage.

«Aber Tante Hella, zweifelst du etwa daran?» Frauke strich der Tante wieder einmal über die Wange. «Du darfst sicher sein, deine himmlische Wohnung ist bezugsfertig. Du wirst bald einzie-hen, Tante Hella.»

Nach wieder ein paar Minuten stillen Miteinanders bat Helga Anton Frauke darum, ihr das Lied 312 aus dem alten Evangeli-schen Kirchengesangbuch zu lesen, das auf ihrem Schränkchen lag. Gerne kam Frauke dem Wunsch der Tante nach, schlug das Lied aus dem 15. Jahrhundert auf und las:

«O Welt, ich muss dich lassen,
ich fahr dahin mein Straßen
ins ewig Vaterland.
Mein' Geist will ich aufgeben,
dazu mein Leib und Leben
setzen in Gottes gnäd'ge Hand.

Mein Zeit ist nun vollendet,
der Tod das Leben endet,
Sterben ist mein Gewinn;
kein Bleiben ist auf Erden;
das Ew'ge muss mir werden,
mit Fried und Freud ich fahr dahin.

Auf Gott steht mein Vertrauen,
sein Antlitz will ich schauen
wahrlich durch Jesum Christ,
der für mich ist gestorben,
des Vaters Huld erworben,
mein Mittler er auch worden ist.

Die Sünd mag mir nicht schaden,
erlöst bin ich aus Gnaden
umsonst durch Christi Blut.
Kein Werk kommt mir zu frommen;
so will ich zu ihm kommen
allein durch christlich' Glauben gut.»

An dieser Stelle sprach Helga Anton ein deutliches «Amen! Gelobt sei Jesus Christus! Amen!» und wollte damit wohl sagen, die weiteren Strophen des Liedes könne sich Frauke sparen, was die dann auch tat. Dabei leuchteten die blinden Augen der alten Frau, und über ihr schmal gewordenes Gesicht zog ein stilles Lächeln.

Wenig später musste Frauke sich dann leider schon wieder verabschieden. Sie hatte noch eine weite Strecke unter die Räder zu nehmen und wollte es nicht gerne Nacht werden lassen.

«Leb wohl, Tante Hella», sagte sie mit einem deutlichen Kloß im Hals, «und halte daran fest, was Asaf in Psalm 73 singt: Jesus ist bei dir. Er hält dich bei deiner rechten Hand. Er leitet dich mit seinem Rat und nimmt dich endlich mit Ehren an.»

Bei diesem Zuspruch straffte sich die Frau in ihrem Bett und antwortete dann mit erstaunlich fester Stimme: «Danke, Frauke. Ja, so ist es, und so bleibt es: ‹Das ist meine Freude, dass ich mich zu Gott halte und meine Zuversicht setze auf Gott, den Herrn, dass ich verkündige all sein Tun.› – Auch in meiner letzten Stunde.»

Eine bewundernswerte Frau, ging es der Nichte durch den Kopf, während sie den «Sievershof» verließ – zuvor hatte sie sich noch bei der Hausleitung für ihren aufopfernden Pflegedienst für die Tante bedankt. Eine erstaunliche Frau, begnadet und gesegnet und für ungezählte Menschen zum Segen gesetzt.

Am Sonntag, dem 23. September 2007, rief die Leiterin des Alten- und Pflegeheims Jürgen Anton in Hamburg an, er möge doch kommen, es ginge mit seiner Mutter deutlich zu Ende. Sie habe um ein letztes Abendmahl gebeten und wünsche, dass er dabei sei. Er möge bitte seine Frau mitbringen. Auch die wolle seine Mutter noch einmal dabeihaben. Die engsten Freunde und Weggefährten seien ebenfalls bereits informiert. Wie zufällig, aber wohl doch eher von Gott so gelenkt, sei Pastor Hinrich Bues mit seiner Frau zu Besuch im Haus. Er werde das Abendmahl halten.

Selbstverständlich änderte Jürgen Anton sofort seine privaten Pläne und machte sich mit seiner Frau auf den Weg nach Vaale. Bei seiner Ankunft war dort bereits eine kleine «Gemeinde» um das Bett der Seniorin versammelt, und es herrschte so etwas wie eine geheiligte Atmosphäre.

Helga Anton saß in ihrem Bett und war offenbar bei vollem

Bewusstsein. Sie ließ sich noch einmal alle Namen derer nennen, die um ihr Lager standen, und sagte jedem ein persönliches Abschiedswort. Sehr bewegend für alle war das kurze Gespräch, das sie noch mit Jürgen führte.

«Du hast Recht, Mutter», griff der ihren Hinweis auf. «Ich habe in meinem Leben viel Mist gebaut und dir sehr viel Mühe gemacht. Ich weiß, du hast manche Träne um mich weinen müssen. Aber das liegt nun alles hinter uns. Ich bitte dich vor diesen Zeugen herzlich um Vergebung, Mutter. Vergib mir meine Schuld, Mutter, wie Jesus mir auch vergibt. Kannst du mir vergeben?»

Helga Anton straffte noch einmal ihren schwachen Körper, schaute in die Richtung, in der sie ihren Sohn wusste, streckte ihm ihre Hand entgegen und antwortete mit fester Stimme: «Ich vergebe dir, mein Junge, wie Jesus dir auch vergibt und wie er mir vergibt, was ich an dir und an anderen Menschen versäumt habe. Amen! Gelobt sei Jesus Christus!» Dann lehnte sie sich wieder zurück, schloss für einen Moment die Augen und bat dann ihren früheren Weggefährten Pastor Hinrich Bues um ihr letztes Abendmahl.

Nun folgte eine kleine Feier, in der Helga Anton gemeinsam mit ihren Freunden noch einmal Brot und Wein zu sich nahm; eine Feier, die der Pastor mit den ersten Versen des 103. Psalms beendete: «Lobe den Herrn, meine Seele, und was in mir ist, seinen heiligen Namen! Lobe den Herrn, meine Seele, und vergiss nicht, was er dir Gutes getan hat: der dir alle deine Sünde vergibt und heilet alle deine Gebrechen, der dein Leben vom Verderben erlöst, der dich krönet mit Gnade und Barmherzigkeit. […] Barmherzig und gnädig ist der Herr, geduldig und von großer Güte. […] Wie sich ein Vater über Kinder erbarmt, so erbarmt sich der Herr über die, die ihn fürchten. […] Lobe den Herrn, meine Seele.»

Dann legte er der sterbenden Frau die Hände auf und segnete sie mit den letzten Worten des Psalms 121: «Der Herr behüte dich vor allem Übel, er behüte deine Seele. Der Herr behüte deinen Ausgang und Eingang von nun an bis in Ewigkeit!» Und für alle Anwesenden hängte er an: «Und so segne uns alle der dreieinige Gott, der Vater, der Sohn und der Heilige Geist. Amen!»

Auf Helga Antons Gesicht lag ein seliges Lächeln, als sie mit schon fast gebrochener Stimme ihren wohl letzten Wunsch äußerte: «Bitte noch einmal das Lied: ‹Ich hab dich je und je geliebt›. Danke, ich danke euch allen. Gelobt sei Jesus Christus! Amen!» Diese letzten Worte waren schon mehr gehaucht als gesprochen, das «Amen!» war kaum noch zu hören.

Gut, dass wenigstens die engsten Freunde der Sterbenden den Text dieses Liedes auswendig singen konnten, das zu den Lieblingsliedern der Christin gehörte, seit sie in die Nachfolge Jesu getreten war. Und so sangen sie, aus der besonderen Situation heraus mehr schlecht als recht, die drei Strophen dieses schönen Liedes der Helga Poppe von der Kreuzbruderschaft:

«Ich hab dich je und je geliebt,
darum zog ich dich zu mir.
Ich hab dich je und je geliebt,
komm, vertraue mir.

1. Ich, der Herr, dein Gott, habe dich gemacht,
schön und wertvoll bereitet, du bist mein!

2. Ich, der Herr, dein Gott, habe dich erlöst,
rief dich bei deinem Namen, du bist mein!

3. Ich, der Herr, dein Gott, will stets bei dir sein,
keine Not kann dir schaden, du bist mein!

Ich hab dich je und je geliebt,
darum zog ich dich zu mir.
Ich hab dich je und je geliebt,
komm, vertraue mir. Komm, vertraue mir.»[9]

Ob Helga Anton die letzte Strophe und den letzten Refrain noch gehört hatte? Sie hatte bei dem Lied die Hände wie zum Gebet zusammengelegt und war wohl darüber eingeschlafen, auf dem Gesicht immer noch das selige Lächeln von eben. Ob sie schon hinüberschaute in die ewige Herrlichkeit oder auch herrliche Ewigkeit, auf die sie sich gefreut hatte?

Wer mochte es sagen von denen, die noch eine Weile um ihr Bett standen und sich dann still noch einmal von der Glaubensschwester und Freundin, von der Weggefährtin und Mutter und dann auch voneinander verabschiedeten …

In der folgenden Nacht schloss Helga Anton nach einem erfüllten und gesegneten Leben für immer ihre blinden Augen, damit sie den schauen konnte, an den sie geglaubt hatte. Der Herr Jesus, ihr Heiland, dem sie die letzten dreißig Jahre ihres Lebens mit allen Fasern ihres Seins und den ihr besonders verliehenen Gaben gedient hatte, hatte sie gnädig und im tiefen Frieden heimgeholt.

Einige Tage später wurde ihr Leichnam unter großer Anteilnahme vieler Freunde und Weggefährten aus der Nähe und aus der Ferne und auch vieler anderer Menschen, denen sie etwas bedeutet hatte, auf dem Städtischen Friedhof in Itzehoe beigesetzt. Die Beerdigung, die Pastor Hinrich Bues hielt, geriet zu einem Fest des Glaubens und des Bekenntnisses. Die Freude aus der christlichen Botschaft von der Auferstehung des Gottessohnes Jesus Christus überlagerte die Trauer über den Tod, nein, besser: über den Heimgang einer reich gesegneten Jüngerin ihres Herrn und Heilandes.

Laut schallte das Abschluss-Lied der großen Gemeinde am Ende der schlichten Feier am Grab der Helga Anton über den Städtischen Friedhof:

«Er ist Herr, er ist Herr.
Er ist auferstanden, und er ist Herr.
Jedes Knie muss sich beugen,
jede Zunge wird bekennen,
dass Jesus ist der Herr!

Du bist Herr, du bist Herr.
Du bist auferstanden und bist Herr.
Jedes Knie muss sich beugen,
jede Zunge wird bekennen,
dass Jesus ist der Herr.»[10]

Helga Antons schlichten Grabstein zieren außer ihrem Namen und den Geburts- und Sterbedaten ein Paar betender Hände nach dem bekannten Vorbild derer des großen deutschen Künstlers Albrecht Dürer: Betende Hände als letztes Vermächtnis der gesegneten Beterin und als ihre stille Aufforderung an die Lebenden, die an ihrem Grab Momente des Gedenkens verbringen, es ihr nachzutun und in allen Dingen mit Gott im Gespräch zu sein, so wie sie es immer gesagt hatte:

«Ohne Gebet geht nichts,
aber auch gar nichts im Reich Gottes!»

Nachwort
von Andreas Walter

Zwei Dinge im Leben von Helga Anton fallen besonders auf: einmal die Tatsache, dass sie sehr gebrechlich war. Sie war kein «Siegertyp», die aus sich heraus die Kraft hatte, Großes zu leisten. Sie hatte oft zu kämpfen mit körperlichen Schwächen wie Entzündung des Herzmuskels, zunehmender Blindheit und Infekten. Sie dachte auch nicht hoch von sich selbst. Ihr Selbstwertgefühl war nicht besonders ausgeprägt. Sie hätte sich in früheren Jahren nie vorstellen können, öffentliche Reden zu halten. Auch diesbezüglich war Helga Anton oft angefochten und hatte kein leichtes Leben.

Zweitens fällt auf, dass im Leben und Dienst von Helga Anton viele Wunder geschahen. Viele Menschen, die ihren Gebetsdienst in Anspruch nahmen, können heute noch davon berichten, wie sie von körperlichen Gebrechen, Krankheiten, dunklen Mächten und anderen belastenden Dingen befreit wurden. Ich begleitete sie auf vielen Vortragsreisen und erlebte deshalb hautnah mit, wie Gott die Gebete von Helga Anton erhörte. Ihr Dienst an den Menschen war außerordentlich gesegnet.

Hier stellt sich die Frage, ob diese zwei Auffälligkeiten (Schwäche und Vollmacht) in einem Zusammenhang stehen. Ich denke, ja. Gottes Kraft ist in den Schwachen mächtig. Gott hat sich das Werkzeug Helga Anton nicht zufällig erwählt, sondern ganz bewusst. Es gefällt Gott, mit schwachen Menschen, die bereit sind, auf ihn zu hören, große Dinge zu tun. Helga hat die Dinge immer klargestellt: «Ich kann nichts – Jesus kann alles.» Damit hat sie Gott die Ehre gegeben und allen menschlichen Verehrungsversuchen eine Absage erteilt. Deshalb ist sie eine große Ermutigung für all diejenigen, die unter Schwächen und Komplexen leiden.

Helga Anton war immer beides: ein zutiefst gläubiger Mensch und gleichzeitig auf der Höhe der Zeit, unverkrampft und aufgeschlossen, den Menschen zugewandt. Das zeigte sich in Worten oder Redewendungen wie «todschick» oder «Tütelkram».

Als sie nämlich einer Ehefrau den Rat gab, sich für ihren Mann attraktiv zu kleiden, um ihn wiederzugewinnen, gab sie ihr den Auftrag: «... und dann kaufen Sie sich ein todschickes Kleid!» Eine erstaunliche Ausdrucksweise für eine Achtzigjährige!

Als ich in einer Phase der Mutlosigkeit die Idee hatte, meinen Beruf zu wechseln, und ihr bei einem Telefongespräch meine Pläne schilderte, meinte sie nur: «Das, was du da erzählst, ist Tütelkram!» Ich blieb.

In der Seelsorge war Helga immer auf das Hören eingestellt: Mit einem Ohr (dem inneren) hörte sie auf Gott – und mit dem anderen auf den Menschen, der Rat bei ihr suchte. Oft schenkte ihr Gott in solchen Situationen ein Stichwort oder einen Eindruck, selten ein Bild, so dass sie den Durchblick für die jeweilige Situation erhielt.

Das waren oft spannungsreiche Momente, weil es eine Weile dauern konnte, bis Klarheit eintrat. Ich höre sie heute noch beten: «O Herr, bitte zeige uns, wie es zu diesem Fehlverhalten kommen konnte.» Oder: «... woher dieser Schock stammt.»

Dabei nahm sie es immer sehr genau. Jedes Detail war ihr wichtig. Und sie ließ sich nicht ablenken. Mit Nachdruck und Liebe legte sie ihren Finger auf den wesentlichen Punkt. Und dann gab es keine Kompromisse. Sie stellte die Ratsuchenden vor die Entscheidung. Und trotzdem war sie barmherzig. Sie war eine großartige Seelsorgerin. Gott hatte ihr das Augenlicht genommen, sie aber dafür mit vielen anderen Gaben beschenkt. Sie hatte den Durchblick – von Gott geschenkt.

Auf den vielen Vortragsreisen (wir nannten sie «Tourneen»), die ich zusammen mit Helga Anton und ihrer treuen Begleiterin machte, lernte ich Helga immer besser kennen. Sie war alles andere als perfekt. Sie konnte sich zum Beispiel wegen einer Speise im Restaurant echauffieren oder auch anderer kleiner Ärgernisse wegen. Aber es war immer ein Fest, mit ihr unterwegs zu sein. Sie hatte Humor, sie konnte sich von Herzen freuen, sie konnte das Leben in vollen Zügen genießen.

Was mir besonders gefiel: Sie hatte ein weites Herz. Sie war in keiner Weise eng.

Vielleicht war es das, was die Gemeinschaft mit ihr so wertvoll und unbeschwert machte.

Bei den vielen Autofahrten konnte es nicht verborgen bleiben, dass ich oft einen recht aggressiven Fahrstil zeigte. Helga merkte das natürlich. Sie sprach das aber nicht offen aus. Wenn mir dann ein anderer Autofahrer in die Quere kam, sagte sie nichts zu mir, sondern betete nur halblaut: «Herr, segne ihn!»

Damit meinte sie nicht mich, sondern den anderen Fahrer, über den ich mich beschwerte. Im Laufe der Zeit dämmerte mir, dass sie mir etwas beibringen wollte.

Ich versuchte es dann selbst, obwohl es mir sehr schwer fiel. Wenn mir dann einer die Vorfahrt nahm, sagte ich ebenfalls: «Herr, segne ihn!» Und siehe da: Aller Zorn war wie weggeblasen! Es war gar nichts mehr da, über das man sich hätte aufregen können. Bis heute verstehe ich das nicht ganz; aber ich bin jedes

Mal neu überrascht, wie wirksam dieser gute Rat ist. Die Bibel sagt ja auch: «Segnet und fluchet nicht!» (Römer 12,14).

Wir gerieten oft in größere Staus, die das pünktliche Eintreffen am Vortragsort gefährdeten. Helga betete dann laut: «Ach, Herr, bitte löse du doch diesen Stau auf!»

Wir konnten nur staunen, wie schnell das dann manchmal ging, so dass wir pünktlich am Ziel eintrafen.

Wenn man mit Helga unterwegs war, musste man immer mit «Überraschungen» rechnen. Diese waren meist negativer Art; es waren Anfechtungen, die sich in vielfältiger Weise zeigten. Mal kam Helga mit einer starken Grippe an, so dass sie kaum etwas essen konnte. Mal brach ihr ein Zahn ab. Mal stürzte sie nachts, weil sie auf dem Teppichvorleger ausrutschte. Mal kriegte ihre Begleiterin einen fürchterlichen Hustenanfall, so dass wir Angst hatten, sie würde ersticken.

Eines Tages, wir saßen gerade im Bibelheim Männedorf am schönen Zürichsee beim Frühstück, machte es «kracks» und mir brach ein Stück eines Zahns ab. Ich sagte: «Aber da ist ja gar kein Grund; ich habe nicht auf was Hartes gebissen.» Helga antwortete: «Es braucht keinen Grund!» Ich verstand, was Sie meinte.

Helga litt an mehreren Krankheiten und musste deshalb viel leiden. Sie war seit vielen Jahren herzkrank und musste täglich eine stattliche Anzahl von Pillen schlucken. Weil sie in Sorge war, dass die Nebenwirkungen einen schädlichen Einfluss auf ihre Gesundheit haben könnten, legte sie die vielen Pillen jeweils in ihre Hand und betete: «Herr, du hast gesagt ‹das Gift wird ihnen nicht schaden›. Nimm du die Nebenwirkungen dieser Tabletten weg und verstärke ihre Heilkraft. Ich segne diese Tabletten in deinem Namen.»

Nach ihrer Aussage hatte sie nie unter größeren Nebenwirkungen zu leiden, obwohl sie die starken Medikamente viele Jahre lang einzunehmen hatte.

Helga besaß einen großen Einfluss auf viele Menschen. Wenn man mit ihr unterwegs war, brauchte es gar nicht viel Werbung, um die Menschen zu sammeln. Ein Aufruf in unserem Prospekt genügte, um die Säle zu füllen. Was zog die Menschen in so großer Zahl an? Was war das Geheimnis der Vollmacht von Helga Anton?

Ich versuche, die fünf wichtigsten Gründe dafür darzulegen:

- Sie war eine **treue Beterin**.
- Sie **liebte Jesus** über alles.
- Sie **liebte Gottes Wort**.
- Sie besaß eine **heilige Entschiedenheit**.
- Sie hatte **Ausdauer**.

Sie war eine **treue Beterin**: Gott selbst hatte sie in den Gebetsdienst berufen, und das nahm sie zu hundert Prozent ernst. Deshalb nannte sie ihr Heim in Itzehoe «Haus des Gebets». Aus dieser Berufung schöpfte sie auch die Kraft und die Dienstbereitschaft, die sie für ihre vielen und mitunter sehr anstrengenden Einsätze brauchte.

Nichts war ihr zu viel, wie groß auch das Problem war, wie verfahren und hoffnungslos eine Situation auch sein mochte. Sie war immer bereit, zu beten und zu helfen.

Ich selbst habe mehrfach Heilung von Gott erfahren durch Gebete von Helga Anton. Tinnitus, Rückenschmerzen, Knochenprobleme im Fuß, Magenschleimhautentzündung und Gürtelrose sind nur einige Stichworte dafür. Ich danke Gott, dass er mir so praktisch geholfen und vor Augen geführt hat, dass seine Macht auch heute zu heilen vermag und welche Möglichkeiten im vertrauensvollen Gebet liegen. Viele Menschen, die bei Helga Anton in die Seelsorge gingen, haben ebenfalls Heilung erfahren und bezeugen heute, dass sie auch noch nach Jahren gesund geblieben sind.

Sie **liebte Jesus** über alles: Sie hatte eine solch enge und nahe Beziehung zum Heiland, dass es richtig ansteckend wirkte. Sie traute ihm wirklich alles zu. Es war für sie gar keine Frage, dass man mit allen Anliegen zu ihm kommen konnte. Die Frage war eher, auf welche Art und Weise er antworten würde. So schrieb sie in eines ihrer Bücher: «Gott erhört immer unsere Gebete. Nicht immer so, wie wir uns das wünschen. Aber immer, wie es für uns zum Besten ist.»

Aus dieser innigen, ich darf wohl sagen «Liebesbeziehung» zu Jesus heraus vollbrachte sie ihren Dienst. Das «Bleiben in Jesus» nach Johannes 15,4 war für sie nicht irgendeine Pflicht, sondern das Geheimnis ihrer Vollmacht.

Sie **liebte Gottes Wort**: Sie liebte es nicht nur; sie lebte darin. Dank ihrem fleißigen Bibelstudium während der Zeit, als sie noch sehen und lesen konnte, und dank ihrem fantastischen Gedächtnis war sie in der Lage, in jeder Situation die passenden Bibelverse zu zitieren. Und sie wusste auch, wo sie stehen. Ich kenne keinen anderen Menschen, der das so gut konnte wie sie. Sie lebte, was Jesus in Johannes 8,31 sagte: «Wenn ihr bleiben werdet an meinem Wort, so seid ihr wahrhaftig meine Jünger.» Auch das gehörte zu ihrem geistlichen Geheimnis.

Sie besaß eine **heilige Entschiedenheit**: Helga Anton war eine resolute Person. Wenn sie merkte, dass jemand faule Kompromisse machen wollte, ließ sie sich nicht beirren. Aber sie ließ jedem die Freiheit, sich für oder gegen Jesus zu stellen. Dabei war sie nicht hart oder unbarmherzig. Wenn jemand in Sünde fiel, half sie ihm mit viel Liebe und Geduld heraus aus dem Schlamassel. Ich denke, dass wir in unserer Zeit, die voller Versuchungen ist, nur mit dieser heiligen Entschiedenheit ans Ziel gelangen können.

Sie hatte **Ausdauer**: Eines Tages erwischte mich die Gürtelrose in Form einer Gesichtsrose. Das bedeutete schier unerträgliche Schmerzen bei jedem Schlucken. An Schlaf war nicht zu denken. Ich rief Helga Anton an. Sie betete am Telefon mit mir. Das wiederholte sich: Sie rief mich jeden Tag an. Nach fünf Tagen trat eine Besserung ein. Aber erst als die vollständige Heilung eintrat, beendeten wir unsere «Telefonkonferenzen». So habe ich sie oft erlebt: Sie blieb dran mit ihren Gebeten, bis entweder eine Besserung eintrat oder Gott ihr zeigte, dass sie nicht mehr weiter beten sollte.

«Was lag Helga Anton besonders am Herzen?»

Es war ihr wichtig, die Menschen zu Jesus zu führen, damit sie nicht verloren gehen. Man hat sie oft gefragt: «Beten Sie auch für Ungläubige?» Darauf gab sie zur Antwort: «Ja, besonders gerne, denn dann kann ich ihnen das Evangelium sagen.»

In ihren Vorträgen betonte sie immer wieder die Notwendigkeit des Glaubens, noch vor allen Wünschen nach Gesundheit und Heilung von körperlichen Gebrechen: «Was nützt es denn, wenn wir hier siebzig oder achtzig Jahre gesund, aber ohne Gott leben, und dann eine Ewigkeit lang ohne ihn verbringen müssen?»

Sie betonte stets drei Dinge, die für das Glaubensleben wichtig sind:

1. **Der Schutz des Blutes Jesu:** Sie ermahnte uns immer wieder, uns täglich unter den Schutz des Blutes Jesu zu stellen. Und sie doppelte nach: «Da sind wir unangreifbar.» Sie rechnete fest mit dem Schutz Gottes für den Alltag, gerade auch für besondere Situationen zum Beispiel in der Seelsorge, wo es um Befreiung von dunklen Mächten ging.

2. **Die Waffenrüstung Gottes:** Mit Hinweis auf Epheser 6,11ff. rief sie immer wieder dazu auf, täglich «die Waffenrüstung Gottes anzuziehen». Das heißt, im geistlichen Kampf die Waffen Gottes einzusetzen: Wahrheit, Glaube, Gebet, Gottes Wort, usw.

3. **Der Name Jesus:** Es war ihr ein besonderes Anliegen, im geistlichen Kampf den Mächten der Finsternis im Namen Jesu entgegenzutreten. «Nicht im eigenen Namen sollen wir auftreten! Wer sind wir schon? Aber im Namen Jesu ist Sieg.» Sie setzte diese Waffe stets ein, wo Gefahr drohte, und erlebte, wie die feindlichen Mächte sich geschlagen geben mussten. Sie machte dieselbe Erfahrung wie die Jünger Jesu in Lukas 10,17: «Herr, auch die bösen Geister sind uns untertan in deinem Namen.»

«Woher wusste Helga Anton diese Dinge? Sie hat ja nicht Theologie studiert …»

Helga Anton war eine Autodidaktin: Sie bildete sich selbst weiter, im Einklang mit ihrer Berufung. Außerdem machte sie es sich zur Angewohnheit, jeweils im Sommer in die Schweiz zu fahren, zur Bibelschule Beatenberg. Dort wohnte im Ruhestand Fräulein Eibele, eine ehemalige Bibelschullehrerin. Soweit ich erfahren konnte, war diese Dame die geistliche Mentorin von Helga Anton. Sie hat ihr alles beigebracht, was im Leben und Dienst von Helga dann so reiche Früchte brachte.

Einige Erfahrungen mit Helga Anton

Im Jahre 2006 kam sie einer Einladung nach, auf einem Kreuzfahrtschiff mit «KULTOUR-Reisen» Vorträge über das Gebet zu halten. Es war eine gesegnete Zeit auf dem Schiff, mit über achthundert Teilnehmern. Die Begleiter von Helga waren in Sorge, dass kein Sturm aufkam, denn sie wurde schnell seekrank. Ich vermute, dass sie diese Sorge Gott hingelegt haben.

Wir hatten überall ruhige See, bis Helga vom Schiff ging. Ein paar Stunden später erhob sich hoher Seegang, so dass viele Passagiere seekrank wurden.

Wir verkauften die Bücher von Helga Anton bei den Tourneen an einem Büchertisch, der von der örtlichen Buchhandlung oder dem Gemeindebüchertisch organisiert wurde. Sicherheitshalber nahm ich immer noch eine Anzahl ihrer Bücher in meinem Pkw mit. Meist verkauften wir pro Abend mehrere hundert Exemplare.

Bei einem Vortrag in einer Gemeinde in der Schweiz mit zahlreichem Publikum merkte ich, dass kurz vor Beginn der Veranstaltung noch kein Büchertisch aufgebaut war. Ich wurde unruhig und fragte nach der verantwortlichen Person. Als der Vortrag begann, ging ich nach draußen, um diese zu suchen. Ah, da kam sie mir entgegen! Wie war ich erleichtert!

«Na, haben Sie die Bücher für den Büchertisch dabei?», fragte ich.

«Ja, hier habe ich sie!»

«Und wo bitte?»

«Hier!» Sie schwenkte eine kleine Plastiktüte vor meinen Augen hin und her.

«Wie bitte? Zeigen Sie mal her!» Ich konnte es nicht fassen: Es befanden sich von jedem Titel zwei Bücher in der Tüte, insgesamt acht Exemplare! Auf meine Frage: «Warum so wenige? Wir haben doch geschrieben, Sie sollen pro Titel fünfzig bis hundert Exemplare bereithalten», antwortete sie ganz gelassen:

«Och, jemand hat mir gesagt, da bräuchte es nicht viele Bücher.»

Den Rest der Geschichte überlasse ich der Vorstellungskraft der Leserschaft. Zum Glück hatte ich genügend Bücher im Auto dabei, so dass der Fall lösbar war.

Wir fuhren nach einer Veranstaltung in Aarau zum Hotel in der Nähe. Es war dunkel.

Ich fuhr zügig mit der vorgeschriebenen Höchstgeschwindigkeit. Ein aggressiver Autofahrer folgte mir mit einem Abstand von ein paar Metern, so dass ich von seinen Scheinwerfern geblendet wurde. Das ging so während längerer Zeit. Als es mir zu viel wurde, sagte ich zu Helga: «Ach bitte, könntest du nicht mal den Autofahrer hinter uns segnen?» (Ich hatte inzwischen etwas dazugelernt.) Helga folgte meiner Bitte. Kaum war sie fertig, bog der Autofahrer überraschend ab. Wir jubelten: Das hatten wir so nicht erwartet!

Als Ausgangsbasis für unsere Tourneen diente jeweils das «Haus Frieden» in Steinen-Hägelberg, das bei Lörrach liegt. Dank der Fürsorge des Personals fühlten wir uns dort immer bestens aufgehoben und konnten uns von den anstrengenden Diensten erholen.

Vor einem Vortrag in Winterthur, Helga und ich standen im Foyer beim Büchertisch, kam ein älterer Mann auf Helga zu und kritisierte sie, weil sie als Frau Hosen trug. Er war der Meinung, das sei nach der Bibel nicht erlaubt. Es gab eine kurze Diskussion, bei der Helga den Mann fragte: «Wer sind Sie?»

Er antwortete: «Ich bin, der ich bin.»

Die Atmosphäre während des folgenden Vortrags war merkwürdig ungut. Es war schwierig für Helga, frei zu sprechen.

Nach dem Vortrag fuhren wir im Auto nach Schaffhausen. Unterwegs ging es Helga zunehmend schlecht. Sie wurde offensichtlich von irgendwelchen Mächten angegriffen. Es wurde immer schlimmer. In Schaffhausen sollte sie einen Vortrag halten. Aber in ihrem Zustand war das undenkbar. Wir beteten, zusammen mit dem Prediger, gemeinsam für sie. Helgas Begleiterin sagte: «So habe ich sie noch nie erlebt!» Wir hatten wirklich Angst um ihr Leben. Nach längerem Gebet – wir geboten den Mächten im Namen Jesu – trat dann eine Besserung ein.

Helga legte anschließend einen Vortrag hin, der unvergesslich war. Er dauerte fast zwei Stunden, aber niemand merkte, wie die Zeit verging. Mit großer Vollmacht bezeugte sie die Wunder Gottes und seine Liebe. So war auf diesen Reisen oft ein Zusammenhang zwischen Anfechtungen und Siegen zu erkennen. Uns wurde nie langweilig!

Was für Helga Anton immer die größte Freude war: Wenn Gott eingriff und Gebete erhörte. Wie konnte sie sich freuen! Ich höre sie heute noch: «O wie ist das wunderbar! Herr, ich danke dir!» Überhaupt waren ihre Lebensfreude und ihr Glaubensmut enorm ansteckend. Wenn man mit Helga zusammen war, hatte man oft den Eindruck: «Bei Gott ist nichts unmöglich!»

Helga Anton als Autorin

Sie schrieb insgesamt acht Taschenbücher, die sich alle mit dem Thema «Gebet» beschäftigten. Die Gesamtauflage beträgt 145.000 Exemplare. Der erste Buch mit dem Titel «Beten wirkt

Wunder» wurde in mehrere Sprachen (russisch, französisch, koreanisch und italienisch) übersetzt und wurde zum Bestseller. Gott gebrauchte dieses kleine Buch in besonderer Weise.

Eines Tages sagte Helga zu mir: «Nun sind es fünfhundert Menschen, die ich persönlich kenne, die sich durch dieses Buch für Jesus entschieden haben.» Das war im Jahr 2003. Unterdessen mögen es tausend und mehr sein, die durch das Lesen dieses Buches zum Glauben gekommen sind. Und wir sehen wieder einmal, welche enorme Wirkung Bücher haben können und wie Gott diese gebraucht, um Menschen zu retten.

Das Vermächtnis von Helga Anton

Mit ihren Vorträgen, Büchern und ihren Seelsorgediensten übte sie einen großen Einfluss auf viele Menschen aus. Sie prägte viele, so dass sie ebenfalls zu Beterinnen und Betern wurden. Auch wenn das ganz im Stillen geschah, hat es doch enorme Auswirkungen. Denn, so sagte sie immer wieder: *«Ohne Gebet geschieht nichts, aber auch gar nichts im Reich Gottes!»*

Die Ewigkeit wird dereinst ans Licht bringen, welch einen Segen Gott durch Helga Anton in diese Welt brachte. Wir danken ihm für ihr Leben und ihren Dienst, ihre Treue und ihr Vorbild. Und wir wollen, jeder auf seine Weise, uns von Gott brauchen lassen – so, wie sie es tat.

Helga Anton ist seit 2007 nicht mehr unter uns. Gott hat sie heimgeholt in sein ewiges Reich. Wie ist sie verstorben? Als sie merkte, dass ihr Ende nahte, rief sie ihre Verwandten und Freunde zusammen. Nachdem sie sich mit Angehörigen versöhnt hatte, feierten sie zusammen das Abendmahl. Danach strahlte sie vor Freude. Ja wirklich: Sie freute sich, heimgehen zu dürfen zu Jesus! Sie starb in den frühen Morgenstunden des folgenden Tages.

Das Personal berichtete: «Sie ging strahlend hinüber.» Der Glanz Gottes, der sichtbar über ihrem Leben ruhte, war auch im Moment ihres Ablebens sichtbar. Welch eine Ermutigung für uns alle, die wir noch auf dieser Seite der Welt stehen! Ein gesegnetes Leben fand seinen krönenden Abschluss. Eines Tages werden wir, die wir an Jesus glauben, Helga Anton wiedersehen in der jenseitigen Welt Gottes. Ich freue mich schon heute darauf!

Andreas Walter

Helga Anton,
«Das Ziel meiner Sehnsucht»

«Mir ist schon seit langer Zeit Maria, die zu Jesu Füßen saß, eine besonders vertraute Person. Ja, dort wäre auch mein liebster Platz. Zu Jesu Füßen sitzen, so ganz in seiner Nähe sein, ihm zuhören, seine Worte in mein Herz aufnehmen, ihn vielleicht sogar einmal berühren dürfen, seine Haut an meinen Händen spüren … Ich habe allein vor diesem Gedanken eine ganz tiefe Scheu. Er ist mir so heilig. Wie muss Johannes zumute gewesen sein, der an seiner Brust liegen durfte (Johannes 13,23)? Was für eine Gnade.

Ja, dort zu sein ist das Ziel meiner ganzen Sehnsucht. Ich werde manchmal gefragt: ‹Hast du Angst vor dem Sterben?› Nein, die habe ich nicht. Ich weiß mit ganz großer Gewissheit und sage es auch den Leuten, wenn Jesus heute Abend zu mir sagen würde: ‹So, mein Deern, es ist genug. Komm. Jetzt darfst du zu mir kommen› – da könnte ich doch nur sagen: ‹Danke, Herr.› Das wäre das Schönste für mich.

Ich meine damit nicht, dass ich nicht gern auf der Erde bin. Und solange der Herr mich hier haben will, diene ich ihm mit Freuden nach der Kraft, die er mir gibt. Aber wenn er sagen würde: ‹Nun ist es genug, komm›, dann bin ich genauso gern bereit, heimzugehen, heim ins Vaterhaus. Das ist doch das Ziel meiner ganzen Sehnsucht.»

Text aus: Helga Anton, «Nicht verzweifeln – beten!»

Anmerkungen

¹ Fettdruck gemäß dem Original
² Fettdruck und Sperrung gemäß dem Original
³ Zitate aus der Bruns-Bibel sind original samt Zeichensetzung.
⁴ Aus: *Ich will dir danken!*, SCM Hänssler: Holzgerlingen 1991, Nr. 82/83
⁵ Johannes Roos: «Beter sind Wundervollbringer» / Komponist: Friedrich Hänssler (http://enominepatris.com/deutschtum/musik/Beter%20sind%20Wundervollbringer.htm)
⁶ Gerhard Schnitter, aus: *Ich will dir danken!*, SCM Hänssler: Holzgerlingen 1991, Nr. 43
⁷ Allan Törnberg, aus dem Schwedischen, aus: *Ich will dir danken!*, SCM Hänssler: Holzgerlingen 1991, Nr. 241
⁸ Manfred von Glehn, aus: *Ich will dir danken!*, SCM Hänssler: Holzgerlingen 1991, Nr. 6
⁹ Helga Poppe, Kreuzbruderschaft, aus: *Du bist Herr – Anbetungslieder*, Projektion J: Wiesbaden 1988
¹⁰ Marvin V. Frey, aus: *Du bist Herr – Anbetungslieder*, Projektion J: Mainz-Kastel 1990⁵, Nr. 60